서울대학교 사범대 교수 12인과
현직 교사 3인이 가르쳐 주는

학교 공부 바로 하기

서울대학교 사범대 교수 12인과
현직 교사 3인이 가르쳐 주는

학교 공부 바로 하기

조창섭(서울대학교 사범대 학장) 외

황금가지

차례

| 제1부 | 학습 영역별 공부 방법

| 제2부 | 제대로 공부하기 위하여

자녀의 능력과 소질에 맞게 교육하라

서울대학교 사범대 학장 조창섭

학교 교육에 대한 학생과 학부모의 신뢰가 땅에 떨어져 공교육은 부실의 정도를 넘어 붕괴에 직면하고 있다. 교사를 양성하고 재교육하는 서울대학교 사범대학 교수들은 이러한 공교육 붕괴 현상을 보다 근본적인 차원에서 치유하기 위하여 삼 년 전부터 '공교육 정상화를 위한 방향 모색' 이라는 심포지엄을 개최, 공교육 정상화를 위한 기반을 다져 왔다.

이 책의 틀을 제공한 '학교 공부 바로 하기' 는 더욱 적극적인 방법으로 공교육 기반 조성 방법을 모색하기 위해 서울대학교 사범대학이 2003년 학부모들을 대상으로 마련한 강연회 행사다.

학부모들의 초미의 관심사는 어떻게 하면 자녀를 공부 잘하는 아이로 만들까 하는 것일 터이다. 이 책을 통해 우리는 학부모와 함께 자녀들의 '바른' 공부를 도울 수 있는 방법에 대해 생각해 보고자 한다. 이 책은 2부로 구성되었으며 제1부는 서울대학교 사범대학 각 학과의 교수와 서울대학교 사범대학을 졸업한 중견 교사들이 국어, 영어, 수학, 과학의 네 가지 학습 영역별로 공부를 잘할 수 있는 법에 대해 이야기했다. 제2부는 학업과 관련된 일반론으로 각각 진로와 적성, 수행평가, 시험 불안, 자율적 학습 습관을 주제로 하고 있다.

학부모들의 주된 관심사인 자녀의 학력은 쉽게 말하면 교육 과정에 따라 구성된 교육 내용을 얼마나 잘 습득했는지 평가하여 수치로 나타내는 학교 성적이다. 학교 성적을 올리는 가장 좋은 길은 스스로 공부하는 것이다. 스스로 공부하다 보면 배운 것의 원리를 터득하여 응용하는 힘을 기르게 되고, 인과율에 대한 이해를 통하여 역사적 사건이나 문화 가치의 형성 등을 올바르게 이해하는 능력을 가지게 된다. 스스로 학습하는 자세는 인간이 지니고 있는 정신적인 힘, 즉 능력과 소질을 신장시켜 준다.

공교육 붕괴로 차세대의 학력이 가파르게 떨어지고 있다. 학력을 높이기 위해서는 소질별, 능력별 교육이 절실히 필요하다. 소질별, 능력별 교육을 실시하려면 각급 학교의 자율적인 교육 평가가 허용되어야 하며, 장기적 관점의 정책도 따라 주어야 한다.

학력에는 교육 평가의 결과로 나타나는 계량화된 성적뿐만 아니라 인간의 기본적인 힘인 '능력과 소질' 이란 뜻도 내포되어 있다. 그러므로 학력을 높이려면 먼저 자녀의 소질과 능력을 파악하고 있어야 한다.

잭 캔스필드와 마크 빅터 한센이 함께 지은 『영혼을 위한 닭고기 수프』에는 이런 우화가 실려 있다. 동물들이 학교를 만들어 운영했는데, 수영이 특기인 오리에게 날기 과목과 달리기 과목을 꼭 이수해야 한다고 강요했다. 그 결과 오리는 특기인 수영 과목에서도 평균 점수밖에 받지 못하여 결국 낙제를 했다는 이야기다.

기억력이 좋아 암기가 뛰어난 자녀에게 논리의 전개나 발명을 요구하는 것은 소질을 도외시한 것이다. 자녀의 소질을 고려하여 영역을 정하고 능력을 발전시키도록 지도하는 것이 바람직하다.

소질에 따른 영역 결정 이후에는 스스로 학습하는 습관을 갖게 해 주어야 하는 것은 물론, 주의력을 고조시켜 집중하는 학습 태도를 가질 수 있도록 지도해야 한다. 주의력은 모든 정신 활동의 기초이며 긴장과도 연관돼 있다. 주의력을 산만하게 하는 요인들이 제거될 수 있도록 부모가 도와줘야 한다. 생각을 한 곳으로 모으는 집중력도 꼭 필요하다. 생각을 모으되 유의한 방향의 것이어야 한다. 그렇지 않으면 아무리 생각을 모아도 곧 잊어버리거나 기억하지 못하게 된다.

지식 기술자가 아닌 사람다운 지식인

교육은 지식 습득에만 치우쳐서는 안 된다. 교육이란 사람다운 사람을 만드는 것을 뜻하기 때문이다. 지식 교육에 치중해 인성 교육을 등한시해서는 공동체가 바라는 바람직한 인격체로 기를 수 없다. 바른 교육이란 스스로 공부하여 원리를 터득하고 응용할 수 있는 지식인이자 동시에 공동체의 바람직한 일원이 될 만한 인격인을 길러 내는 교육이다.

인격 형성에 가장 많은 영향을 끼치는 것이 가정교육이며, 그 다음이 사람다운 사람을 만들어 주는 학교 교육이다. 교사는 교육학 이론이나 대철학자의 사상을 통해서가 아니라, 일상의 언행으로 학생의 인성을 함양시켜 주어야 한다. 그러므로 좋은 모범을 보임으로써 좋은 제자를 길러 내는 교사의 역할은 대단히 중요하다.

'교육의 질은 교사의 질을 능가하지 못한다.' 고들 한다. 미국의 교육학자 다이앤 래비치는 백 년간에 걸친 미국의 교육 개혁을 검토하고 난 뒤 다각적인 교육 개혁에도 불구하고 미국의 학교 교육은 변한 것이 없다고 개탄했다. 그는 "교육 개혁을 하겠다고 내놓는 교육 정책들이 교육을 망치는 전염병"이라면서 "교육 정책 가운데 가장 중요하고도 필요한 것은 학생들을 충실히 가르칠 훌륭한 교사를 양성하는 것"이라고 주장했다.

우리의 학교 교육 역시 교육 개혁이라는 이름으로 시행된 조치들로 인해 혼란을 거듭 겪어 온 것이 사실이다. '열린 교육을 하라, 수요자 중심 교육을 하라, 수행평가를 하라, 우열반을 만들지 말라, 낙제와 퇴학을 시키지 말라, 체벌을 가하지 말라.' 등의 교육 정책을 입안하여 획일적으로 강행하는 바람에 한국의 교육은 명령과 지시와 간섭이라는 어두운 터널 속으로 빠져 들어가 버렸다. 학교와 교사는 자율성을 잃어버린 채 부실해지는 학교 교육을 지켜보고 있어야만 했다. 그 결과 '교육 이민', '교육 엑소더스'가 유행병처럼 번져 '기러기 아빠'가 양산되고 있는 실정이다.

열한 번이나 변화를 거듭한 대학 입시 문제도 교육부가 이래라 저래라 지시할 문제는 아니었다고 본다. 1960년대 이전처럼 각 대학에 학생 선발권을 주어 학교의 특성에 따라 시험 과목을 정하고 학생을 선발하도록 했더라면 대학은 특성화 대학으로 발전하였을 것이고 지금처럼 서열화되지는 않았을 것이다. 한림대 정범모 교수가 얘기했듯 무슨 과목으로 시험을 보느냐, 객관식이냐 주관식이냐, 내신을 반영하느냐 마느냐, 특별 활동을 참조하느냐 마느냐는 대학의 전문·자율 소관이지 교육부가 이래라 저래라 할 문제가 아니다. 한국 제도 교육 실시 이후 60년 동안 모든 교육 정책을 학교와 대학의 자율에 맡겼더라면 학교의 자발적 개선을 위한 노력이 쌓여 교단은 지금쯤 안정기에 접어들었을 것이다.

여론 조사에 따르면 교사의 80%가 최근 사오 년 사이에 공교육 붕괴가 급격히 진행된 것으로 봤다. 수시로 변화하는 교육 정책이 공교육 붕괴의 한 원인이라면 공교육을 안정시키기 위해선 당국의 신중한 정책 수립과 정책 수행이 꼭 필요하다.

교사가 바로 서야 교육이 산다

공교육 정상화는 가르치고 배우는 현장의 한 축인 교사로부터 시작되어야 한다. 지식 정보화 사회인 21세기에는 학생 자신이 주체가 되어 지식과 정보를 탐색, 선택하고 스스로 탐구하여 수행해야 한다. 훌륭한 교사는 이러한 학생의 요구와 필요를 충족시켜 주기 위해 끊임없는 노력을 기울인다. 학교 교육이 지식 교육에 한정되어 있지 않고 사람을 사람답게 만드는 인성 교육에 초점을 두기 때문에 교사의 역할은 더욱 중요하다. 교사들은 각 학생의 학습 성취와 인성 발달 등을 면밀히 검토하여 때로는 애정에 찬 칭찬을, 때로는 관심 어린 격려를 통해 학생들이 바람직한 시민으로 성장하도록 도와주는 역할을 아끼지 않아야 한다.

우수 교사란 자기 영역에 대한 전문 지식을 지님과 동시에 제자들의 인격을 도야해 주는 스승이다. 16세기 이후의 한국 사상과 행동 규범에 지대한 영향을 끼치신 남명 조식 선생은 "한 가문에서 영의정이 나오면 그 가문의 영광이다. 그러나 세 명의 영의정이 나오는 것보다 한 명의 대제학이 나오는 것이 더 큰 영광이며, 세 명의 대제학이 나오는 것보다 한 명의 선생님이 나오는 것이 가장 큰 영광이다."라면서 스스로를 처사로 호칭하고 제자들에게 선생님이 되라고 독려했다. 남명 선생은 자신이 선생님 호칭을 받을 만한 반열에 오르지 못하였다고 생각하여 스스로를 처사라고 칭한 것이다. 선생은 사후에 영의정을 추서 받았고 당대 최고의 유학자로 역사에 기록되고 있다.

서울대학교 사범대학은 조선 시대의 대유학자가 말씀하신 대로 존경받는 스승을 길러 내기 위해 인격 도야 프로그램 개설을 준비하고 있으며, 고학력 시대에 부응하는 지식 전문인 양성을 위해 교육 시설을 확장·개선하는 한편 교수의 정원도 대폭 증원하려 노력하고 있다. 이러한 노력은 공교육을 정상화시켜 21세기 지식 정보화 사회에 걸맞는 인재를 길러 내기 위해서다. 이 책도 이러한 과정의 하나로 세상에 나오게 됐다.

교사가 교사로서의 역할과 본분을 다하기 위해서는 학부모의 역할도 중요하다. 교단은 안정되고 호수처럼 고요하고 맑아야 한다. 그래야만 교사는 안정적인 환경에서 가르칠 수 있고, 학생들은 흔들리지 않는 학교 환경 속에서 지식과 인성을 연마하게 된다. 그러나 요즘처럼 교단이 혼란스럽고 불안정해지면 자녀들이 올바른 인간상을 구축하는 데 장애가 될 것이다.

'공부해라' 대신 '사람 되라' 가르치는 학부모 절실

학교에서 선생님의 말이 설득력을 잃고 있다. 학생이 공부 시간에 낮잠을 자거나 숙제를 해 오지 않아도 교사는 제대로 지도를 할 수가 없는 형편이다. '청소년답게 행동해라, 옷을 단정히 입어라.' 등의 행동 규범에 대한 지도의 실종은 더욱 심각하다. 선생님에 대한 존경심이나 두려움이 예전보다 많이 줄어들었기 때문이다.

산업 사회가 되어 대가족 제도가 붕괴되고 핵가족 제도가 정착되면서 교육의 기초 환경인 가정교육이 붕괴되어 집안 어른들의 행동에서 무언으로 전수받았던 행동 규범, 즉 도덕·윤리 교육이 단절된 것이다. '사람이 되어야 한다.'고 종아리를 때리던 부모의 자애로운 가르침이 '다른 아이보다 성적이 나아야 한다.'고 나무라는 부모의 이기적인 욕망의 표현으로 변질됐다. 이에 따라 도덕·윤리 교육은 실종되고 말았다.

이 어려운 상황을 극복하고 문제를 치유하려면 단절된 전통 교육을 서구식 교육 제도에 접목시켜야 한다. 지식 교육에 도덕·윤리 교육을 접붙여야 한다는 것이다. 이를 통하여 교사와 학생 간에 발생하는 문제의 일부를 해결할 수 있을 것이다. 도덕·윤리의 함양은 책을 보고 배운다고 되는 것이 아니다. 스승의 고매한 인격을 마음으로 받아들일 때,

그리고 스승의 행동에서 풍겨나는 도덕적 행동을 체험할 때 자연스럽게 이뤄지는 것이다.

이렇게 볼 때 가치 교육은 교사가 존경받고 권위를 부여받아 학생들에게 모범적인 실체로 인정되는 교육 환경이 조성되지 않고서는 시작조차 하기 어렵다. 이러한 교육 환경의 밑바탕에는 사람의 기품과 슬기를 북돋아 주는 가정교육이 자리하고 있어야 한다.

가정교육의 재건은 공교육 재건의 토대다. 가정교육이 회복돼야 교사는 제자에게 지식 교육만이 아닌, 도덕 · 윤리관을 심는 데 힘쓸 수 있을 것이다.

교육 당국과 교육 정책 입안자들은 학생과 학부모들로부터 신뢰와 존경을 받을 수 있도록 전문 지식과 인격을 동시에 갖춘 교사 양성에 눈을 돌려야 할 것이다. 훌륭한 교사만이 가정교육의 연장선상에서 도덕 · 윤리관을 제자에게 심어 줘 공교육 붕괴를 극복하는 데 의미 있는 역할을 할 수 있을 것이기 때문이다.

그러나 우리 현실에선 훌륭한 자질을 지닌 교사가 가슴에 품은 뜻을 이루기가 매우 어려운 형편이다. 가장 중요한 이유 가운데 하나는 가치 교육을 시간 낭비로 치부하거나 이를 위한 인적 · 물적 자원의 활용이 규정상 어렵게 되어 있는 현실 때문이다. 교육 당국, 학부모, 교사 단체 등이 학교의 운영을 책임지고 있는 교장이 교사들과 합심하여 현장 교육을 자율적으로 수행할 수 있도록 적극 협조하는 것이 무엇보다 필요하다. 교장이 학교 운영에서 스스로에게 부여된 권한을 어려움 없이 행사할 수 있도록 아낌없이 성원하여야 할 것이다.

학부모들은 교육 행정 당국이나 교육 체제 또는 교육 환경에 의해서도 해결되지 못하는 여러 교육 현안에 관심을 가짐과 동시에 교단의 안정을 위해 아낌없는 성원을 해 주기 바란다.

많은 사람들이 지적하듯 현재 우리나라 공교육에 적지 않은 문제가 있는 것이 사실이다. 그러나 어려운 교육 여건 속에서 스스로 공부할 수 있는 방법을 익히게 한다면 자녀들은 능동적인 성적 관리로 학력을 높여 자신의 소질과 능력에 맞는 대학에 진학, 나라의 동량으로 성장하게 될 것이다.

21세기는 지식 기반 사회이며 어떤 사회에서든 엘리트 지식인은 필요하다. 이들이 신기술을 개발하고 신상품을 만들어 내면 우리도 선진 대열에 합류할 것이며, 보다 즐거운 삶을 영위할 수 있을 것이다.

부디 이 책을 읽은 뒤 자녀들이 스스로 공부하는 방법을 익히도록 하는데 힘을 보태 주기 바란다. 우리나라 공교육의 내실화와 건실화는 학부모들의 공교육에 대한 애정과 믿음에서 비롯된다는 것을 다시 한번 강조한다.

1부

학습 영역별 공부 방법

언어 영역

수학 영역

외국어 영역

과학 영역

국어 실력,
읽는 만큼 쌓인다

서울대 국어교육과 교수 김종철

　어떻게 하면 자녀가 국어 공부를 잘할 수 있을지 '지름길'을 묻는 학부모가 많이 있다. 나도 고등학생 자녀가 있는데 솔직히 집에서는 썩 훌륭한 '국어 교사'가 못 되니 딱 부러지게 대답하긴 어렵다. 사실 공부에서 '지름길'이란 말은 올바른 표현은 아니다. 공부에 지름길이 있다면 누가 공부를 못하겠으며, 또 학교는 무엇 하러 다니겠는가. 공부를 손쉽게 잘 할 수 있는 '지름길'보다는 공부를 잘할 수 있도록 도와줄 '올바른 길'을 찾아야 할 것이다.

　아이가 국어 공부를 잘 하도록 하려면 우선 학부모가 목표를 크게 가지길 권한다. 많은 부모들이 수능이나 내신에서 아이가 좋은 국어 성적을 내도록 하는 것이 국어 공부의 모든 것이라고 생각한다. 이렇게 목표가 좁아서는 정말 공부 잘하는 아이로 키울 수 없다. 목표를 좀 더 원대하게 가져야 한다. 성적은 국어 공부에 대해 보다 큰 포부를 세우고 그것을 실천하기 위해 노력하다 보면 저절로 따라오는 부수적인 것이다.

'인간답게' 키우면 성적은 따라온다

국어 공부의 가장 중요한 목표는 아이를 인간답게 키우는 것이다. 학교에 보내는 것부터가 인간다운 인간을 만들기 위한 것이며 국어 공부는 더욱 그렇다.

'인간답다.'는 말의 정의는 사람마다 달리 내릴 수 있을 것이다. 어떻게 해야 아이를 인간답게 길러 낼 수 있는가. 이에 대한 해답도 부모의 가치관이나 인생관에 따라 다양할 수밖에 없다. '이런 인간이 훌륭한 인간'이라고 잘라 말할 수는 없다. 어떤 직업이 좋은 직업인지 일률적인 잣대로 순위를 매길 수 없듯 어떤 인간이 훌륭한 인간이냐 하는 것도 마찬가지다.

그러나 누구나 인생을 살아오면서 '인간이라면 적어도 이 정도는 갖추고 있어야 한다.'고 여기는 기준들이 있을 것이다. 예를 들자면 교양이라든지, 사회에 나갔을 때 자기가 맡은 몫은 남에게 의존하지 않고 스스로 해 낼 수 있는 능력이라든지 하는 것이다. 아이들이 바로 그런 자질들을 갖추게끔 도와주는 것이 국어 공부의 목표다. 그렇게 되어야만 한다. 그런 덕목들을 갖추도록 어떻게 도와줄 것인지 고민하는 가운데 국어 공부의 방법이 나와야 한다.

국어 공부를 제대로 할 수 있도록 하기 위해서는 학부모가 마음을 열어야 한다. 마음을 연다는 것은 자녀들의 '성적'보다는 '성장'에 무게 중심을 두는 일이 될 것이다. 갈수록 치열해지는 경쟁 사회에서 부모가 열린 마음을 갖기란 사실 쉽지 않다. 공부 잘하는 아이들이 이를 밑천으로 세칭 일류 대학에 진학하고 직업 세계에서도 인정받고 대접받으며 사는 것을 눈앞에서 보면서 초연하기 힘든 것이 인지상정이다. 하지만 내 아이도 어떻게든 우등생 대열에 끼어 한자리를 차지해야 한다는 마음으로 자꾸만 자녀를 닦달한다면 우리 사회의 갈등이나 경쟁은 수그러들지 않을 것이다.

부모의 인생관이나 가치관에 비춰 자녀가 훌륭하게 '성장'한다면 거기서 더 큰 만족을 얻는 법을 배워야 한다. 부모들이 먼저 '문화적 자부심'을 가지고 열린 마음으로 접근하면 아이가 공부에 대해 큰 부담을 갖지 않을 수 있다. 아이가 이처럼 자유롭고 행복하게 성장한다면 공부도 더 잘할 수 있게 된다. 국어 공부는 자녀가 인간답게 또는 교양인으로 성장하는 데 꼭 필요한 밑바탕이라는 점을 잊지 않았으면 한다.

국어 공부, 교과서를 넘어서라

수학에 재능이 없는 사람이 있듯 국어에 재능이 없는 사람도 있다. 사람의 잠재적 능력은 무한하지만 그것이 발현되는 방식에는 개인차가 있어서 어떤 아이는 국어에 강한가 하면 어떤 아이는 수학은 잘하는데 국어 점수는 엉망인 경우도 있다.

이걸 치료하기란 대단히 어렵다. 어쩌면 치료란 말 자체가 어울리지 않을지도 모른다. 이런 경우에는 의사가 병을 고치듯 그 증상이 대번에 나아지지 않기 때문이다. 국어를 못하는 아이의 국어 성적을 끌어올리기 위해서는 꾸준하고 지속적인 처방만이 효험을 볼 수 있다. 단번에 실력을 향상시키겠다고 학원 등에 보내 봐야 소용이 없다. 국어 실력을 키워 주려면 장기적이고 꾸준한 노력이 필수다. 현명한 부모라면 생활 속에서 국어 공부 잘하는 법을 실천하도록 도와줄 수 있을 것이다.

국어 공부란 무엇인가. 우선 국어 교과목 공부가 전부가 아니란 점을 강조하고 싶다. 물론 학교에 가면 국어 시간도 있고 국어 교과서도 있지만 국어 공부를 교과서에 한정시키면 곤란하다. 교과목 공부도 중요하지만 이를 넘어서는 광범위한 영역을 아울러야 하는 것이 국어다. 초등학교부터 고등학교까지 수업 시간에 배우는 국어가 전부라고 생각하기 때문에 많은 아이들이 국어 공부를 학원에 의존하는 것이다.

국어 능력이란 본질적으로는 언어 능력이다. 그 언어 능력의 발달은 인간의 성장을 위한 젖줄이 되어 왔다. 인간의 가장 특별한 능력이 사고한다는 것인데 언어 없이는 사고를 할 수 없기 때문이다. 국어란 이처럼 인간의 가장 기본적인 능력과 밀접하게 관련된 과목이다. 외국어도 마찬가지다. 이렇게 언어와 관련된 과목들을 공부할 때는 좀 더 근본적인 관점에서 접근해야 한다.

인간은 다른 사람과 대화하고 다른 사람이 쓴 글을 읽으며 살아간다. 국어는 이를 위한 가장 기본적인 능력을 길러 준다. 또한 국어는 다른 모든 교과목 학습의 기초가 되는 과목이어서 도구 과목이라고 부르기도 한다.

수능에서는 국어 과목을 '언어 영역'이라고 해서 시험을 보게 된다. 언어 영역에선 모두 국어로 된 지문이 나오지만 그 내

용을 뜯어 보면 우리가 흔히 생각하는 국어, 즉 문학 작품이나 언어와 관련된 문제만 있는 것이 아니다. 정치, 경제, 역사, 지리 등 사회 교과와 관련된 것뿐만 아니라 자연 과학과 관련된 글들도 발췌돼 나온다. 예술이나 문화 일반과 관련된 글들도 반드시 나온다.

여기서도 알 수 있듯 국어는 흔히 생각하듯 국어 교과서에 나오는 글만을 학습하는 과목이 아니다. 국어 교과목의 울타리를 넘어서는 과목이 국어다. 학교에서 배우는 교과서는 국어 공부의 출발점일 뿐이다.

국어 성적을 위해 학원 문을 두드리지 마라

국어 공부가 학교 수업만으로 해결될 수 없다고 해서 아이를 학원에 보내려 한다면 이는 더욱 그릇된 생각이다. 최근 들어 사교육 시장이 공교육을 위협할 만큼 무섭게 팽창하고 있다. 일부 학부모 사이에 학교보다는 학원을 믿는 분위기가 팽배해 있는 것도 사실이다. 하지만 특히 국어 과목의 경우, 학원에서 아이의 실력을 키워 줄 것이라고 믿는 것은 잘못돼도 한참 잘못됐다. 국립대학 교수로서 과외하란 말을 할 수 없어 입에 발린 소리를 하는 게 아니다. 국어 능력이 길러지기만 한다면야 학원 아니라 어디에 배우러 다닌들

무슨 상관이랴. 하지만 학교 다녀와서 한두 시간씩 학원 과외를 듣는다 해서 국어 실력이 쑥쑥 길러지리라고 기대하는 것은 허황된 것이다. 앞서도 말했듯 국어는 단순한 교과목 공부를 넘어서는 측면을 지니고 있기 때문이다.

마찬가지로 초등학교부터 고등학교까지 교과서만으로 국어 공부를 할 수 있다고 생각해도 오산이다. 교과서는 국어 공부에 필요한 최소한의 재료를 모아 놓은 교재다. 가르치기에 적절한 글들만 발췌해 놓은 것에 불과하다는 얘기다. 시험은 교과서에서만 출제되는 것이 아니다. 수능 시험에서도 교과서 지문은 거의 나오지 않거나 극히 일부만 나온다. 교과서의 글과 비슷한 수준이기는 하되 교과서에 제시된 바 없는 지문이 주로 출제된다.

교과서 공부를 하지 말라는 말이 아니다. 교과서에는 그 또래에서 배워야 할 가장 표준적이고 평균적인 글이 실려 있다. 여기서 출발해 이와 유사한 수준의 글, 더 나아가 보다 차원 높은 글까지 독서의 지평을 계속 넓혀 나가야 한다. 열심히 읽는 것만큼 좋은 국어 공부는 없다.

국어 실력, 읽는 만큼 쌓인다

또 하나, 국어 공부는 누적된다는 점을 염두에 둬야 한다. 만약 아이가 국어에 관심이 없거나 국어 능력이 뒤떨어져 보이면 초등학교 때부터 뭔가 대책을 세워야 한다. 고등학교에 올라가서 학원에 보내 해결해도 될 거라고 생각할지 모르지만 그때 가면 이미 늦었다고 해도 과언이 아니다. 국어 공부는 말문이 트일 때 시작된다. 더 심하게 말하면 어머니 배 속에서부터 출발한다. 다정하게 말을 걸어 오는 부모의 목소리를 듣는 것에서부터 태아의 듣기 공부가 시작된다. 어머니의 생각은 배 속에 있는 아이에게 그대로 전달되기 마련이다. 우리의 전통적인 '태교'도 바로 이런 생각에 뿌리를 두고 있는 것이다.

국어 공부가 어머니 배 속에서부터 쌓여 가는 것인 만큼 아주 어릴 때부터 꾸준히 책 읽는 습관을 갖게 하는 것이 좋다. 꾸준히 읽는 학생을 당해 낼 사람은 없다. 공자님 말씀이라고 생각하지 않길 바란다. 독서는 당장 실천해야 할 국어 공부의 왕도 가운데 하나다.

> 국어 공부의 왕도는 '꾸준히 읽는 것'이다. 빠른 시간에 많은 정보를 해독할 수 있어야 한다. 수능에서 지문이 조금만 길게 나와도 문제가 어렵다고 느끼는 것은 독해 능력이 부족하다는 얘기다. 국어 실력은 읽은 만큼 는다.

해마다 수능이 끝나고 나면 올해 문제가 너무 쉬웠느니 어려웠느니 하며 난이도에 대한 시비가 붙는다. 이런 현상은 한국 교육 과정 평가원에서 문제를 잘못 내서 그런 것이 아니라 출제의 기준이 모호한 탓도 상당 부분 있다. 아이들 학력은 해마다 다른데, 늘 상위 50%에 속하는 학생의 평균 점수가 70점 이상 나오도록 출제 기준을 잡기 때문이다. 올해 학생들이 지난해 학생들보다 우수한지 그렇지 않은지에 대한 데이터는 한번도 공식적으로 조사된 바 없다. 한 학년 학생들의 전반적 학력 수준을 다른 해와 비교해 측정하지 않은 상황에서 출제 기준은 늘 똑같이 잡는다. 이는 제멋대로 날아가는 과녁을 향해 활을 쏘라는 것과 다름없다. 문제를 일관성 있게 내는 게 아니라 학생들을 안심시키기 위해 기준에 맞춰서 내려고만 하다 보니 늘 난이도가 들쭉날쭉하다.

그런데 시험 문제의 난이도 조절에서 난도를 높이는 방법은 의외로 간단하다. 지문을 길게 내는 것이 그 한 방법이다. 지문이 길어지면 재빨리 읽어 내는 학생이 유리할 수밖에 없다. 즉 꾸준히 독서를 해 온 학생이 아무래도 시험을 잘 보게 된다. 이것을 시험 문제를 어렵게 내는 가장 간단한 방법이라고 하면 어폐가 있지만, 따지고 보면 빠른 시간 안에 얼마나 많은 정보를 해독해 내느냐를 측정하는 것이니 결코 잘못된 방법이 아니다.

현대 사회는 갈수록 정보의 홍수를 이루고 있다. 그런데 아이러니하게도 요즘 학생들은 글이 길기만 하면 읽으려 들지를 않는다. 그러니 지문을 짧게 내면 문제가 쉬워 보이고 반대로 지문을 통상 지문의 5분의 1가량만 늘려도 문제가 상당히 까다로운 것처럼 느껴지는 것이다. 지문이 짧다고 해서 문제가 쉬운 것은 아니며 길다고 해서 무조건 어려운 것은 아니다. 지문이 짧을수록 심층적인 사고 능력을 측정하는 문제이기 쉽고 길수록 문제는 단순할 수 있다. 그러나 제시된 지문을 빠른 시간에 정확하게 해독하는 것은 기본적인 국어 능력이다. 지문이 약간 길다고 해서 어렵게 느낀다면 그것은 그 학생이 기본적인 독해 능력이 없다는 얘기가 된다.

최선의 대비책은 평소에 꾸준히 독해력을 길러 두는 것이다. 그러기 위해서는 꾸준한 독서 습관이 필수다. 과거에는 학교 간다는 말은 곧 글을 깨우치러 간다는 뜻이었다. 읽을 줄 아는 사람을 만드는 것이 학교 공부의 기본 목표였다. 독해 능력이 국어 공부의 가장 기본적 능력이라는 점을 명심하고 자녀가 꾸준히 책 읽는 습관을 들이도록 해야 한다.

교과서에 실린 고전은 최소한의 필독 도서 목록

요즘은 조기 교육이다 뭐다 해서 자녀가 아주 어릴 때부터 한글 공부를 시킨다. 그런데 더 중요한 것은 이때부터 시작해서 계속 성장 연령에 맞는 독서를 할 수 있도록 도와줘야 한다는 점이다. 아이들 방 환경부터 꾸준히 독서할 수 있게끔 꾸며 주는 게 좋다.

초등학생에겐 초등학생에게 적절한 읽을거리가, 중학생에겐 그에 걸맞은 읽을거리가 있다. 요즘 신문마다 일주일에 한두 번씩 교육과 관련된 지면을 만들어 추천 도서를 소개하고 있는데 자녀의 연령대에 맞춰 그런 책들을 꾸준히 읽게 해 줘야 한다. 성장 단계에 맞는 적절한 읽을거리를 지속적으로 제공하는 부모가 좋은 부모임은 두말할 나위가 없다.

또 하나 놓치기 쉬운 점이 교과서에 수록된 작품들을 찾아 읽는 일이다. 교과서는 분량이 정해져 있기 때문에 문학 작품 전체를 다 실을 수가 없다. 시는 다 싣지만 소설은 보통 일부분만 발췌해 싣는다. 그런데 학생들은 교과서에 실린 그 부분만 읽어 보고 나머지 줄거리는 참고서 등을 통해 요약본만 달달 외워 시험을 치러 들어온다. 『춘향전』이나 『구운몽』 등 고전을 다 읽고 대학에 들어온 학생은 거의 없다. 모두 참고서에 나오는 줄거리만 외우고 들어온다.

하지만 수능 시험 출제자들은 학생들의 이런 사정을 봐주지 않는
다. 교과서에 문학 작품의 일부를 실었다는 것은 그 작품이 그만큼
읽어 볼 만하다는 얘기다. 학교 선생님도 당연히 작품 전체를 찾아
읽어 보라고 권했을 것이다. 출제자들은 학생들이 작품 전체를 다
읽었으리라는 전제하에 교과서에 수록된 부분 외의 다른 부분에서
문제를 낸다. 이렇게 되면 작품을 안 읽은 학생은 읽어 본 학생과
처지가 다를 수밖에 없다. 때문에 교과서에 수록된 글들은 가급적
이면 '작품 전체'를 구해 읽어 두어야 한다.

중학교 교과서에 실린 『홍길동전』에는 길동이 집 떠나는 대목이
나온다. 아버지를 아버지라 부르지 못함을 괴로워하면서 가출을 결
심하는 그 대목은 부모들도 대부분 기억하고 있을 것이다. 그런데
길동이 언제 가출을 끝내고 집에 돌아왔는지, 혹은 아예 안 돌아왔
는지는 기억이 가물가물하다. 학생들도 마찬가지다. 홍길동에게 나
중에 무슨 사정이 생겼는지 아는 학생은 많지 않다. 대부분이 교과
서에 실린 길동이 집 떠나는 대목만 알고 있다. 교과서에 실리지 않
은 다른 대목에 대해서는 제대로 읽어 본 바도 없고 알려고도 하지
않는다.

수능에서 지문을 출제하는 목적은 간단하다. 교과서 수록 작품을
다 읽었느냐 읽지 않았냐를 보겠다는 것이다. 시험 문제는 이처럼
작품 전체를 다 읽으라는 메시지를 전하고 있다. 그렇다면 시험에
대비하는 방법은 아주 간단하다. 교과서에 나온 작품들을 찾아 읽으
면 된다. 읽다 보면 관련 작품뿐만 아니라 더 읽을거리가 분명히 생
긴다.

아주 특수한 작품, 잘 알려지지 않은 작품은 좀처럼 시험에 나오

지 않는다. 학생들에게 그런 작품까지 모두 찾아 읽으라는 요구는 절대 하지 않는다. 다만 권장 도서 정도는 꼭 읽도록 해야 한다. 초등학생부터 고등학생 때까지 교과서와 관련된 독서가 국어 능력의 뼈대를 형성하는 법이다.

감시하기보다는 솔선하는 부모가 되어라

읽기만큼 중요한 게 쓰기다. 자기 생각을 꾸준히 써 나가는 습관을 들여 주는 것이 좋다. 그런데 중요한 것은 쓰게 하되 감시하지 않는 것이다. 아이들은 초등학교에 입학하면 일기를 쓰게 된다. 하지만 초등학교만 졸업하면 다시는 일기를 쓰지 않는 아이들이 대부분이다. 늘 검사를 받았기 때문에 자발적으로 쓰는 데 재미를 붙이지 못한 탓이다. 검사받는 글을 누가 쓰려고 하겠는가. 자율적으로 글쓰는 습관을 들여 주는 것도 국어 교육의 기본이다.

자녀에게 독서 습관을 들이는 것 못지않게 중요한 것이 부모의 자세다. 부모가 늘 책 읽는 모습을 보여 줘야 한다. 아이들에게 독서 습관 들이는 것은 정말 부모 하기 나름이다. 부모가 뭐든 읽고 있어야 한다. 부모는 연속극을 보면서 아이한테는 게임을 한다고 야단치면 속된 말로 씨알도 먹히지 않는다. 부모가 독서하는 모습이 아름답게 보일 때 아이도 책을 읽으려는 마음이 생기기 마련이다.

작은 실천 같지만 결코 쉬운 일이 아니다. 늘 시간을 정해 놓고 때가 되면 책을 읽는다는 건 사실 상당히 어려운 일이다. 세상에 독서 말고도 재미있는 일이 얼마든지 많기 때문이다. 하지만 아이들

은 집에서 부모가 무엇을 하며 시간을 보내는지를 늘 유심히 지켜
본다. 그리고 부모가 하는 대로 따라 배운다.

늘 책을 읽는 부모는 아이에게 책을 읽으라고 당당하게 말할 수
있다. "이러저러한 책들을 읽어 봤더니 참 재미있고 유익하더라. 너
도 나중에 시간 나면 한번 읽어 봐라." 하고 권하는 것과 "무슨 도서
목록에 나온 초등학생 권장 도서니까 꼭 읽어야 한다."라며 윽박지
르는 것 가운데 어느 쪽이 더 설득력이 있을지는 뻔하다. 늘 책을 읽
는 집안 분위기 속에서는 아이들도 자연스럽게 독서 습관을 갖추게
된다.

국어도 단어장이 필요하다

수학은 수학 나름의, 영어는 영어 나름의 공부 방법이 있을 것이
다. 마찬가지로 국어도 나름의 방법으로 국어 감각을 길러야 한다.
우리는 일상생활에서 늘 말을 하거나 듣고, 글을 읽거나 쓰고 있다.
이때 아무 생각 없이 입에서 나오는 대로 말하고 쓴다면 진보가 있
을 수 없다. 이 말이 적절하며 옳은지, 적재적소에 제대로 된 어휘
나 용어를 구사하고 있는지 항상 따져 봐야 한다. 이처럼 반성하는
태도, 말의 적실성을 따져 보는 자세를 가져야만 국어 능력이 발전
한다. 그래야만 국어 감각을 기를 수 있다.

시인들은 국어에 대해 보통 사람들보다 특별한 능력을 가지고 있
어서 우리말을 갈고 다듬어 좋은 작품을 빚어 낸다. 이들도 사전을
찾는다.

러시아 소설가 솔제니친과 관련해 이런 일화가 있다. 구소련에서 추방된 그는 서방 국가에서 망명 생활을 하면서 큰 위기의식

을 느꼈다고 한다. 소설가는 모국어로 글을 써야 하는데 대화 상대자 하나 없이 낯선 언어에 둘러싸여 있다 보니 모국어를 잊을지도 모른다는 강박 관념이 늘 그를 괴롭혔다. 그래서 그는 시간이 날 때마다 자기가 알고 있는 러시아 단어들을 기록했고 결국 한 권의 사전을 만들었다. 이처럼 작가와 시인은 모국어를 한시도 잊지 않고 사는 사람들이다.

평범한 이들도 실은 태어나서부터 지금까지 엄청난 양의 우리말 어휘를 습득하여 머릿속 어딘가에 저장하고 있다. 하지만 그처럼 저장된 어휘를 적절하게 활용하고 있는지는 스스로도 알지 못한다. 실상 그렇게 하지 못하는 사람들이 많다. 저장된 잠재 어휘를 일상생활에서 제대로 끌어내 쓸 줄 아는 사람이 국어 능력이 있으며 국어 감각이 있는 사람이다.

국어 능력과 감각을 키우기 위한 최선의 길동무는 사전이다. 자신의 국어 생활을 반성하면서 뭔가 적절하지 않다고 생각되는 것이 있으면 사전을 찾아보는 습관을 들여야 한다. 수능에는 반드시 알맞은 어휘나 단어를 찾는 문제가 나온다. 늘 사전을 찾아보며 적확한 의미를 확인하는 습관을 들여 왔다면 쉽게 해결할 수 있는 문제다. 이런 문제는 사전 찾는 태도를 항상 지녀야 한다는 메시지를 던진다. 가만히 살펴보면 수능이 올바른 공부 방법을 다 가르쳐 주고 있는 셈이다.

영어사전은 사 쥐도 국어사전은 안 사 주는 부모들이 있다. 국어 교육에 대한 생각의 기본부터 잘못돼 있는 경우다. 국립 국어 연구원이나 전문 국어학자들이 편찬한 좋은 국어사전들을 갖춰 두고 모르는 단어나 의미가 알쏭달쏭한 단어가 나올 때마다 늘 찾아보는 습관을 기르도록 해야 한다. 단어 사전뿐만 아니라 속담 사전도 갖춰야 한다. 속담이나 한자 성어 문제 등도 꼭 시험에 나온다. 어떤 상황이나 장소에 어울리는 속담을 구사할 줄 아는 사람과 그렇지 않은 사람은 언어 능력이 다르다고 보기 때문이다.

영어 단어장은 당연히 만들어야 한다고 여기면서 국어 단어장은 필요없다고 생각하는 이가 많다. 하지만 국어에도 단어장이 필요하다. 모국어가 아닌 영어는 생소한 데다 배우는 데 시간과 노력이 많이 들기에 단어장을 만드는 것을 당연하게 여긴다. 하지만 수능에서는 국어 문제도 만만찮게 어렵다. 고등 국어 능력을 측정하기 때문이다. 개념어라든지 흔히 쓰이지 않는 어려운 단어는 단어장에 기록해 두고 때때로 들여다봐야 시험장에서 정확한 의미를 환기해낼 수 있다. 어려운 말들을 또렷이 각인하고 잊어버리지 않기 위해 국어 단어장을 만드는 성의가 필요하다.

> 국어 능력을 키우기 위한 최선의 길동무는 사전이다. 수능 언어 영역에는 반드시 어휘 문제가 나온다. 평소에 국어사전과 속담 사전을 갖추고 늘 활용하라.

내가 쓰는 어휘가 적절한지 평소에 곱씹어 보라

앞에서 국어 공부를 잘하는 아이와 못하는 아이를 가려내는 방법

으로 지문을 길게 내는 방법이 있다고 했다. 또 하나 아주 간단하게 공부 잘하는 학생과 못하는 학생을 구분할 수 있는 도구가 어휘 문제다. 수능에는 어휘 문제가 10% 정도 출제된다. 어휘 문제는 언어에 대한 감각이 있고 평소에 쓰는 어휘가 적절한지 반성하는 습관이 있다면 쉽게 풀 수 있다. 그런데 한국 교육 과정 평가원의 분석 결과에 따르면 어휘 문제의 변별도가 가장 높은 것으로 나타났다. 즉 어휘 성적이 좋은 학생일수록 공부를 잘하고 어휘 문제를 잘 못 푸는 학생은 전체 성적도 낮다는 결과가 나왔다. 어휘의 개념에 대한 이해가 얼마나 바로 서 있느냐에 따라 학생의 국어 능력이 손쉽게, 즉각적으로 가려진다는 것이다. 평소에 사전을 활용하여 어휘의 정확한 뜻을 짚고 넘어가는 습관이 얼마나 중요한지를 알려 주는 예다.

말하고 들을 때는 물론, 읽고 쓸 때도 표현이 적절하고 정확한지를 늘 반성하는 습관을 들여야 한다. 청와대 고위 인사나 내각의 고위 각료 가운데 잊을 만하면 말을 잘못해 사단을 일으키는 이들이 있다. 때로는 구설수에 휘말려 사임하기도 한다. 이런 분들에게 적절한 국어 능력이 없다고까지 한다면 좀 극단적이라고 여길지 모르지만 국어 교사의 입장에서는 충분히 그렇게 의심해 볼 수 있다. 다른 정치적 복선이 있어서 그렇게 말하는 것인지는 알 수 없으나 국어 교육자 입장에서만 본다면 학생들, 나아가 전 국민의 국어 생활에 좋지 않은 본보기를 남기는 셈이라고 본다.

만화도 잘 읽으면 약이 된다

자녀가 문학 작품을 꾸준히 감상할 수 있게 해야 한다. 문학 작품은 국어 교과서에도 대단히 많이 실려 있을 뿐 아니라 수능 문제의 3분의 1이 여기서 출제된다. 언어 영역 60문항 가운데 20문항 정도가 문학 작품 관련 문제이며 더 나올 때도 있다. 그렇다면 이처럼 중요도가 높은 문학 작품을 우리 아이들은 꾸준히 읽고 있는가.

학부모들을 관찰해 보면 재미있는 현상을 발견하게 된다. 요즘 부모들은 아이가 글을 떼기도 전부터 부지런히 동화책을 사다가 읽힌다. 서점에 나가 보면 취학 전후 아이들을 위한 그림책과 동화책은 가장 비싼 축에 속한다. 동화 코너는 매장도 상당히 넓으며 도서들도 잘 갖춰져 있다. 그만큼 엄청난 규모의 시장이 조성되어 있다는 얘기다.

문제는 아이가 초등학교 저학년만 넘어서고 나면 부모건 아이건 독서열이 한풀 꺾인다는 점이다. 이때부터는 도무지 읽는 것에 대해 관심이 없어진다. 그 다음 단계에서 어떤 책을 읽혀야 할 것인가에 대해서는 계획도 없고 준비도 안 한다. 초등학교 고학년만 돼도 아이가 영화를 본다거나 소설책을 읽으면 부모는 경계의 눈초리를 보내기 시작한다. 공부해야 하는데 방해가 된다는 것이다.

하지만 이는 크게 잘못된 생각이다. 동화가 인간 내면의 성장과 밀접한 관련을 맺고 있는 게 사실이긴 하지만 동화 다음 단계의 독서도 중요하다. 중ㆍ고등학생에게도 그 발달 단계에 걸맞은 읽을거리를 계속 제공해 줘야 한다.

문학 작품을 읽을 시간이 없다면 만화라도 읽게 해야 한다. 만화도 잘 읽으면 여러모로 큰 도움이 된다. 만화도 나름의 스토리가 있는 하나의 예술 작품이다. 희곡, 소설 등을 공부하기 위한

언어 영역의 3분의 1은 문학작품에서 출제된다. 신문에서 종종 연령대에 맞는 권장 도서 목록을 싣곤 한다. 추천 도서는 꼭 읽어라. 논술 준비를 위해서도 독서는 필수다.

밑거름이 될 수 있다. 만화는 보통 그림과 짤막한 대화로 이뤄져 있는데 만화 그림은 정지된 순간 캐릭터의 특징을 절묘하게 포착해 내는 특징이 있다. 이때 인물이 내뱉는 허를 찌르는 대사는 어떤 상황에서 어떤 어감의 말이 격에 맞는지 보여 주는 충분한 사례가 될 수 있다. 그게 다 국어 공부인 것이다. 만화방을 학교 주변을 어지럽히는 유해 환경으로만 생각하는 것은 잘못된 것이다.

남의 의견을 귀담아듣는 한편
자기 의견으로 설득할 줄 아는 아이로 키워라

국어 공부는 다른 사람과 어울려 사는 데 꼭 필요한 공부다. 공동체 생활을 잘하기 위해서는 열린 사고를 가져야 한다. 공동체란 본질적으로 의견이 서로 다른 사람들이 모여 사는 곳이다. 내 생각이 남의 생각과 다르다면 서로 의견을 조율해야 한다. 이때 중요한 것이 남의 생각을 정확히 읽어 낸 뒤 그를 상대로 설득할 수 있는 능력이다. 의견이 서로 다를 때 싸우지 않고도 조율해 낼 수 있어야 한다. 공동체 내에서 각양각색의 의견이 타협을 거쳐 서로 조절되고 또 공존할 수 있어야 한다. 국어는 여기에 꼭 필요한 능력을 길러 준다.

최근 NIE라 하여 신문을 이용한 학습 붐이 일고 있다. 이것도 말하자면 대화와 타협의 방법을 가르치는 하나의 방편이다. 신문에는 여러 사람의 다양한 의견이 실려 있다. 이 사람은 이렇게 말하고 저 사람은 저렇게 말한다. 이런 의견의 홍수 속에서 나는 어떤 의견을 지지하며 이유는 무엇인가, 타인의 의견은 왜 문제가 되는가 등을 신문을 통해 여러 각도로 검토해 볼 수 있다. 더 중요한 것은 상대방의 의견 중에서 버릴 것은 버리되 취할 것은 취할 줄 아는 능력이다. 즉 상대의 의견이 한쪽 측면에서는 문제가 있지만 다른 쪽에서 보면 일리가 있어 보일 때 그 일리 있는 대목을 어떻게 채택하며 또 문제가 있는 부분에 대해 어떻게 상대를 설득해 나갈지를 고민하여 판단할 수 있어야 한다. 국어 공부에서 대단히 중요한 부분이다.

대화와 타협의 능력을 잘 기르기 위해서는 타인의 의견을 귀담아 듣고 행간에 숨은 뜻까지 읽어 낼 줄 아는 열린 마음이 필요하다. 생각이 다른 여러 사람들과 한데 어울려 사는 법을 배우는 것, 그것이 국어 공부의 궁극적 목표 가운데 하나다. 국어 공부도 따지고 보면 잘 먹고 잘 살기 위해 하는 것이지 대입을 위한 도구가 아니라는 것이다.

최근 대학마다 각종 경시 대회가 난무하고 있다. 서울대 국어 교육 연구소도 지난해까지 경시 대회를 열다가 올해 들어 자발적으로 폐지했다. 이를 대학 입시의 방편으로 이용하는 사례가 너무 많다고 판단했기 때문이다. 서울대에서 경시 대회를 실시한 목적은 초등학교부터 고등학교까지 국어 교육의 바람직한 대안을 제시하기 위해서였다. 하지만 학부모와 학생들은 이를 서울대 수시 입학 합격을 위한 도구쯤으로 간주하는 경향이 팽배해 있었다.

어쨌든 이 경시 대회에 참여한 학생들의 글을 채점해 보면 점수를 줄 수 없는 답안의 유형들을 발견할 수 있었다. 무조건 자기 생각만 쓰는 학생들이 종종 있다. 일방적으로 자기 주장만 나열하다 끝을 맺는 것이다. 이런 글은 반드시 감점이 된다. 경시 대회에서 어떤 주제를 제시하는 것은 그것이 고민거리이기 때문이다. 답이 빤하다면 문제를 던져 줄 이유가 없다. 통상 한두 사람의 머릿속에서는 해답이 나올 수 없고 여러 사람의 생각을 모아야 해결책이 보이는 것, 서로 의견이 상충되는 것을 주제로 내세운다. 논술 시험의 주제들이 대부분 그렇다.

때문에 논술에서는 자신의 주장에 대해 예상할 수 있는 다른 주장들을 다 내세워 옳고 그름을 따지는 일종의 자기 검증 과정이 필요하다. 남의 반박을 모두 검토해 가며 자기 얘기를 내세워야 그 주장이 탄탄하게 설 수 있는 것이다. 평소에 남의 얘기를 귀담아듣고 남의 글을 유의해 읽으며 따져 보는 자세를 가져 왔다면 일방적으로 자신의 주장만 강변하는 글은 쓰지 않을 것이다.

이와는 약간 다른 유형도 있다. 대입 심층 면접장에서도 많이 볼 수 있는 유형이다. 뭔가 상당히 많은 말을 하긴 하는데 참신한 게 없는 부류다. 일사천리로 의견을 늘어놓는데 들어 보면 판에 박힌 얘기다. 면접장에서도 중간에 끊고 다른 질문을 던져 보고 싶어도 시험관에게 틈도 주지 않고 내달리는 학생들이 있다. 이런 학생들은 대부분 논술 학원이나 심층 면접 대비 학원에서 훈련을 쌓은 아이들이다. 학원에서는 다양한 예상 문제를 뽑아 이에 대한 모범 답안을 제시해 준다. 학생들은 자신의 생각을 얘기하는 것이 아니라 학원에서 가르쳐 준 스테레오 타입대로 얘기를 늘어놓기에 바쁘다. 그러니 신선하지 않을 수밖에 없다. 면접관의 질문이 학원에서 뽑아 준 주제와 조금이라도 유사하면 일사천리로 외운 것을 토해 낸다. 본인은 많은 노력을 기울여 정답을 말하는 것이라고 생각할지 모르지만 가만 들어 보면 한심할 따름이다. 이런 학생에게 좋은 점수를 주기는 곤란하다.

주어진 문제를 골똘하게 생각해야 하는데 많은 학생들이 그렇지 않다. 문제를 다각도로 파악해 볼 생각을 하기는커녕 주어진 틀에 맞춰 '정답'을 말하기에만 급급하다. 서울대 논술 시험 답안지를 채점했을 때 많은 학생이 똑같은 유명인의 말을 예로 들먹이는 것을 볼 수 있었다. 이들 역시 학원 출신이다. 어떤 주제에 대해서는 특정 유명인의 사례를 꼭 짚어 줘야만 좋은 것인 줄 안다.

대학이 중·고등학생을 상대로 실시하는 논술 시험에서는 그런 것을 기대하는 게 아니다. 얼마나 남의 생각과 긴장감 있는 관계를 유지하면서 자기 생각을 설득력 있게 펼칠 수 있는가, 그럴 자세와 능력이 돼 있는가 하는 것을 따지는 것이다.

지식을 묻는 게 아니다. 고등학생이 알면 얼마나 알겠는가. 어떤 문제의 구체적 해결 방법을 모색하는 것은 대학에 와서 배우면 되는 일이다. 자신과 다른 남의 의견에 대해 귀를 열고 수용하며 자신의 의견을 설득할 줄 아는 열린 자세, 고민하는 자세가 가장 중요하다.

9시 뉴스 100% 활용하는 논술 교육법

타인의 의견에 대해 열린 시각으로 고민하는 훈련을 쌓는 데 텔레비전 뉴스는 훌륭한 교재다. 뉴스 속에는 따끈따끈한 사회적 쟁점이 풍부하게 담겨 있다. 요즘 우리 사회에는 얼마나 많은 갈등이 흘러넘치는지 모른다. 뉴스나 신문을 보다 보면 하루라도 발 뻗고 잘 수 없을 것 같다는 생각마저 들 지경이다.

부모와 아이가 함께 둘러앉아 9시 뉴스를 보는 것은 좋은 논술 대비가 될 수 있다. 수능에 시사 문제가 적잖게 출제되는 까닭에

> 신문, 뉴스를 활용하라. 수능과 논술 시험에는 시사 문제가 적잖게 출제된다. 신문 사설 등을 챙겨 읽으며 각종 이슈에 대해 고민해 보라. 논술 시험에 큰 도움이 된다.

서라도 아이와 함께 뉴스를 챙겨 봐야 한다. 이때 중요한 것은 부모가 여러 가지 문제에 대해 열린 입장을 취해야 한다는 것이다. 부모도 물론 나름의 정치적 입장이 있을 수 있다. 하지만 아이와 함께 뉴스를 볼 때는 자신의 정치적 견해만을 고집해서는 안 된다. 어떤 정책 또는 사회 현상에 대해 옳고 그름을 성급하게 결론지어서도 곤란하다. 그보다는 왜 그런 것이 사회적으로 문제가 되는지를 분석하고 따지는 자세를 보여 주는 것이 바람직하다.

어떤 이슈에 대해 왜 그러한 주장이 나오는지, 거기에 대해 정부는 왜 그렇게 대처하는지 등을 고민하고 따져 보는 모습을 부모가 먼저 보여야 한다. 어느 한쪽을 편들거나 둘 다 잘못됐다는 양비론으로 끌고 가서는 안 된다. 따지고 고민하는 자세를 아이들이 배울 수 있도록 유도해야 한다.

겉으로 드러난 것만이 진실이 아니란 것을 알려 주고 드러나지 않은 쟁점이 무엇인지 탐구하도록 해야 한다. 여러 번 곱씹어 생각하는 습관을 들여 주는 것이 중요하다. 어떤 주장에 대해서든 그가 그런 주장을 하게 된 배후를 함께 짚어 보고 그 주장에서 다소 무리하거나 지나친 측면은 무엇인지 같이 검토해 보는 게 부모가 줄 수

있는 가장 큰 도움이다. 한 가지 쟁점에 대해 다각도로 따져 보는 열린 마음을 갖게 해 주기 위해 부모들이 먼저 사회적 의제에 대해 여러모로 신중하게 접근하는 태도를 보여 줘야 한다.

광고도 드라마도 인터넷도 국어 교재가 될 수 있다

다시 한번 강조하지만 국어 공부는 국어 과목만의 공부가 아니며 국어 교재는 국어 교과서만 있는 게 아니다. 삼라만상이 국어 교재가 될 수 있다. 생활 속의 모든 것이 국어 교재라고 볼 수 있다.

일례로 광고를 통해 얻을 수 있는 것도 많다. 현대 사회에서는 광고가 엄청난 물량으로 쏟아진다. 상품을 판매하기 위한 광고들을 꼼꼼히 따져 보면 공부할 거리가 무궁무진하다. 광고는 소비자의 이목을 집중시켜 자기 회사 제품이 좋다고 설득하는 것이다. 판매와 직결되기 때문에 광고에는 엄청난 전략이 숨어 있다. 카피라이터들은 단어 하나하나까지 이런 전략적 사고 아래서 고르고 또 고른다.

예를 들어 '여인은 여자보다 아름답다.'는 카피는 문자 그대로는 그 뜻이 무엇인지 얼른 감이 오지 않는다. 심지어 '침대는 과학입니다.'라는 말도 안 되는 문구도 있다. 침대와 과학은 함께 갖다 붙일 수 있는 말이 아니다. 그런데 붙여 놓고 효과를 톡톡히 보고 있다. 생활환경이 개선되면서 가구도 건강에 도움이 되도록 인체 공학적으로 설계해 주기를 바라는 심리를 겨냥한 카피다. 이도 말하자면 국어를 활용한 상업적 전략인 셈이다.

　세태가 달라지면 시험도 이를 반영하는 법이어서 수능에서도 광고를 이용한 문제가 출제된다. 이런저런 광고들이 어떤 심리에 호소하려는 것인지, 무엇을 겨냥한 전략인지를 묻는 것이다. 광고의 홍수 속에서 자기에게 필요한 정보를 가려내 효과적인 구매를 하는 것은 현대인이 갖춰야 할 지혜다. 그러니 광고를 보면서도 그 뒤에 어떤 전략이 숨어 있는지 따져 보는 자세를 길러야 한다. 이는 앞에서 얘기한, 국어에 대한 감각을 기르는 문제, 국어 생활을 반성하는 자세와도 직결된다.

　광고도 얼마든지 분석과 비평의 대상이 될 수 있다. 지하철을 타고 학교에 가는 동안 지하철 내에 붙은 갖가지 광고를 보면서 그것이 어떤 점에서 호소력을 가지며 대중의 어떤 심리에 호소하는 것인지 등을 따져 보는 사이 국어 능력도 훌쩍 키워진다.

　신문이나 뉴스를 보는 것 못지않게 인터넷도 좋은 국어 교재가 될 수 있다. 요즘 아이들은 어릴 때부터 인터넷을 익혀 어느 순간 채팅은 물론이고 부모가 못하는 것까지 척척 해 내고 있다. 이를 무조건 부정적으로만 보는 부모도 있는데 꼭 그렇게 생각할 것만은 아니다. 인터넷은 말하고 듣고 읽고 쓰는 능력을 훈련할 좋은 기회를 제공해 준다. 인터넷은 갈수록 일반화되고 있으며 이젠 생활에서 필수 도구로 자리 잡고 있다. 그 흐름을 되돌릴 수는 없다. 그럴 바에야 이를 바람직한 국어 생활의 도구로 적절히 활용하는 지혜가 필요하다. 채팅을 하더라도 가급적이면 올바른 글쓰기, 조리 있게 의사를 전달하는 글쓰기가 될 수 있도록 지도하는 것이다.

　드라마를 보는 것도 괜찮다. 드라마 시청 체험도 수능 문제를 푸는 데 도움이 될 때가 있다. 소설 지문을 내놓고 이를 주말 드라마

식으로 바꾸려면 해당 장면을 어떻게 세팅해야 하는지를 묻는 질문도 나오고 있다.

단, 드라마를 볼 때도 똑똑한 시청자가 되도록 유도해야 한다. 그저 넋 놓고 보고만 있지 말고 어떤 소재를 어떤 각도에서 다룬 드라마인지, 카메라는 어디 있는지, 프로듀서는 왜 저렇게 연출했는지 등을 따져 보게 하는 것이다. 이렇게 접근하면 드라마도 수능 언어 영역 공부를 위한 좋은 교재가 된다.

요컨대 매체는 활용하기 나름이다. 신문, 방송은 음미하고 비판하는 자세를 가진 학생에게는 무엇보다 훌륭한 국어 교재가 될 수 있다. 사회적으로 쟁점이 될 만한 것에 대해 부모와 함께 대화하는 시간 또한 자녀의 국어 실력 향상에 큰 도움이 된다.

국어 공부 잘하게 하려면 이런 아이로 키워라

지금까지의 이야기를 정리해 보면 결국 아이를 잘 키우는 것보다 국어 성적을 본질적으로 끌어올릴 수 있는 더 좋은 방법은 없다.

국어 공부를 잘하게 하려면 우선 다른 사람의 말을 귀담아듣는 아이로 키워야 한다. 우리나라 사람들에게 가장 부족한 것이 듣는 능력이다. 이 때문에 한국인은 걸핏하면 핏대를 올리며 싸움을 하곤 한다. 귀담아듣기는 수능 듣기 시험이 요구하는 중요한 자질이다.

듣되 옳고 그름을 따져 가며 들어야 한다. 앞서 수차 강조한 점이다. 예를 들어 어떤 사안에 대해 정부 발표가 있다면 자신의 평소 지식이나 정보에 비춰 그 진위 여부, 실현 가능성, 의도 등을 가릴

줄 알아야 한다. 즉 매체 분석 및 비판 능력이 있어야 한다.

남들이 읽을 만한 내용을 조리 있게 쓸 줄도 알아야 한다. 수능의 쓰기 관련 문항이나 논술 시험 등에서 이런 능력이 있는 학생과 없는 학생 간의 수준 차이는 상당히 크다. '읽을 만한' 내용이 들어 있어야 하며 이를 '설득력' 있게 풀어 낼 줄 알아야 한다.

한편, 다른 생각을 가진 사람들과 공존하며 모두에게 이로운 답을 모색할 수 있도록 키워야 한다. 타인의 의견에 마음을 열고 서로 의견을 조율할 줄 아는 학생은 당연히 논술에서 좋은 성적을 받는다. 신문 사설 등을 평소에 챙겨 읽고 쟁점에 대해 골똘히 생각하는 습관을 들여 나가도록 하라.

자연과 사회의 여러 분야에 대해 관심을 갖는 사람으로 키우는 것도 중요하다. 다시 한번 강조하지만 수능 문제의 3분의 2가량은 사회, 자연, 문화, 예술 등과 관련된 지문이 채우고 있다. 내 아이가 다방면에 관심을 가진 교양인으로 자라도록 지도해야 수능에서도 좋은 성적을 거두게 할 수 있다.

독서를 생활화하고 문학을 즐기는 아이는 자연히 국어 공부를 잘하게 된다. 시험만 끝나면 책을 내팽개치는 학생도 있다. 아이의 독서 습관을 잘못 들여 놓으면 손자 대에 이르기까지 국어 공부 때문에 고민해야 한다. 독서 습관은 대물림되는 경우가 많다는 것을 잊어서는 안 된다.

자율적으로 규칙을 지키는 주체적 인간으로 키우는 것도 국어 공부의 목표다. 읽기, 쓰기, 말하기, 듣기에는 다 규칙이 있다. 이를 문법이라 한다. 학교에서 문법을 가르치는 것은 말만 제대로 하라는 뜻이 아니다. 규칙을 지키는 사회인으로 키우기 위한 초석인 셈이다.

　스스로 국어 생활을 반성하는 습관이 꼭 필요하다. 말하거나 쓸 때 자신의 말을 늘 반추해 간다면 국어 능력은 일취월장하리라고 본다.

국어 공부 바로 하기

- 국어 단어장을 적극 활용하라.

- 책을 많이 읽되 글의 핵심을 짚어 내며 읽어라.

- 교과서에 실린 고전은 '작품 전체'를 구해 읽어라.

- 수능 언어 영역 지문의 3분의 2는 사회, 자연, 문화, 예술 등과 관련된 글이다. 다양한 분야의 글을 읽어 배경 지식을 쌓아라.

- 논술에 대비하여 신문 사설 등을 챙겨 읽고 쟁점을 분석하라.

논술 시험 잘 보려면 마라토너가 돼라

서초고등학교 교사 장원석

현장에서 학생들을 가르치는 교사는 학부모와 마음이 가장 잘 맞는 파트너가 될 수 있다. 하루에도 수시간을 아이들과 씨름하는 교사로서 학부모들이 좀 더 마음을 열고 한걸음 더 다가와 얘기를 들어 줬으면 하는 바람이다.

고3 학부모들이 논술 담당 선생님으로부터 가장 듣고 싶은 얘기는 2004년에 부활한 서울대 논술 고사의 향후 향방이나 출제 경향 등일 것이다. 하지만 그런 얘기를 꺼내기에 앞서 학부모들에게 하소연하고픈 것이 있다.

요즘 수업을 하러 교실에 들어설 때마다 하루하루 달라지는 교실 풍경에 경악할 때가 있다. 문을 열고 들어서면 한 반 40여 명 가운데 자리에 앉아 있는 아이는 일고여덟 명 정도밖에 되지 않고 나머지는 한바탕 소란을 피우고 있다. 교사의 뒤를 쫓아다니며 보이지 않게 장난을 치는 아이가 있는가 하면 어디로 갔는지 아예 종적을 감춘 아이도 있다. 이런 소란을 가라앉히는 데만 50분 수업에서 초반 5분을 까먹는다. 교재를 제대로 챙겨 온 아이는 절반도 안 된다. 그나마 교재를 갖춘 아이도 옆 반에서 빌려온 경우가 많다.

학교에서 생활 지도부 기획을 맡고 있어 교문 앞에서 종종 등교 지도를 한다. 하루는 한 학생이 목욕할 때 들고 갈 법한 가방 하나를 달랑 메고 교문을 들어서고 있었다. 그 학생의 가방 속에는 책이라고 할 만한 것이라곤 눈을 씻고 찾아봐도 없고 일 · 이차함수 등 간단한 공식 몇 개가 적힌 작은 메모장과 담배 한 개비만 들어 있었다.

이런 일이 비일비재하다. 학부모들은 이런 현실을 직시해야 한다. 집에서 따뜻한 밥 챙겨 먹여 학교에 보내면 열심히 공부하고 있을 거라고 기대하겠지만 사실 자녀가 무슨 짓을 하고 있는지 알 수 없다. 학교만 보내 놓고 의식주만 챙겨 주는 것으로 할 일을 다했다고 생각해선 안 된다. 그것은 아이를 내팽개치는 것이다. 아이가 부모의 바람대로 학교에서 하루를 유익하게 보냈는지 점검할 필요가 있다. 감시하라는 것이 아니라 아이가 무슨 생각을 하며 사는지 꼼꼼히 챙기는 부모가 되라는 것이다. 사춘기를 겪는 중 · 고등학생 시기에는 특히 이런 부모의 관심이 절대적으로 필요하다.

2004년 입시의 초미의 관심사가 된 서울대의 논술 고사 부활은 이런 암울한 교육 현실과 동떨어진 문제가 아니다. 갈수록 치열해져 가는 입시 전쟁에서 학교는 학원도 학교도 아닌 어중간한 입시 준비 기관으로 전락한 지 오래인 듯하다. 그렇게 된 데는 물론 나를 비롯한 일선 교사들의 책임도 분명히 있음을 시인하지 않을 수 없다.

　　서울대가 논술 부활을 결정한 것은 심각한 수준에 이른 교육의 와해를 더 이상 두고 볼 수만은 없으며 이를 정상화하기 위해 논술 외에는 방법이 없다는 결론을 내렸기 때문일 것이다.

　　논술이 어떤 경향으로 출제될지, 장기적으로 각 대학들이 이를 어떻게 운영할지 등을 검토하는 것은 내 능력 밖의 일이다. 그저 논술이 왜 우리 삶에 중요하며 학교나 학원에서 논술 시험에 대비한다는 것이 어느 정도까지 가능한지 등 보다 미시적인 문제들을 함께 고민해 봤으면 한다. 그러면 이제 논술 고사에 꼭 필요한 논리적 표현력을 기르는 방법과 함께 논술 고사의 채점 기준, 예시문 분석 등에 대해 이야기 본다.

『광염 소나타』와 대마초 가수

　　국어 영역은 말하기, 듣기, 읽기, 쓰기, 문학, 언어의 여섯 개 영역으로 세분화되는데 이 가운데 논술과 특히 관련 깊은 것은 읽기와 쓰기다. 교과목으로 따지면 독서와 작문 과목이 결합한 셈이다.

　　논술 시험에는 우선 읽기 자료가 나온다. 논술 고사를 실시하는 대부분의 대학은 읽기 자료를 제시해 준다. 이런 자료를 얼마나 정확하게 분석해 낼 수 있느냐가 논술 시험의 첫 번째 관건이다. 자료 분석이 끝나면 이를 토대로 자신의 생각을 펼쳐야 하는데 여기서 논술은 일반적인 글쓰기와 다른 접근법을 요구한다. 바로 '논리적'으로 써야 한다는 것이다. '논리성'이라는 것이 일기, 시 등 생각나는 대로 풀어 쓰는 글과 논술을 구분하는 가장 중요한 특징이자 요체다. 이 때문에 채점관들도 다른 무엇보다 논리성을 중요한 채점 기준으로 간주한다.

　일선 학교의 논술 대비는 내신이나 수능 준비에 비하면 소홀한 게 사실이다. 논술 자체가 학교 교과 수준을 벗어나는 측면이 있는데다 대학마다 출제 경향이 다르고 논술 고사를 실시하는 일부 대학 지원자만을 상대로 따로 논술 교육을 한다는 것도 현실적으로 쉽지 않은 일이기 때문이다.

　그러나 11월 수능이 끝나고 나면 학교에서도 바로 논술 시험 준비에 들어간다. 한번은 아이들에게 김동인의 『광염 소나타』 일부를 예시문으로 주고 예술이 과연 도덕에 앞설 수 있는가, 예술 지상주의가 도덕적 타당성을 지닐 수 있는가를 쟁점으로 글을 쓰게 했다. 이때 한 학생이 제출한 답안은 아직도 잊혀지지 않는다. 이 아이는 자신이 과거 팬클럽까지 만들 만큼 좋아했던 가수가 대마초를 피워 구속된 사건을 예로 들었는데, 그 가수는 대중에게 보다 좋은 음악을 들려주기 위해 대마초를 피운 것이므로 무죄라는 논거를 펼쳤다. 논술이란 충분한 논거를 통해 결론을 도출해 내야 함에도 다른 사례는 아무것도 들지 않고 오로지 그 하나를 근거로 극단적인 결론을 내린 것이다.

　이 글을 읽고 내가 느낀 당혹감은 컸다. 그러나 한편으로는 아이를 그런 사고 과정에 이르도록 방치한 사회와 언론은 물론 교사와 학부모가 함께 반성해야 할 일이 아닌가 하는 생각을 지울 수 없었다. 앞으로 이 글에서 짚어 나갈 논술을 둘러싼 여러 가지 쟁점들은 이와 같은 문제와 무관하지 않다.

자녀에게 신문 사설을 주제별로 스크랩해 주어라

논술이란 '일정한 문제 상황이나 주어진 과제에 대해 객관적이고 타당성 있는 근거로 자기 주장과 의견을 내세우고, 독자를 설득하려는 글쓰기'라 할 수 있다. '문제 상황'이란 다시 말해 '쟁점'이다. 현재 우리 사회의 쟁점이 무엇인지 국제·국내 문제 및 개인 가치관 등으로 나눠 한번 짚어 봐야 한다.

2003~2004년의 국제 문제로는 무엇이 있을까. 일단 이라크 파병 문제를 빼놓을 수 없다. 이것은 국내 문제이기도 하지만 민감한 국제적 이슈다. 그 외에 북핵 문제나 우루과이 라운드, 공산품에 대한 덤핑 판정 등 각종 무역 분쟁, 이스라엘과 아랍 간 갈등으로 대표되는 종교 및 영토 분쟁 등도 관심을 갖고 지켜 봐야 할 쟁점들이다. 게놈 프로젝트로 대변되는 생명 복제의 윤리성 문제와 지구 온난화 등의 환경 문제도 되풀이되어 출제될 수 있는 국제 사회의 주요 이슈들이다.

국내 문제로 눈을 돌려 보면 인권 문제라든지, 양성 평등 차원에서의 호주제 폐지, 갈수록 심각해지는 청년 실업 문제, 그

> 논술을 잘하려면 평소 시사 문제에 관심을 가져야 한다. 북핵 문제, 우루과이 라운드, 이스라엘·아랍 간 갈등, 생명 복제의 윤리성 문제, 환경 문제, 인권 문제, 청년 실업 문제, 교육 문제 등 각종 사회적 이슈는 논술 시험의 주제가 될 수 있다.

리고 불황과 함께 나타난 신용불량자 문제 등을 꼽아 볼 수 있다. 교육 문제는 우리 사회의 만성적 갈등 요인이다. 2003년에도 NEIS 논란이 있었고, 2004년도 수능의 출제 위원 자격 시비 및 오답 시비 등 갖가지 파문이 일어 결국 교육부 장관이 교체됐다. 입시 제도, 교육 제도의 개선 방안이나 이와 관련된 사회적 논의들, 고구려사

의 중국 편입 문제나 독도 문제 등 최근에 이유가 되고 있는 것들에 관해서도 하나하나 관심을 가지고 지켜보아야 한다. 이런 문제에 대해 자신의 생각을 정리해 보는 것도 필요하다.

개인 가치관과 관련해서는 동서양 고전을 지문으로 주고 어떻게 사는 게 올바른 삶인지 물어볼 수 있다. 인간의 자아 정체성과 관련된 주제도 종종 출제되고 있다. 요즘 들어서는 자살이 심각한 사회 현상으로 떠오르고 있는데 이런 주제에 대해서도 자기 의견을 정리해 두는 게 좋다.

이외에도 조금만 눈을 돌려 보면 다양한 논제들이 주위에 널려 있다. 이런 것들은 학교에서 배울 수 있는 것이라기보다는 신문이나 방송, 인터넷 등 각종 매체에 늘 촉각을 곤두세워 학생 스스로 흡수해야 할 부분이다. 문제는 이를 제대로 실천하지 못하고 있다는 점이다. 시간이 없다는 건 핑계다. 누구나 바쁘긴 마찬가지이다.

한편, 논술은 부모가 아이를 직접 도울 수 있는 입시 분야이기도 하다. 부모가 평소에 신문 사설이나 인터넷 토론방에 올려진 글 등 사회적 이슈와 관련된 좋은 글들을 모아 뒀다가 주제별로 스크랩해 주는 것이 좋다.

여기서 그쳐서는 안 된다. 스크랩을 아이에게 던져 주고 혼자 고민하게 해서는 죽도 밥도 안 된다. 반드시 특정 주제로 아이와 토론하면서 함께 고민하고 문제의식을 공유하는 과정을 거쳐야 한다. 논술 스크랩을 앞에 두고 함께 고민하는 과정이 축적되다 보면 아이도 어느 순간 스스로 보는 눈이 트이게 된다. 독서와 자료 정리를 스스로 하는 끈기도 생긴다. 이렇게 되면 비싼 논술 학원에 보내지 않아도 논술 시험 준비가 한결 수월해진다.

이런 과정이 생략되기 때문에 학생 혼자서 어디서부터 손을 대야 할지 몰라 우왕좌왕하는 사태가 되풀이된다. 해마다 수능이 끝날 무렵이면 고3 아이들이 우르르 몰려와 "선생님, 논술 준비 어떻게 해야 되나요?" 하고 묻지만 그때 들려줄 수 있는 대답은 없다. 수능이 끝난 뒤 준비를 시작하면 이미 늦은 것이다. 고3이면 이미 논술은 승부가 갈려 있다고 해도 과언이 아니다. 시간이 없다. 부모들의 작은 실천이 아이가 시험장에 들어가 자신 있게 글을 쓰게 만들 수 있다.

논술 준비는 시간과의 싸움

교육부가 각 대학에 제시한 지침을 보면 논술 고사의 주제가 어떤 것인지를 어렴풋하게나마 짐작할 수 있다. 이에 따르면 논술 고사는 '응시자의 고차원적 사고 능력(논리성, 표현력, 창의성)을 평가하기 위해 특정 교과 내용에 구애받지 않는 탈교과적, 범교과적 소재에서 주제를 선정하는 시험'으로 돼 있다.

범교과적이란 정치, 경제, 인문, 사회, 과학, 예술 등 여러 교과목을 아우른다는 의미며 탈교과적이란 것은 말 그대로 교과서에 나오지 않은 것도 출제 대상이 된다는 것이다.

이런 취지는 사실 수능 언어 과목의 그것과도 크게 다르지 않다. 수능 언어 영역 문제 역시 인문, 과학, 사회, 예술 등 다양한 분야에서 범교과적으로 출제된다. 때문에 철학적 논쟁이라든가 최신 예술 이론, 과학의 법칙성에 관한 이론 등 낯선 분야의 지문에 맞닥뜨릴 때면 국어를 가르치는 입장에서도 사실 곤혹스러울 때가 있다.

사정이 이렇기 때문에 논술에서 심층적 이야기를 이끌어 나갈 수 있으려면 자율적, 자발적으로 여러 분야의 책들을 읽어 둬야 한다. 논술은 절대적으로 시간과의 싸움이다. 부모들은 아이들이 하는 일 없이 보내는 시간을 줄이고 교과 공부 이외의 시간을 독서와 글쓰기로 채울 수 있도록 이끌어 줘야 한다.

논술의 채점 기준

논술 고사 채점은 대학과 채점관 성향에 따라 조금씩 다를 수 있지만 기준이 없는 것은 아니다. 다음의 채점 기준을 기억해 뒀다가 논술 고사를 준비하는 자녀의 답안지를 채점관 입장에서 검토해 볼 것을 권한다. 배점 기준은 조금씩 다르겠으나 채점 요소는 대략 이 범위를 벗어나지 않는다.

1. 논제에 맞는 글인가?

가장 중요한 평가 요소다. 논제 파악이 안된 글은 기본이 안 돼 있는 것이다. 특정 주제의 얘기를 쓰라고 못 박아 뒀는데 글이 끝날 때까지 관련된 내용은 일언반구도 없고 딴소리만 늘어놓고 있다면 감점을 면할 수 없다. 아무리 내용이 훌륭해도 출제 의도에 어긋나면 좋은 점수를 받을 수 없는 것은 물론 최하 점수를 받을 우려도 있다. 제시문을 꼼꼼히 읽고 문제의 의도를 정확히 파악하는 것이 무엇보다 중요하다.

2. 자기 주장을 논리적이고 일관성 있게 전개하는가?

논제가 파악되면 자기 주장을 논리적으로 이끌어 나가야 한다. 논리적 전개란 글을 이끌어 나가는 능력이다. 이것이 없으면 논술의 꼴을 갖출 수 없다. 문장과 문장 간, 단락과 단락 간 상호 관계가 유기적으로 조화를 이뤄야 하는 것은 물론이고 논술 답안 전체가 논리적 일관성을 보여 줘야 한다.

예를 들어 사형 제도에 관한 의견을 쓰라고 했는데 도입부에선 "사형수도 인간이다."라고 해 놓고 "그런 인간은 사회의 질서와 안정을 위해 죽어 마땅하다."라는 결론을 내린다면 좋은 글이라 할 수 없다. 이처럼 두 가지 대비되는 주장을 내세운 뒤 양쪽을 오가며 옹호하는 것은 일관성 없는 논리 전개의 전형적인 사례로 절대로 좋은 점수를 받을 수 없다.

또한 논리의 근거가 적절하고도 보편타당

논술 시험 감점 요인
1. 논제에서 어긋난 글
2. 일관성 없는 논리 전개
3. 불투명하거나 애매한 문장, 속된 표현
4. 정해진 분량에 맞지 않는 글
5. 맞춤법, 띄어쓰기 등 어법이 틀린 글

해야 한다. 근거를 제시하면서 관련 분야의 전문가도 권위자도 아닌 동네 아저씨의 말을 예로 든다면 글의 타당성이나 신뢰성을 떨어뜨리게 된다.

논거는 객관적 자료를 인용하는 사실 논거와 성현의 말씀 등을 제시하는 소견 논거로 나뉜다. 어느 쪽을 택하느냐에 따라 논지 전개의 방식이나 방향이 다소 달라질 수도 있다. 어쨌든 다양한 논리를 제시하려면 머릿속에 든 게 많아야 한다. 평소에 관련 분야에 대한 풍부한 배경 지식을 습득하고 있어야 어떤 논제가 제시되어도 당황하지 않고 자신 있게 소견을 펼칠 수 있다.

3. 정확한 문장과 적절한 어휘로 표현했는가?

이는 수능에서도 평가하고자 하는 요소다. 예를 들어 쓰기 영역에서 A라는 표현을 B로 바꿨을 때 무엇이 달라졌는지를 묻는 문제가 나온다. 똑같은 얘기라도 어떻게 표현할 때 가장 효과적이며 설득력과 전달력이 높은지 판단할 수 있어야 한다. 표현 경험이 풍부한 부모들이 아직 설익은 자녀들의 글을 점검해 주며 표현에 대해 조언해 준다면 큰 도움이 될 수 있다.

논술에서는 문장을 꼭 이렇게 써야 한다는 법칙이 없다. 때론 파격적인 문장도 괜찮다. 그러나 의미가 불투명하거나 애매한 문장은 절대 안 된다. 정말 주의해야 할 부분이다. 상투적인 표현도 곤란하다. 누구나 다 알고 있어 아무런 신비감도 주지 않는 표현을 보란 듯 되풀이하는 것은 글의 참신성을 떨어뜨린다.

당연한 얘기지만 속된 표현도 곤란하다. 요즘 아이들의 구어적 표현이 하루가 다르게 속되지고 있어 걱정이다. 문제는 말할 때 쓰는 비속어가 문체에까지 침투한다는 데 있다. 논술에 버젓이 "'눈알이 튀어나올' 정도로 놀라운 일이었다."라는 표현을 쓰는 아이들도 있다. 정말 채점관들의 '눈알이 튀어나오게' 만들 만한 글이다. 일상적이거나 속된 표현, 두서없고 낯선 표현 등은 글에서 정제해 낼 수 있도록 훈련해야 한다.

4. 분량이 적당하고 어법에 맞는가?

분량을 어긴 글은 채점관 입장에서 가장 감점하기 좋다. 분량에 어긋난다는 것은 애초에 글을 쓸 때부터 계획이 잘못돼 있었다는 얘기다. 논리 전개에 대한 사전 설계도 없이 생각나는 대로 쓰다 보면 어느 순간 분량 제한을 어기게 되는 경우가 비일비재하다. 이런 아이들의 논술 원고지는 지우고 다시 쓰는 과정을 반복하느라 너덜너덜하다. 써 내려갈 글에 대해 계획부터 세우는 습관을 들여야 한다.

이왕이면 다홍치마라고 글씨도 또박또박 쓰는 게 좋다. 지렁이가 기어가는 듯한 글씨는 내용 전달력을 크게 떨어뜨린다. 내용이 좀 부실해도 글씨가 예쁘면 글 자체가 정돈돼 보여 보너스 점수라도 주고 싶은 게 인지상정이다. 글씨를 멋 부려 쓰라는 것이 아니라 알아볼 수 있게는 써야 한다는 것이다.

외국인이 우리말을 배울 때 높임 표현과 함께 가장 어려워하는 것이 어법이다. 어법은 수능에도 반드시 출제된다. 국어 교과서 뒤편에는 어법에 대한 상세한 설명이 붙어 있다. 수업 시간이 충분하지 않기 때문에 학교에서는 이를 상세하게 가르치기 어려운 형편이다. 때문에 학생 스스로 시간을 쪼개어 틈틈이 들여다보며 익혀야 한다.

맞춤법, 띄어쓰기, 원고지 작성법 등도 논술 평가 요소에 해당된다. 어릴 때부터 학교 수업 시간에 차근차근 체득해 둬야 할 기술적인 부분이다.

이를 바탕으로 논술의 일반적인 평가 기준을 제시하면 다음과 같다.

● 내용면

문제의 파악	문제가 요구하는 바를 정확하게 포착하여 논의하였는가? 문제의 핵심과 본질에 초점을 맞추어 논의하였는가?
사실의 이해	논의의 대상에 대하여 포괄적, 구체적으로 이해하고 있는가? 논의에 대하여 사실에 부합하게 이해하고 있는가?
해결의 능력	문제의 성격에 적절한 해결 방법을 구사하였는가? 문제의 해결에 필요하고 적절한 절차를 갖추고 있는가?
논지의 적절성	논술에 필요한 창의성과 보편성을 갖추고 있는가? 결론의 도출 과정이 타당성과 가치를 지니고 있는가?

● 논리면

어휘의 정확성과 풍부성	사용된 어휘는 정확한가? 어휘가 문맥에 적절하며 풍부한가?
문장의 정확성과 효율성	어법이나 표기법을 잘 지켰는가? 문장은 의미가 분명하고 문맥에 적절하게 표현되었는가?
글의 단위성과 유기성	각각의 문단은 응집성과 단위성을 갖추었는가? 글 전체는 단계성과 유기성을 적절히 갖추었는가?

● 표현면

논의의 일관성	논의할 주제가 일관성 있게 서술되었는가? 논증에 쓰인 개념이나 판단이 일관된 의미를 유지하고 있는가?
논거 제시의 적합성	논제를 증명하기 위하여 제시된 논거들이 적절한가? 논거는 의심할 여지없이 확실한 것인가?
논증 방식의 타당성	논증을 위한 추론 과정이 적절한가? 논리적인 오류는 없는가?

알면서도 실천 못하는 논술 정복의 왕도
다독(多讀), 다상량(多商量), 다작(多作)

논술에 왕도는 없다. 하지만 왕도에 가장 가까운 길은 역시 '많이 읽고(다독), 많이 생각하고(다상량), 많이 써 보는(다작)' 것이다. 누구나 다 알면서도 꾸준히 실천하지 못하는 것은 이것이 상당한 인내를 필요로 하기 때문이다. 영상 매체에 길들여진 요즘 아이들은 무엇이든 즉시 결과가 나오지 않으면 못 참는 경우가 많다. 그래서는 논술과 친해질 수가 없다. 논술을 잘하려면 마라톤을 하듯 자료를 모으고 독서하고 생각하고 써 보는 과정을 꾸준히 되풀이해야 한다.

1. 항상 논지를 파악하며 책 읽는 버릇을 들여라

읽긴 실컷 읽었는데 뭘 읽었는지 하나도 기억이 안 나는 독서는 논술 대비용으로는 0점짜리다. 평소 늘 요지를 파악하며 책 읽는 습관을 들여 둬야 한다.

글쓰기도 처음에는 훌륭한 텍스트를 모방하는 데서 출발한다. 밑천(배경 지식)을 쌓는다는 점에서도 많은 독서는 논술의 기초 공사라고 할 수 있다. 그렇다고 무조건 닥치는 대로 읽는 게 좋을까? 어떤 책을 선택해야 할지 헷갈릴 때 참고하면 좋은 것이 각 학교마다 제시하고 있는 필독 도서 목록이다. 초등학교부터 고등학교까지 학년별, 학제별로 읽어야 할 책을 제시한 도서 목록은 좋은 길잡이가 될 수 있다.

때론 '나쁜' 책도 읽어 봐야 한다. 나쁜 글을 읽으면 비판할 수 있게 된다. 학자도 사람이므로 아무리 훌륭한 학자가 지은 책이라 하더라도 비판할 부분이 섞여 있게 마련이다. 논술과 관련하여 읽기 영역에서 키워야 할 가장 중요한 능력이 비판적 사고다. 타인이 쓴 글을 읽고 비판할 수 있는 힘을 길러야 자신만의 논지를 전개해 나갈 수 있다.

2. 아이의 생각이 책을 넘어 뻗어 나가도록 도와라

수백 쪽짜리 책을 읽고 중심 내용을 추리는 데는 수렴적 사고가 필요하다. 하지만 요지를 파악한 뒤에는 다시 다양한 방향으로 생각을 펼쳐 나가는 발산적 사고 과정이 요구된다. 아무리 논제를 정확하게 이해하고 요지를 잘 파악했더라도 이를 바탕으로 독창적인 글을 써 내기 위해서는 자신의 생각을 논리적으로 전개하는 과정, 즉 생각의 가지를 뻗어 나가는 과정이 꼭 필요하기 때문이다. 이처럼 모아들인 생각을 다시 확장시키는 단계가 '다상량'이다.

다람쥐 쳇바퀴 돌듯 읽은 책의 내용 안에서만 생각이 돌아서는 자신만의 사고를 풀어내기 힘들고 독창적인 글은 더욱 쓸 수 없다. 책을 벗어나는 곳까지 생각을 뻗어 나가게 하기 위해서는 연상하고 사색하는 훈련이 필요하다. 이 단계에서 학부모의 도움이 절실하다. 아이가 독서할 때 방관하지 말고 저자의 생각이나 이런저런 주장에 대해 어떻게 생각하는지 끊임없이 화두를 던져 주어 아이의 생각이 확장되게끔 도와줘야 한다.

3. 연습 글을 쓸 때도 이왕이면 논술 형식에 맞춰라

이렇게 가지 쳐 나간 생각이 다 글감이 되는 것은 아니다. 논술에서는 분량이 한정되어 있다. 따라서 논술을 써 나가는 단계에서는 많은 생각 가운데 주제에 맞는 것들만 가려내 그것에만 집중하는 추출의 능력이 필요하다. 수렴과 확산, 다시 수렴을 반복하는 사고의 연습을 꾸준히 해 둬야 논술 능력을 키울 수 있다.

논술 고사장에 들어가기 전에는 반드시 완성된 글을 써 보아야 한다. 이때는 가급적이면 논설문 형식에 맞추는 게 좋다. 꼭 서론, 본론, 결론이나 기승전결 구조에 맞출 필요는 없지만 문제를 제기한 뒤 이를 자기 나름의 논리와 생각으로 풀어 나갔다가 마지막엔 다시 전체 논의를 간략하게 요약하는 형식으로 글을 전개해 가는 습관이 몸에 배도록 하는 게 좋다.

이제 이 같은 논술 전략을 실전에 적용해 보자. 아래는 '인문계열 논술 고사 예시 문항'이다.(서울대 제공)

문항 1 가상적으로 만든 두 인물의 대화를 읽고 다음 물음에 답하시오.

甲: 그대가 담헌이나 연암과 함께 북학을 주장한다고 들었다. 북학이 도대체 무엇이냐?

乙: 일찍이 맹자는, '나는 중화(中華)의 문화 덕에 오랑캐가 변화했다는 말은 들었지만 중화가 오랑캐 덕에 변화했다는 이야기는 듣지 못하였다.'고 하였사옵니다. 초나라 출신인 진량은 주공과 공자가 가르친 도를 좋아하여 북쪽으로 가서 공부를 하였사옵니다. 그 결과 북방 학자 중에 진량만한 이가 없사옵니다.

甲: 조선도 압록강을 넘어 북쪽으로 가서 공부를 해야 한다 이 말이
렷다. 중화와 오랑캐 이야기는 받아들이기 힘들구나. 조선에 작
은 중화[小中華]를 자처하는 이들이 많음을 알렷다? 오랑캐에게
멸망한 명나라를 대신하여 오직 조선만이 중화의 도를 실현할
수 있다는 주장이니라. 혹자는 작은 중화가 명나라를 무조건 따
르는 눈먼 충심이라고 하지만, 과인 생각은 다르니라. '소중화'
란 세 글자 안에는 조선 문화가 세상 제일이라는 무한한 자긍심
이 있도다. 그 자긍심을 바탕으로 더 뛰어난 시문(詩文)을 만들고
생활 규범들을 가다듬을 수 있느니라. 이런 주장에 반대하는가?
그 이유가 무엇인가?

乙: 그러하옵니다. 조선 문화는 세상 제일이 아니옵니다. 명나라가
멸망하였으니 중원에는 더 이상 제대로 된 문화가 없다는 주장
은 눈먼 장님이 내뱉는 농담과 같사옵니다. 신은 작년 여름 연경
(燕京)에 가서 똑똑히 보았나이다. 그곳에는 우리가 전혀 알지 못
하는 새로운 지식과 물품들이 산처럼 쌓였나이다. 피부색과 머
리 모양, 얼굴 모양이 제각각인 세계 여러 나라 사람들이 자유롭
게 거리를 활보했사옵니다. 조선은 그 높은 문화를 진량처럼 배
워야 하옵니다. 소중화란 우물 안 개구리들이 내는 자화자찬에
지나지 않사옵니다.

甲: 근래의 사대부들은 습성이 괴이하여 반드시 우리나라 규모를 벗
어나고자 하며, 멀리 중국인들이 하는 것을 배우고자 하고 있어.
서책은 물론이고 평소에 쓰는 그릇과 물건 역시 모두 중국산을 사
용하여 이로써 높이 올라간 것처럼 자랑스러워하지. 묵·병풍·
의자·탁자·솔·술통 등 기교(奇巧)한 물건을 좌우에 늘어놓고
차를 맛보고 향을 피우며 억지로 고아한 척하는 토양을 이루 다

기록할 수 없어. 내가 깊은 궁궐에 앉아서도 오히려 들은 풍문이 낭자(狼藉)하여 폐됨은 말하지 않아도 알 수 있다는 게지. 옛사람이 말하기를, "지금 사람은 지금 옷을 입어야 한다."라고 하였으니, 이 말은 절실하여 공경할 만하니라. 이들이 우리 동방에서 태어났으면 마땅히 우리 동방의 본색을 지켜야 할 것인데, 어찌 힘을 다해 중국 사람을 모방하려 하는가? 이 역시 사치 풍조의 일단이며 말류의 폐단으로 장차 말할 수도 없고 고칠 수도 없게 될 것이니 실로 보통 근심이 아니라고 할 것이야.

乙: 옛날 영웅은 반드시 원수를 갚을 뜻이 있으면 호복 입는 것도 부끄러워하지 않았는데, 지금은 중국 법을 "배울 만하다."라고 말하면 떼를 지어 일어나서 비웃나이다. 필부가 원수를 갚고자 할 때 원수가 날카로운 칼을 찬 것을 보면 그 칼을 빼앗을 방법을 고민하는 법이옵니다. 그런데 지금은 당당한 천승(千乘)의 나라로서 천하에 대의를 펼치려고 하는데도 중국의 법 하나를 배우려고 하지 않사옵니다. 그럼으로써 우리 백성들이 고생만 숱하게 할 뿐 아무 효과도 보지 못하고, 궁핍에 찌들어 굶어 죽고 스스로 쓰러지게 했사옵니다. 그리고 백 배나 이익이 될 것을 버리고 결코 행하지를 않았사옵니다. 신은 중국을 차지한 오랑캐를 물리치기는커녕 우리나라 안에 있는 오랑캐의 풍속도 다 변화시키지 못할 것이 염려되옵니다. 그러므로 오늘날 사람들이 오랑캐를 물리치고자 한다면 차라리 누가 오랑캐인지를 분간해야 하옵니다. 그리고 중국을 높이고자 하면 차라리 저들의 법을 완전히 시행함으로써 더욱 중국을 높일 수가 있을 것이옵니다. 만약 다시 명나라를 위하여 원수를 갚고 우리가 당한 치욕을 씻고자 한다면 이십 년 동안 힘써 중국을 배운 다음에 함께 논의해도 늦지 않을 것이옵니다.

甲: 과인은 어려서부터 효종 할아버지와 임경업 장군, 그리고 이완 대장을 존경하며 흠모해 왔느니라. 그분들이 염원한 북벌을 완성한 후 개가를 부르고 싶었지. 과인이 임금이 되면 그분들이 못 다 이룬 꿈을 실현하리라 결심했어. 동쪽 바다의 큰 고래와 서쪽 변방의 흉악한 멧돼지를 몰아내는 꿈! 군대는 흉기이고 전쟁은 불행이라지만, 제갈공명이 연거푸 출사표를 짓고 원정을 떠났듯이, 올바름을 위해 반드시 싸워야 하는 일도 있는 법이야. 후대인들이 제갈공명을 떠받드는 것은 탁월한 지혜와 신묘한 병법 때문이기도 하지만 무엇보다도 의리와 명분을 중히 여기며 끝까지 올바름을 추구했기 때문이니라. 그 결과가 고작 오장원의 때 이른 죽음이냐고 힐난하는 이도 있지만, 과인은 그 죽음이 곧 패배를 뜻한다고 보지 않아. 출사표를 올리지 않고 좁은 촉나라에서 호의호식하는 것이 도리어 패배라면 패배이니라. 오늘 여러 선비들의 이야기를 듣고 있자니 북벌은 개 짖는 소리로 취급받고 오직 압록강 북쪽 학문을 배우고 익혀야 한다는 목소리만 높았어, 그럴 바에야 차라리 조선을 떠나 그곳으로 들어가는 것이 좋지 않겠는가?

乙: 효종 임금이나 임 장군, 이 대장은 누구나 다 존경하옵니다. 병자년에 당한 치욕을 씻고 나라다운 나라를 만들겠다는 세 분의 바람은 맑고 숭고한 것이었나이다. 선비들 대부분이 북벌과 북학 중에서 어느 하나는 옳고 어느 하나는 그르다고 하옵니다. 그러나 북벌과 북학은 만날 수 있사옵니다. 조선이 대군을 이끌고 압록강을 건너는 것은 곧 청나라와 정면으로 맞서는 것이옵니다. 과연 지금 조선이 청나라를 망하게 할 만큼 힘을 키웠사옵니까? 일부 사대부들이 중국 물품을 대국에서 몰래 들여와 방 하나를 가득 메우고 자랑하는 이들이 도성에도 꽤 많은 것으로 알고 있사옵니다. 그렇다고 해서 이 나라를 부강하게 하고 백성들 고통을 덜어 줄 새로운 학문을 익히는 것을 두려워해서는 아니 될 것이옵니다. 배우되 무조건 옳다고 믿지 않고 가려서 살핀다면 많은 이로움이 있을 것이옵니다. 청나라는 땅이 넓고 오가는 사람들이 많은 탓에 나고 드는 지식과 힘을 일일이 챙길 수 없사옵니다. 우리로서는 좋은 기회이옵니다. 북학을 주창하시는 연암 선생이 젊은 시절 북벌의 뜻을 폈고 지금도 그 둘을 함께 가져가는 까닭이 여기에 있나이다. 조선을 부강하게 하는 길이라면, 우리말을 버리고 중국어를 사용한다 하더라도 받아들일 수 있을 것이옵니다.

甲: [①]

乙: 중국어는 문자의 근본이옵니다. '하늘' 같은 것은 바로 '텐[天]'이라 부르고, 다시 겹쳐서 풀이하는 간격이 없으므로 물품 명칭은 더욱 분별하기 쉽사옵니다. 비록 글을 모르는 부녀자나 어린아이라도 보통 쓰는 말이 모두 문구(文句)로 되며, 경(經)·사(史)·자(子)·집(集)의 여러 종류도 입에 말하는 대로 나오나이다. 중국은 말로 인해서 글자가 나왔고 글자를 찾아서 말을 풀이하지 않사옵니다. 그러므로 외국에서 비록 문학을 숭상하고 글 읽기를 좋아하는 것이 중국과 비슷하다 할지라도 마침내 간격이 없지 않음은, 이 언어라는 커다란 꺼풀을 벗어날 수 없기 때문이옵니다. 우리나라는 지역적으로 중국과 가깝고 성음(聲音)이 대략 같으니, 온 나라 사람이 우리말을 버린다 해도 불가할 것이 없사옵니다. 그러한 뒤에라야 오랑캐라는 말을 면할 것이며, 동쪽 수천 리 땅이 스스로 하나의 주(周)·한(漢)·당(唐)·송(宋)의 풍속으로 될 것이오니 어찌 크게 통쾌한 일이 아니겠사옵니까?

❶ 甲의 대화문 [①] 부분에 '중국어의 공용어화'에 대한 적합한
내용으로 200자 원고지 400자 정도의 문장들을 작성하되, 자신이
甲이 되었다고 가정하고서 자연스러운 대화문이 될 수 있도록
하시오.

❷ 甲이나 乙 가운데 한 인물을 옹호하는 입장에서 현대에서 외래
문물을 수용하는 일에 대하여 논술하는 글을 작성하되, 적절한
제목을 달고 2,000자 내외로 완성된 한 편의 글이 되도록 하시오.

이 문제에는 <u>가상적으로 만든 두 인물의 대화</u>라는 상황이 주어져
있다. 여기서 쟁점은 <u>중국어의 공용어화</u>이다. 가상의 두 인물은 조선
조 정조 임금(甲)과 실학자 박제가(乙)로, 두 사람은 현재 직면하고
있는 사회 현상에 대해 생각이 서로 다르다.

이 문제는 두 사람의 입장이 이처럼 갈라지는 쟁점들 가운데서도
특히 '중국어 공용어화' 부분에 초점을 맞춰 한쪽의 의견을 '메워
넣기' 형태로 제시해 보도록 하고 있다. 이를 통해 궁극적으로는 두
사람이 각각 어떤 입장에 서 있는지를 학생들이 제대로 알고 있는
지 물어보고 있는 셈이다. 중간 부분을 메워 넣는 이런 문제는 그간
서울대 논술 고사에서 쉽게 발견할 수 없었던 유형이다.

논술 시험지를 받아든 뒤에는 이처럼 논제를 분석하는 것도 중요
하지만 세세한 조건들을 하나라도 놓치면 안 된다. 이 문제에서도
<u>200자 원고지 400자 정도</u>라는 분량 제한과 <u>자신이 甲이 되었다고 가정</u>
하라는 단서들을 달고 있는데 어느 것 하나 그냥 지나쳤다가는 감
점 요인이 될 수 있다.

갑이 되었다고 가정하는 것은 애초에 입장 자체가 주어져 있는

것이다. 논제와 관련된 입장을 글쓰는 이가 마음대로 정하는 것이 아니라는 얘기다.

　수험생들에게 던져진 조건이 상당히 구체적이라는 것을 알 수 있다. '중국어의 공용어화' 하나로 논제를 제약하고 있음은 물론 옹호해야 할 입장까지 지정해 주고 있다. 이 정도면 논제 일탈의 여지는 크게 줄어든다. 무조건 주제 하나를 던져 놓고 이에 대한 입장을 알아서 피력하라는 논술 문제 유형에서 주제로부터 일탈할 위험과는 비교도 할 수 없다. 이렇게까지 구체적으로 단서들을 달았는데도 문제에서 요구한 것에 어긋나는 답안을 낸다면 감점을 면할 길이 없다.

> 반드시 주어진 조건하에 논술하라. 문제에서 구체적인 제약을 달았는데도 그에 벗어난 글을 쓰면 감점을 면할 수 없다.

문항 2　다음 글들을 읽고 물음에 답하시오.

(가) 사람들은 일반적으로 과학적 지식은 완전히 검증된 진리라고 생각하며, 어떤 과학 현상에 대하여 자신들의 견해가 서로 일치하지 않을 때 과학자의 말에 귀를 기울이기만 하면 된다고 생각한다. 즉, 사람들은, 서로의 법적 이해관계가 얽히면 그 옳고 그름을 법관이 심판해 주는 것보다 더 엄밀하게, 자신들의 과학 지식의 논쟁에 대하여 과학자가 판단해 줄 것으로 기대한다. 그런데 어떤 예측이 과학적으로 검증되었다고 해서 모두 믿을 수 있는 것은 아니라는 것을 보여 주는 사례가 종종 이야기된다. 즉, 어떤 과학자는 이것이 맞다고 하고 다른 과학자는 그것이 틀렸다고 하는 경우를 어렵지 않게 찾아 볼 수 있다는 것이다.

근년 논란거리가 되었던 환경 문제에 관한 예를 들어 보자. 많은 과학자들이 이산화탄소의 방출로 지구의 기온이 올라가 이로 인해 커다란 재앙이 닥칠 것이라고 주장하는데, 그 예측의 구체적 실상이 서로 다르다. 어떤 과학자는 기후 모델을 슈퍼컴퓨터로 계산하여 다음 세기 중 기온이 섭씨 5.5도 상승할 것이라고 예측하였다. 이에 대해 영국의 한 과학자는 기존 모델에서는 얼음의 냉각 효과를 고려에 넣지 않은 점을 지적하고, 이산화탄소가 다음 세기에 두 배로 증가되어도 온도는 섭씨 1.9도밖에 오르지 않을 것이라고 보고하였다. 또한 미국 국립대기연구센터의 한 연구자는 바닷물의 순환과 열흡수 기능을 고려한 결과, 온도 상승은 섭씨 1.6도에 그칠 것이라는 연구 결과를 발표하였다.

한편, 지구의 기온이 올라가도 심각한 재앙을 일으킬 만큼의 해수면 상승이 야기되지 않을 것이라는 발표도 있었다. 미국 지구물리학협회의 과학자들은 온실효과로 인한 21세기 중반의 해수면 상승이 현재 예측치의 3분의 1정도인 0.3미터에 불과할 것이라고 밝히기도 하였다. 이들은 그린랜드의 빙원과 남극 빙산에 대한 새로운 자료를 바탕으로 이 같은 결과를 얻었다고 밝혔다. 미국 프린스턴 대학의 과학자들은 대기와 해류 순환 사이의 상관관계를 감안하여 새로운 컴퓨터 모델을 개발하고, 이를 활용하여 남극의 온도 상승은 북극의 온도 상승에 비하여 반세기 정도 뒤에 나타난다는 결론을 얻었다. 이들에 따르면 지금부터 35년 뒤에는 북극의 온도가 섭씨 2도 올라가겠지만, 남극에서 그렇게 되려면 다시 65년을 더 지나야 한다는 것이다.

(나) 우리의 상식적인 생각으로는 미(美)와 추(醜), 현(賢)과 우(愚), 선(善)과 악(惡)은 엄밀하게 구별된다. 아름다운 것은 도저히 추할 수 없고, 어진 것은 어리석은 것과 서로 조화롭지 않으며, 선과

악은 전혀 다른 것이다.

　그런데 노자에 따르면, 어리석어 보이는 것을 진정으로 어리석다고만은 할 수 없고, 진정한 현자(賢者)일수록 오히려 어리석은 자로 보일 수 있다는 것이다. 우리들의 인식이나 판단은 사상(思想)의 실체보다는 외형에 영향을 받기 쉽고, 그렇기 때문에 우리들은 흔히 어리석어 보이는 것을 아주 어리석다고 보고 미워 보이는 것을 아주 밉다고 단정하게 된다는 것이다.

　공자는 "아는 것을 안다고 하고 모르는 것을 모른다고 하라. 이것이 참으로 아는 것이다."라고 가르쳤는데, 공자에게 있어서 참으로 안다는 것은 자기가 알고 있는 것과 알지 못하는 것을 분명하게 구별하여 양자를 혼동하지 않는 것이다. 그런데 노자는 자기가 알고 있다고 할 때의 그 안다는 것이 도대체 무엇이며 또 참으로 알고 있다고 할 때의 그 '참으로'란 것이 어떤 것이냐에 대해 의문을 던진다. 공자가 아는 것은 안다고 하라고 가르치는 반면, 노자는 안다고 하는 것까지를 오히려 알지 못하는 것으로 부정하는 것을 가르친다. 이와 같이 노자는 근원적인 진리가 인간의 인식을 초월하는 것이라는 것, 그 진리 앞에서는 알고 있다고 하는 것이 동시에 알지 못하는 것이 되고, 알지 못한다는 것이 동시에 알고 있는 것이라고 하는, 고차원적인 지(知), 이른바 부지지지(不知之知)를 체관(諦觀)하고 있다.

　공자의 지(知)는 박학을 전제로 하는 지이다. 그러나 노자는 그 박학의 지를 부정한다. 노자에게 있어서 중요한 것은 자기의 무지를 자각하는 것이다. "너 자신을 알라."라고 설파한 소크라테스와 같이, 노자도 또한 참으로 아는 것이 아는 데 있지 않고 알지 못한다고 하는 데 있음을 지적하는 것이다.

(다) 질문은 호기심에서 나온다. 호기심이 없으면 질문도 없다. 호기

심은 새로운 것에 대한 열망이며, 새로운 것에 대한 애정의 표현이다. 관심은 인식의 원동력과 같다. 질문은 인식에 대한 욕구를 나타낸다. 만일 모든 사람들이 이미 알고 있는 것을 그저 확인하는 정도에서 지적인 활동을 멈춘다면, 어떠한 지식 체계의 발전도 기대할 수 없을 것이다. 자기의 무지를 인식한다는 것은 앎을 향한 첫 발을 내딛는 것이다. 미지의 것, 새로운 것에 대한 물음만이 우리의 앎의 세계를 밝힌다.

모든 과학적인 연구에서는 답이 주어지기 전에 먼저 질문이 제기되는데, 이 때 질문은 연구자의 세상에 대한 관심의 표현이다. 학문은 관심에서 출발한다. 관심을 가짐에 따라 질문이 생기게 되는데 학문은 이러한 질문에 대한 해결안을 찾고자 하는 노력이다. 학문은 남이 만들어 준 답을 배우는 것이 아니라 스스로 끊임없이 질문을 제기하고 그 질문에 대한 답을 찾으려는 과정이다. 학문은 결과물을 그대로 받아들이는 수동적인 활동이 아니라 자기 관심에서 비롯된 질문에 대한 답을 스스로 마련해 나가는 적극적인 활동이다. 학문은 질문의 제기로부터 시작된다.

다음 (라)는 글 (가)에 제기된 문제에 대한 현대 과학 철학의 어떤 견해를 제시한 것이다.

(라) 현대의 과학 철학에서는 서로 다른 과학 이론이 대립할 때 어느 것이 맞고 어느 것이 틀렸는지, 또는 어느 것이 낫고 어느 것이 그렇지 못한지를 판단할 수 없다는 견해가 있다. 이러한 관점에서는 과학 이론도 하나의 신념 체계로 이해될 수 있다. 즉, 과학적인 지식이 시간이나 공간을 초월하여 적용될 수 있는 불변의 진리가 아니고, 믿음으로 해석될 수 있다는 것이다.

글 (라)의 이러한 견해가 글 (나)에 소개된 '앎'에 대한 이해와 어떻게 조화를 이룰 수 있는지에 대해 제목을 달고 2,000자 내외의 논술문을 작성하되, 다음 사항에 유의하시오.

❶ 글 (나)에 제시된 '무지(無知)'와 글 (다)에 언급된 '무지(無知)'가 어떻게 같고 다른지에 대한 논의가 논술문의 본론에 포함되도록 하시오.

❷ 글 (가)의 서론 다음에 제시된 사례 또는 이와 유사한 사례를 논지 전개를 위한 근거 또는 예증을 위한 실례로 활용하시오.

이 문제에서 흥미로운 대목은 두 가지다. 글 (나)의 고전의 사유에 글 (라)의 현대

> 논술에서 제목을 달아 보라는 문제도 나오고 있다. 논지를 한 번에 요약하는 능력을 보기 위해서다. 글의 핵심을 파악하라.

사회의 상황을 접목하게 했다는 점과 '제목을 달 것'을 요구했다는 점이다. 즉 성현들의 사유를 현대 사회에 적용, 해석해 보라는 것이다. 이 문제는 고전을 읽어야 할 이유를 뚜렷이 보여 준다. 고전이 논술에 출제될 정도로 중요한 것은 옛 성현들의 깨달음을 통해 오늘을 사는 지혜를 얻을 수 있기 때문이다. 제목을 달아 보라는 요구도 그간에 흔히 볼 수 없던 새로운 유형이다. 글의 논지를 한 줄짜리 제목으로 얼마나 명료하게 요약할 수 있는지를 평가하겠다는 의도다.

이렇듯 최근 논술 출제의 경향들은 상당히 구체적인 조건과 방향을 설정해 주고 있다. 문제를 꼼꼼히 읽고 제시된 조건에 맞춰 답안을 작성하려는 노력이 특히 필요하다. 문항 3 역시 같은 방법으로 접근하여 풀어 보기 바란다.

우리는 천재적 재능의 성숙이 그 개인의 인간적 운명과는 별개로 완성되는 자동적이고 내면적인 과정이라는 생각과 드물지 않게 마주치게 된다. 이런 생각은 위대한 예술 작품의 창조가 그 창조자의 사회적 실존, 즉 여러 사람들과 관계를 맺고 살아 온 한 사람으로서 그의 성장과정이나 그의 체험과는 무관하다는 관념과 결합되어 있다. 따라서 모차르트 전기들은 종종 예술가 모차르트와 그의 예술을 이해하는 일을 인간 모차르트에 대한 이해와 분리할 수 있다는 가정에서 출발한다. 이러한 분리는 인위적일 뿐만 아니라 오해를 불러일으키는 까닭에 불필요하다. 우리가 가진 현 수준의 지식으로는 한 예술가의 사회적 실존과 작품들 간의 상호연관성을 칼로 해부하듯 펼쳐 놓을 수는 없다. 그러나 탐침으로 내장을 진찰하듯이 탐사해 볼 수는 있을 것이다. 천재의 비밀을 미화하는 것은 현재의 문명 수준에 광범위하게 확산된 깊은 욕구를 충족시켜 줄지도 모른다. 그러나 그런 미화는 위대한 인물들을 신격화하는 형태들 중의 하나로서 그 이면에는 평범한 사람들을 경시하는 경향이 있다. 한쪽을 인간 수준 이상으로 높임으로써 다른 쪽을 낮추는 것이다. 한 예술가의 업적에 대한 이해와 그의 작품에서 느끼는 즐거움은 그 작품과 인간 사회 속에서의 그의 운명과의 연관성을 이해하려는 노력을 통해 약화되기보다는 오히려 깊어지고 강화될 수 있다. 특출한 재능, 또는 모차르트 시대의 용어로 말한다면 한 사람을 지칭하는 말이 아니라 그 사람이 가진 특성을 뜻하는 '천재' 는 그의 사회적 운명을 결정하는 요소들 중에 하나이며 이런 점에서 천재가 아닌 범인들의 범상한 재능과 꼭 마찬가지로 하나의 사회적 사실이다.

　　베토벤과 달리 모차르트의 경우에는 '예술가'와 '인간'의 관계가 많은 연구자들에게 특별히 혼란스럽게 보이는데, 그 까닭은 서신이나 보고서 또는 다른 증거자료들에서 나타나는 그의 이미지가 천재에 대한 선입관과 조화를 이루지 못하기 때문이다. 만약 길거리에서 모차르트를 마주친다면 그는 특별한 인상을 주지 못할 평범한 한 인간이었다. 그는 때때로 유치한 행동을 했고 사적인 자리에서는 똥과 관련된 비유들을 거침없이 사용하기도 했다. 그는 어릴 때부터 애정에 대한 강한 욕구를 가지고 있었는데, 이는 짧은 성년기에 왕성했던 성욕이나 아내와 청중의 사랑에 대한 끝없었던 갈구에서 잘 드러난다. 문제는 평범한 범인의 모든 동물적 욕망을 두루 갖춘 사람이 어떻게 해서 듣는 이들의 모든 동물성을 씻어 주는 듯한 순수한 음악을 만들 수 있는가 하는 것이다. 우리는 이런 음악의 특징을 '심오한', '다정다감한', '고상한'이나 '비밀스러운' 등의 개념들로 나타낸다. 이런 음악은 범상한 인간 세계와는 다른 세계에 속하는 듯하며 그 세계에서는 인간의 승화되지 못한 측면들을 기억하는 일조차 거슬린다는 것이다.

　　이러한 낭만주의적 이원론이 오늘날까지 줄기차게 영향력을 행사하는 데에는 명백한 까닭이 있다. 이 이원론은 현재의 발전 수준에서는 자신의 동물성을 제대로 극복하지 못했다는 문명인의 거듭된 확인과 성찰에 다름 아니다. 천재의 이상적 이미지는 각자가 자신의 정신성을 지키기 위해 육체성에 대항하여 전투를 벌이는 군대의 동맹자가 되는 것이다. 사람들은 싸움터를 이동시켰다. 이런 식으로 천재의 특성으로 여겨지는 비밀과 그의 비천재적 인간성을 각각 다른 서랍 속에 넣어 두는 이분법은 바로 유럽 사상계에 깊이 자리한 비인간적 측면을 표현한다. 이는 극복되지 못한 문명적 문제인 것이다.

❶ 윗글의 필자가 비판하는 '천재'의 개념은 어떠한 것인지 요약하여 200자 원고지 400자 내외로 서술하시오.

❷ 윗글에서 말하고 있는 '천재'의 개념을 유추(類推)하여 모차르트가 가진 천재의 성격이 어떠한 것인지 200자 원고지 2,000자 내외로 서술하되, 윗글에서 언급된 '천재'의 개념에 본인이 동의하는지, 동의하지 않는지를 밝히고 자기 입장을 보강하는 다른 사례를 더 들면서 제목을 달아 한 편의 완성된 글로 작성하시오.

함께 공부하는 부모, 논술 정복의 최대 원군

도입부에도 얘기했듯 학교만 보내 놓으면 자녀가 정상적인 코스를 밟으리라고 기대한다면 이는 너무 순진한 생각이다. 아이가 제 궤도에서 이탈하지 않도록 하려면 부모가 아이를 끊임없이 보살피며 아이의 생각을 꿰뚫고 있어야 한다. 그러려면 논술 공부를 같이 해 보는 것만큼 좋은 방법도 없다.

논술은 특히 부모의 도움을 필요로 하는 과목이다. 논술 스크랩을 만들고 시간을 정해 함께 시사 토론을 하는 등 부모가 아이의 사고 능력을 신장시켜 주려는 노력을 꾸준히 기울여야 한다. 할 수 있다면 자녀의 또래 친구들과 조를 짜서 부모들끼리 돌아가면서 아이들 토론 모임을 이끌어 주는 것도 괜찮다.

말도 많고 탈도 많은 경시 대회지만 논술 분야만큼은 자녀가 가급적 많은 대회에 참가하도록 지원해 주는 것이 좋다. 상을 타서 대학 진학에 조금이라도 유리하도록 하라는 것이 아니라 실전 경험을 쌓는 장으로 활용하라는 것이다. 논술은 한 글자라도 더 써 볼수록 실력이 나아진다. 외국어를 배울 때도 외국에 가서 살아 봐야 보다 제대로 배울 수 있는 것과 마찬가지다.

논술을 매개로 자녀와 대화의 창구를 터놓으면 자녀가 힘들어 할 때 부모가 상담자가 되어 줄 수 있다. 아까 갈수록 높아지는 자살률을 논술에도 나올 수 있는 사회적 문제로 꼽기도 했지만 이것이 결코 남의 자식의 문제만은 아닐 수도 있다.

초등학생 때부터 아이의 질문에 진지하게 반응하는 부모가 되어 주길 바란다. 모르면 모르는 대로 알면 아는 대로 아이와 함께 고민하고 공부하는 모습이야말로 문제를 발견하고 분석해서 해결해 나가는 논술의 과정을 몸으로 보여 주는 본보기가 되는 셈이다.

논술 공부 바로 하기

- 신문 사설을 주제별로 스크랩해서 읽어라. 논술 스크랩을 앞에 두고 고민하는 과정이 축적되면 논술 고사의 기본이 갖춰진다.
- 논지를 파악하며 비판적으로 읽어라.
- 분량에 맞춰 글쓰는 연습을 하라.
- 가장 중요한 채점 기준은 '논리성' 과 '충분한 논거' 임을 기억하라.
- 기회가 된다면 논술 경시 대회에 참가해 보라. 비슷한 경험을 쌓는 것은 실전에서 큰 도움이 된다.

실제로 쓸 수 있는 영어의 레퍼토리를 늘려라

서울대 영어교육과 교수 권오량

영어 학습에 대한 본격적인 강의에 들어가기에 앞서 먼저 '영어 공부하기'와 '영어 배우기'를 나눠서 생각해 봤으면 한다. 사실 공부하기나 배우기나 비슷한 말이다. 그런데도 두 가지를 굳이 구분해서 쓰는 것은 한번 생각을 바꿔 봤으면 하는 뜻에서다. 나는 영어를 공부하기보다는 배우라고 권하고 싶다. 우리는 테니스, 수영, 스키 등을 '배운다.'고 하지 '공부한다.'고 하지는 않는다. 그에 비해, 과학이나 수학 등은 '공부'한다는 것이 어울린다. 배우는 것은 그냥 실천적으로 연습하여 배우는 것이고, 공부는 연구를 한다는 뜻이 있다. 그러고 보면 '어린 아이가 말을 배운다.'고 하지, '말을 공부한다.'고 하지는 않는다. 영어도 말이므로 책상머리에 붙어 앉아 '공부'한다고 되는 게 아니라 그냥 '배우는' 것임을 강조하고 싶다.

이 장에서 강의할 내용은 모두 그런 생각에서 출발하는 것이다.

제일 먼저 버려도 좋을 신화: '영어는 발음이 좋아야 한다.'

우리 주변에는 사실인지 아닌지 확실치 않은데도 많은 이들이 별 생각 없이 사실로 받아들이는 것, 나아가 사실이 아닌데도 사실로 잘못 알려진 것들이 많다. 이런 것들을 신화(myth)라고 한다.

영어 배우기와 관련된 가장 대표적인 신화가 '영어는 발음이 중요하다.'는 것이다. 발음이 영어의 모든 것을 좌우하는 것처럼 생각하는 이들이 많다. 영어 발음이 좋은 사람을 보면 무턱대고 영어 실력도 훌륭할 것이라고 간주해 버리곤 한다.

> 어휘를 많이 아는 것이 무엇보다 중요하다. 발음과 문법에 지나치게 얽매이지 말고 공부하라. 발음보다는 어휘를 알아야 한다. 발음도 좋고 문법도 잘 알면 제일 좋겠지만 원어민들이 일상에서 나누는 대화에서조차 문법은 무시될 때가 많다.

하지만 사실 영어를 말할 때 발음은 크게 중요하지 않다. 영어 원어민들이 비원어민들과 의사소통하는 데 가장 심각한 문제가 무엇인지 조사한 연구 결과에 따르면 발음은 가장 덜 심각한 문제로 꼽혔다.

발음과 관련된 흥미로운 연구가 있다. 미국의 교수 두 명이 미국, 일본, 한국, 홍콩, 필리핀, 말레이시아, 인도, 네팔, 스리랑카 등의 상당히 영어 교육을 받은 사람들이 하는 이야기체 영어 담화를 녹음하였다. 이것을 이들의 나라와 방글라데시, 태국, 인도네시아, 대만 등의 상당한 교육을 받은 1,300명에게 들려주고 어느 나라 사람

의 영어 이야기가 가장 알아듣기 쉬운지 물었다. 그랬더니 놀랍게
도 인도를 비롯하여 스리랑카, 말레이시아, 일본 사람의 영어가 가
장 알아듣기 쉬운 것으로 조사됐다. 미국인의 이야기는 가장 알아
듣기 어려운 쪽에 가까웠다. 국제화 시대에서 미국 영어만이 사용
되는 것이 아님을 고려하면, 생각해 볼 만한 연구 결과다.

영어 발음에는 대단한 다양성이 있다. 많은 이들이 익히 알고 있
듯 미국 영어와 영국 영어는 발음이 다르다. 미국식 영어는 조금은
낮은, 평범한 톤이다. 반면 영국인들은 딱딱한 발음과 높은 톤으로
쏘아 대는 듯한 영어를 구사한다.

인도식 영어는 이들과도 차별화된다. 영어는 '강세박자 언어
(Stress-timed language)'라 하여 단어마다 강세(악센트)가 들어가
서 듣다 보면 박자감이 느껴진다. 반면 영어를 공용어로 쓰고 있긴
하지만 본디 인도의 힌디어는 '음절박자 언어(Syllable-timed
language)'이다. 우리말도 여기에 속한다. 예를 들어 '캐나다
(Canada)', '텍사스(Texas)' 등의 영단어는 첫 번째 모음에 강세가
붙어 앞부분을 힘주어 읽게 되지만 인도인들은 영어를 말할 때 특
별히 강조하는 부분이 없이 마치 두 번째 음절이 강세를 받는 것 같
은 느낌이다.

똑같은 영어라도 그렇게 지역에 따라 제각기 발음이 다르기 마련
이다. 미국 영어에 익숙해 있던 귀에는 영국 영어나 인도 영어가 어
렵게 들릴지 몰라도 이는 순간적일 뿐 다 적응하게 돼 있다. 미국이
나 영국뿐 아니라 세계 어느 곳을 가도 마찬가지다. 사람들은 모두
고유한 모국어의 억양으로 영어를 하지만 그것은 별로 문제가 되지
않는다. 우리가 원어민들을 만나 "아이 스피크 코리안 잉글리시, 유

스피크 어메리칸 잉글리시."라며 소위 '콩글리시'를 구사해도 상대 방은 대개 알아들을 수 있다는 얘기다.

발음 교정 학원 등에선 흔히 /r/, /l/ 발음을 구별하지 못하면 낭패를 당할 수 있다면서 이런 예를 들곤 한다. 'fried rice'란 볶음밥이란 뜻인데 rice의 r를 잘못하여 l로 발음했다고 하자. 그러면 'rice'는 머리에 생기는 이(louse)의 복수형인 'lice'로 둔갑하게 되어 순식간에 볶음밥이 '볶은 이'란 뜻으로 와전돼 버린다는 것이다.

이런 문제가 있기에 발음에 대단히 신경을 써야 한다는 게 발음 중시론자들의 주장이지만 그것조차도 기우일 뿐이다. 언어란 상황이나 맥락을 떠나 따로 존재하지 않기 때문이다. 즉 외국인과 함께 한국 식당에 가서 볶음밥을 설명하기 위해 'fried rice'라 할 것을 'fried lice'라고 잘못 발음했다 하여 '아, 여기는 미개한 곳이로구나. 이를 볶아서 파는 식당이 있단 말인가!'라고 생각할 외국인은 아무도 없다. 식당에 있는 상황에서는 볶음밥을 말하려 했던 것이리라고 알아서 짐작하게 돼 있다. 그것이 언어다.

발음에 지나치게 얽매이다 보면 정말 중요한 것을 놓칠 수가 있다. 발음보다는 어휘를 알아야 한다. 어휘를 모르고서는 생각을 표현할 길이 없기 때문이다. 일단 어휘만 좀 알면 문법은 다소 틀려도 큰 문제가 되지 않는다. 이 역시 맥락 속에서 대부분 이해가 되기 때문이다. 물론 발음도 좋고 문법도 잘 알면 제일 좋겠지만 원어민들이 일상에서 나누는 대화에서조차 문법은 무시될 때가 많다. 심지어 틀린 문법도 수두룩하지만 아무도 신경 쓰지 않으며 아무도 그 때문에 의사소통에 지장을 받지 않는다.

이런 농담이 있다. 한국 전쟁 당시 어떤 사람이 미군 헌병에게 막

달려오더니 이렇게 말했다고 한다. "코리안 트럭, 아메리칸 지프, 키스키스, 원 맨 다이, 투 맨 호스피털." 아마 대부분의 독자들이 무슨 뜻인지 알아들었을 것이다. 그 헌병도 알아들었다고 한다. 이 말을 들은 헌병이 "무슨 그런 영어 같지도 않은 영어가 다 있냐?"라며 타박을 주었을까? 아니다. 그는 "Where?(어디요?)"라고 물었을 것이다. 원어민들은 실생활에서 언어의 내용에 관심을 갖지 형태는 거의 신경 쓰지 않는다. 형태에 관심을 갖는 이는 사실 영어 교사밖에 없을 것이다.

한국인 영어 교사가 원어민 교사보다 훌륭한 점

또 하나 잘못 알려진 신화가 영어는 '본토'에 가서 배워야 한다는 것이다. 이 역시 꼭 그런 것만은 아니다. 한국에서만 영어를 배워서 미국인 뺨치는 영어 실력을 갖춘 이들이 최근 많이 나타나고 있다. 요즘 유명세를 떨치고 있는 영어 강사 이보영 씨도 순수 국내파로 유학파들 기죽이는 영어 실력을 갖춘 이 중 하나다. 효과적인 방법으로 꾸준히 노력한다면 국내에서도 충분히 영어를 잘할 수 있다.

실력이 갖춰졌다는 것을 전제로 하면 비원어민인 한국인 교사가 원어민 교사보다 더 나을 수 있다. 우선 아이들의 문화와 특성을 더 잘 이해하고, 본인 스스로 비원어민이 영어를 배우는 고충을 뼛속 깊이 느껴 알고 있을 터이니 아이들이 부닥치는 어려움과 관련해서도 훨씬 더 현실적인 조언자가 돼 줄 수 있다. 훌륭한 한국인 선생님은 "나도 열심히 하면 저렇게 영어를 잘할 수 있겠구나." 하고 아이들이 목표를 품게 할 역할 모델이 되어 줄 수도 있다. 원어민 교사에게서 배우는 아이들은 "어차피 자라난 토양이 다르니 나는 아무리 해도 저렇게는 될 수 없겠지."라며 지레 포기하고 말 수도 있는 것이다.

영어는 암기 과목이니 무조건 외우라는 말을 학생들은 여러 번 들어 봤을 것이다. 이것도 신화다. 우리말을 배운 경로를 더듬어 보라. 국어를 배울 때도 무조건 그렇게 암기했던가. 아니다. 일상 속에서 하나하나 자연스레 깨우쳤다. 영어를 무조건 암기하라는 것은 앞에도 말한 '공부하기' 식의 접근이다. 말 배우듯 '배우는' 영어가 돼야 흥도 나고 효율도 더 붙는다.

교과서 영어와 생활 영어, 또는 수능 영어가 다르다는 생각을 하는 이가 많다. 이 역시 좁은 소견이다. 영어가 교과서만으로 완성될 수는 없다는 얘기는 어느 정도 타당할지 모른다. 영어도 잘하려면 많은 글을 읽어 봐야 하기 때문이다. 하지만 무조건 교과서는 안 된다는 생각은 틀렸다. 교과서는 학생들에게 영어의 '고향'이다. 모든 표현의 기초가 그로부터 나오며 언제든 잊어버린 표현을 찾아 돌아갈 곳이 교과서다. 뿌리가 튼튼해야 가지도 잘 뻗어 나가듯 교과서를 제대로 알아야 영어 실력도 늘 수 있다.

1990년대 들어 6차 교육 과정의 시행 이후 외국어 교육의 목표가 의사소통 중심으로 바뀌면서 영어 교과서도 현재의 학부모들이 학교 다니던 시절과는 몰라보게 달라졌다. 내용이 풍부해진 것은 물론 활동도 다양해지고 정말 의

> 의사소통을 할 수 있는 영어 공부를 하라. 생활 영어가 곧 수능 영어다. 말 배우듯 '배우는' 영어가 돼야 흥도 나고 효율도 더 붙는다. 몰아서 공부하지 말고 매일 꾸준히 말하고 듣고 읽으며 공부해야 실제로 쓸 수 있는 영어를 하게 된다.

사소통에 도움이 되는 방향으로 제작되어 교과서 하나만 잘 배워도 웬만한 회화는 가능해질 정도가 됐다. 영어는 교과서에서부터 시작하여 그로부터 넓혀 나가는 것이 되어야 한다.

100문장만 외우면, 또는 2개월, 3개월만 투자하면 영어를 마스터할 수 있다고 주장하는 이들을 늘 볼 수 있다. 이런 것에 혹해선 안 된다. 거듭 주장하지만 영어를 가장 잘 배우는 길은 꾸준히 하는 것이다. 몇 문장 뚝딱 외우거나 일정한 기간 동안만 작심하고 공부하여 우리말을 하게 된 것이 아니듯, 영어도 꾸준히 말하고 듣고 읽고 쓰면서 배워 나가야 할 것이다.

문법, 어휘, 발음은 영어 능력의 일부일 뿐

그렇다면 어떻게 하면 영어를 잘하게 될까. 학자들은 아주 다양한 요소들이 모여 한 사람의 영어 능력을 이룬다고 말한다. 문법 지식이나 어휘 지식 따위는 영어 능력의 일부에 불과할 뿐이다. 영어 능력을 구성하는 요소는 여러 가지가 있다. 발음, 어휘, 문법 능력뿐만 아니라 문단 수준에서 영어를 구사하는 능력, 영어의 여러 화용적 특성에 관한 능력, 사회언어학적 능력 등이 포함된다.

영어를 안다는 것과 영어를 할 줄 안다는 것 사이에는 큰 차이가 있다. 3인칭 단수형 현재동사에 s라는 어미를 붙인다는 것을 안다고 해서 일상생활에서 이를 자연스레 구사할 수 있는 게 아니라는 것은 많은 이들이 경험으로 알고 있다.

영어권 안에서 제2언어로 영어를 배우는 것(ESL, English as a

Second Language)과 외국어로 영어를 배우는 것(EFL, English as a Foreign Language) 사이에도 차이가 있을 수밖에 없다. 미국 이민 가정 아이들이나 필리핀, 인도 사람들처럼 실제 영어를 쓰고 있는 사회에서 배우는 영어(ESL)는 원어민 수준에 도달하기가 비교적 쉽지만 영어가 일상어가 아닌 우리나라에서 외국어로 배우는 영어(EFL)는 그러기가 힘들다. 이때는 목표를 수정해야 할 것이다. 아까도 말했지만 꼭 원어민처럼 유창한 발음으로 말해야만 의사소통이 가능한 것은 아니기 때문이다.

영어 학습 효과를 높이려면 자녀의 특성을 진단하라

영어는 배우는 사람의 성향이나 기질에 따라 공부 방법이 달라지기도 한다. 따라서 자녀가 어떤 성향을 가졌는지를 진단해 볼 필요가 있다.

일단 아이들을 장(場) 독립형이냐, 장 의존형이냐로 나눠 보는 방법이 있다. 이는 '숨은 그림 찾기' 등의 테스트를 통해 구별할 수 있다. 장 독립적인 아이는 주어진 그림으로부터 독립적인 시각을 유지하므로 숨은 그림을 쉽게 찾아내는 데 반해 장 의존적인 아이는 그림 전체에 매몰돼 숨은 그림을 잘 분리해 내지 못한다. 아이들의 이런 성향은 일상생활에서도 그대로 나타난다. 장 의존적인 아이는 "친구 사이에 네 것 내 것이 어디 있나?" 하는 스타일인 반면 장 독립적인 아이에겐 공은 공이고 사는 사다. 때문에 장 독립적인 아이는 영어를 배울 때도 교실에서 수업을 통해 분석적으로 접근하는 게 유리한 데 반해 장 의존적인 아이는 다른 사람과 인간관계를 형성해 가며 의사소통 위주로 배우는 게 좋다.

또 한 가지 구분으로 좌뇌형과 우뇌형으로도 나눠 볼 수도 있다. 좌뇌가 주로 논리적, 언어적 기능을 담당한다면 우뇌는 정서와 감정을 지배한다. 우뇌가 발달한 사람의 경우에도 역시 언어를 분석적으로 배우려 하기보다 다른 사람과의 커뮤니케이션을 통해 관계 위주로 접근하는 것이 좋다.

사색형이냐, 충동형이냐에 따라서도 영어 학습 스타일은 달라진다. 사색형 아이들은 뭐든지 골똘히 생각하고 분석적으로 접근하지만 충동형 아이들은 되든 안 되든 마구 찔러 보는 스타일이다. 교실에서 발표 등을 할 때도 사색형은 완전히 맞다는 확신이 들기 전까지는 신중에 신중을 기하는 반면 충동형은 틀리든 말든 발표부터 하고 보자는 식이다. 때문에 영어로 대화하거나 발표하는 자리처럼 동적인 곳에서는 충동형이 유리해 보이는 게 사실이다. 사색형이 생각에 생각을 거듭하며 입도 뻥긋 안 하는 동안 충동형은 벌써 여러 차례 손 들고 발표하며 분위기를 주도하기 때문이다.

청각 기억형과 시각 기억형으로 나눠 보는 방법도 있다. '눈에 삼삼, 귀에 쟁쟁' 이라는 말이 있는데 삼삼한 기억이 오래 가는 아이와 쟁쟁한 기억이 더 오래 남는 아이는 영어 학습 전략도 다를 수밖에 없다. 뭐든 한번 들으면 안 잊어버리는 아이라면 영어 테이프 등 청각 도구를 이용하는 것이 효율적이고 사진 찍듯 본 것을 잘 기억하는 아이라면 책과 비디오 등 시각 매체를 많이 활용하도록 해야 한다.

지적 특성과 함께 자녀의 정서적 특성도 진단해 봐야 한다. 자긍심이 강한 아이는 영어에 소질이 있다는 소리를 듣게 되면 한결 열심히 공부에 매진할 것이다. 이런 아이들에게는 꾸준히 강점을 일깨워 주고 느끼게 해 주는 등 적절한 자극을 주는 게 중요하다. 부모가 한마디만 잔소리해도 풀이 죽고 의기소침해하며 뭘 하든 일단 주저하는 아이들도 있다. 억제 심리가 강한 경우다. 이런 아이들은 닦달하기보다는 적당히 풀어 줘 마음 놓고 뭐든 시도해 보도록 도와줘야 한다.

유달리 모험심이 강한 아이들도 있다. 앞에서 말한 충동형과도 상통한다. 틀려도 일단 부딪치고 보는 스타일이다. 이런 아이들은 일반적으로 더 많은 기회를 얻게 된다. 정서적으로 불안한 성향의 아이는 무엇을 하든 장애를 느낀다. 똑같이 공부해도 안정된 아이보다 영어 점수가 덜 나올 수밖에 없다.

아이의 정서적 성향을 나누는 가장 일반적인 잣대가 내성적인가 외향적인가 하는 것이다. 역시 앞에서 얘기한 사색형 대 충동형의 구분과도 겹치는 부분이 있다. 외향적인 아이가 기회를 얻기 쉽다는 점은 이 경우에도 마찬가지다. 하지만 반드시 외향적인 아이가 더 잘하는 것은 아니다. 서양 학생들은 일반적으로 동양 학생들보다 외향적이다. 미국에서 우리나라 학생과 중남미 학생으로 구성된 ESL반을 가르쳐 보면 중남미 학생들은 쉴 새 없이 떠들어 대며 수업의 주도권을 쥔다. 그러나 막상 시험을 쳐 보면 우리나라 학생들이 성적은 더 잘 나온다. 아이가 내성적이라고 해서, 수업 시간에 좀 소극적이라고 해서 문제라고 생각할 필요는 없다. 중요한 것은 아이의 특성에 맞게 가장 효율적인 학습 방법과 전략을 찾도록 도와주는 것이다.

영어를 잘하는 아이는 스스로 배우는 길을 찾는다

가장 잘 맞는 학습법은 사람마다 다를지라도 영어를 잘하는 이들에겐 몇 가지 공통점이 있다. 영어를 잘하는 아이들은 보통 자신의 특성을 진단, 가장 적합한 학습법을 스스로 찾아내려는 자율성이 강하다. 이들은 교실 안팎에서 항상 영어 연습할 기회를 찾고 활용한다. 모르는 것이 있어도 금세 실망하지 않고 줄기차게 듣거나 읽어 자기 것으로 만들려 한다. 새로 배운 영어 단어나 관용 어구, 문법 등을 기억하기 위한 자신만의 기억술이나 전략도 여러 개 갖고 있다.

실수를 두려워하지 않고 이를 오히려 영어 실력 향상의 기회로 활용하는 아이들은 자연히 성적이 쑥쑥 오를 것이다. 틀려서 창피하다며 하루종일 풀 죽어 있는 아이보다는 오히려 틀렸다고 떠들고 다니며 뒤늦게나마 정답을 확실히 자기 것으로 만들어 가는 아이가 발전의 폭이 더 넓을 것은 당연하다. 외국어를 배우면 틀리게 마련이다. 틀리지 않는다면 신이지 사람이 아니다. 똑같이 틀려도 실수를 얼마나 발전의 기회로 활용할 줄 아느냐 하는 데서 영어 실력의 격차가 벌어진다.

단어 한두 개 몰라도 글의 맥락을 보고 전체 뜻을 추론하고 이해할 줄 아는 힘도 영어 능력이다. 지적인 추측을 할 수 있어야 한다. 관용적 표현 등을 많이 익혀 둔 아이들은 돌발 상황이 닥쳤을 때 외워 둔 표현이 저절로 터져 나와 자기 능력 이상의 영어 실력을 발휘하게 된다. 어깨를 으쓱한다든지, "Let me see……." 등 몇 개의 관용적 표현이나 기교로 대화가 끊어지지 않도록 이끌어 갈 줄 아는 것도 영어 능력이다.

실력이 다소 부족하다 싶어도 어려운 말을 보다 쉬운 표현으로 바꾸든지 하여 어떻게든 말을 만들어 내는 센스도 필요하다. 혼혈이란 뜻의 'hybrid'라는 말을 모를 때 대신 'Half Korean, half American"이라고 말할 수 있는 이는 정답을 찾지 못해 입을 꾹 다물고 마는 이와 영어 실력이 같을 수 없다. 이런 것들이 모두 영어 잘하는 아이의 전략이 될 수 있다.

영어 잘하는 아이는 일반적으로 국어에도 강하기 마련이다. 앞에서도 말했듯 언어란 기본적으로 다 말 배우기이므로 우리말 어휘가 풍부한 아이일수록 외국어에도 센스 있게 반응한다. 풍부한 모국어 지식을 갖춘 아이는 이를 응용하거나 이로부터 추론하여 외국어도 한층 쉽게 배운다.

영어 레퍼토리를 늘려라

영어 배우기와 관련된 교원 연수를 할 때마다 내가 늘 드는 비유가 있다. 피아노 교습의 예다. 피아노를 배울 때 선생님은 일단 악보를 보여 주며 음표와 조 등에 대해 설명한 뒤 연주 시범을 보여 주고 따라서 쳐 보게 한다. 다음 날 다시 레슨 시간이 돌아오면 선생님은 학생에게 "어제 배운 것을 쳐 봐."라고 요구하지 "어제 들은 설명을 되풀이해 봐."라고 요구하지는 않는다. 만약 학생이 온음표,

반음표, 8분쉼표, 다장조 등 악보는 잘 설명하는데 정작 칠 줄은 모른다면 이는 피아노를 헛배운 것이다. 피아노를 치지 않고 악보만 읽는다면 평생을 가도 피아노 치는 법을 배우지 못할 것이다.

영어도 마찬가지다. 문법은 피아노 악보와도 같다. 문법을 아무리 샅샅이 알고 있어도 실제 상황에서 영어를 말하거나 읽거나 쓰지 못한다면 영어를 할 줄 모르는 것과 다름없다. 때문에 피아노를 배울 때는 늘 쳐 봐야 하듯 영어를 배우기 위해서도 실습이 중요하다. 영어는 이론이 아니라 실기이기 때문이다.

피아노도 자꾸 치다 보면 레퍼토리가 는다. 영어도 마찬가지다. 자꾸 연습하면서 레퍼토리를 다양하고 풍부하게 만들어 가야 한다. 피아노의 레퍼토리란 자신이 연주할 수 있는 곡목이다. 악보를 보지 않고 연주한다면 더 좋을 것이다. 마찬가지로 영어의 레퍼토리는 책을 덮어 놓고도 구사할 수 있는 표현, 어휘, 문장 등이다.

나의 아이가 초등학교에 입학할 무렵 일 년간 미국에 가서 생활할 기회가 있었다. 이때까지만 해도 아이에게 영어를 가르치지 않았던 나는 비행기를 타기 전 급한 대로 아이에게 영어 세 마디를 가르쳤다. 무엇을 가르쳤을까? 이렇게 물어보면 대부분은 "Thank you.", "Excuse me.", "I'm sorry." 등을 가르쳤을 것이라고 추측한다. 그렇게 생각한다면 아이의 부모로서는 자격 미달이다. 나는 아이에게 이렇게 가르쳤다. 첫 번째, "누가 너에게 'What's your name?'(네 이름이 뭐냐?)이라고 묻거든 '기훈 권'이라고 해라." 그런 후엔 아이와 함께 실제로 묻고 답하고를 몇 차례 실습했다. 두

 | 학교 공부 바로 하기

번째, "누가 너에게 'What's your dad's name?'(아빠 이름이 뭐냐?)이라고 묻거든 '오량 권'이라고 해라." 마지막으로, "누가 너에게 'Where are you from?'(어느 나라에서 왔니?) 하거든 'Korea'라고 해라." 그러니까 누가 뭐라고 묻거든 어떻게 대답하라고 가르친 것이다. 이 세 가지가 말하자면 아이에겐 영어와 관련된 첫 번째 레퍼토리 세 개가 된 셈이다.

왜 그렇게 가르쳤을까? 미국 공항에서 짐을 찾거나 각종 수속을 하다 보면 도착하자마자 아이를 잃어버릴 수가 있다. 그렇게 되면 낯선 곳에 혼자 떨어진 아이는 울음을 터뜨릴 것이다. 이때 울고 있는 아이에게 누군가 다가온다면 가장 처음 뭐라고 물어볼 것인가? 아마 열의 아홉은 "What's your name?"일 것이다. 그러면 아이는 제 아비에게 배운 바가 있으니 울다가도 "기훈 권."이라고 할 것이다. 다음 질문이 아마도 "What's your dad's name?" 또는 "Where are you from?"일 터이고 아이는 이 역시 배운 대로 대답할 수 있을 것이다.

이렇게 되면 공항 안내 방송이 나올 것이다. "Mr. or Mrs. Kwon, your son Kihoon is here. Please come to the information desk."(미스터 권이나 미세스 권, 댁의 아들 기훈이 여기 있으니 안내 데스크로 오세요.)라는 방송 말이다. 그럼 안내 데스크로 가서 아이를 되찾을 수 있을 터이고 그런 뒤 내가 "Thank you."라고 말하면 되는 일이다. 아이가 알아 봤자 어디에 써먹겠는가. 결국 나는 아이에게 생존을 위한 영어, 소위 '서바이벌 잉글리시'(Survival English) 세 마디를 가르친 것이다. 이를 세 개의 레퍼토리라고 볼 수 있다. 이를 시작으로 아이는 영어의 레퍼토리를 늘려 가기 시작했다.

아이를 입학시킨 미국 학교에선 아침 일찍 등교해서 아침 식사 급식을 했다. 아이는 스쿨버스를 타고 7시 반까지 학교에 갔지만 처음 이틀은 굶어야 했다. 이 학교에는 급식 카드란 게 있어 식당에 가면 직원이 "What grade?(몇 학년?)"라고 묻고 카드를 찾아 주는데 아이는 "First grade.(1학년)"라고 대답을 해야 했다. 하지만 뭐라고 대답해야 하는지 알 리가 없는 아이는 아예 그 직원 앞에 가지도 않아서 굶을 수밖에 없었던 것이다. 아이에게 밥 굶은 전후 사정을 들은 후 나는 다시 아이를 앉혀 놓고 "What grade?"라고 물으면 "First grade."라고 대답하도록 연습을 시켰다. 이게 아이의 네 번째 레퍼토리가 된 셈이다.

중·고등학교 영어 교과서는 보통 한 학년당 13개 과로 구성되어 있고 한 과에는 본문 이야기와 대화가 하나씩 들어 있다. 총 여섯 학년에 걸쳐 78과, 즉 78개의 이야기와 78개의 대화를 배우게 된다. 이 이야기와 대화만 자기 레퍼토리로 만들어도 어지간한 영어 구사에는 막힘이 없을 것이다. 앞서 교과서가 영어의 고향이라고 했듯 그 속에 일상생활에 필요한 대부분의 표현이 다 들어 있기 때문이다.

영어, 내용 중심으로 공부하라

단어는 문장 속에서 배우라는 말도 있듯 문법이나 어휘를 습득할 때는 맥락 속에서 해야 한다. 문법책을 보는 것도 방법이긴 하지만 그보다는 문장을 읽어 나가며 문장의 맥락 속에서 문법을 배워야

실제 상황에 써먹을 수 있게 된
다. 다들 'be going to + 동사
원형'이라는 관용구를 기억할

것이다. 영어 시간에 중요한 표현의 하나라고 달달 외웠을지는 모
르지만 이를 일상생활에서 써먹은 경우는 한번도 없을 것이다. 차
라리 "I'm going to buy a book tomorrow.(나는 내일 책을 한 권
사려고 한다.)"라고 외웠다면 한 번쯤은 써먹을 수 있었을 것이다.
또 이걸 약간 바꿔 "I'm going to buy a skirt.(나는 내일 치마를 하
나 사려고 한다.)"라고 응용도 가능했을 것이다. 문장의 맥락과 동떨
어진 'be going to + 동사 원형'의 형태로는 무용지물이다.

　이렇게 맥락과 뚝 떨어져서 배운 영어 숙어 가운데 'in order to'
라는 것도 있다. 다들 '~하기 위하여'라는 뜻이라고 배웠을 것이다.
옛 기억을 되살려 보면 이와 바꿔 쓸 수 있는 말로 'so as to'와 그
에 해당하는 절 'that ~ may', 'so that ~ may', 'in order that
~ may' 등을 함께 배웠다. 시험에 잘 나온다는 선생님 말씀에 따
라, 뜻이 같은 이런 표현들을 별표까지 쳐 가며 한 묶음으로 달달
외워 두면 시험에서는 "다음 중 'in order to'와 바꿔 쓸 수 없는 것
은?" 유의 질문이 사지선다형으로 나왔다. 이에 답을 찍어서 내고
나오면 그걸로 끝이었다. 시험지와 더불어 영어 실력을 반납해 버
리고 더 이상 머릿속엔 아무것도 남지 않는다. 나는 이런 식의 영어
공부를 '반납하는 영어 공부'라고 부른다.

　그렇게 반납하는 영어 공부를 했던 어떤 사람이 미국에 갔다가
그곳의 지인들과 술자리를 갖게 됐다. 지인들은 그에게 건배를 하
라고 제의했다. 그러자 "Cheers!"라는 표현을 모르는 그는 한국식

으로 "위하여!"를 한답시고 "In order to!"라고 했다고 한다. 실화로 알려진 이 얘기는 맥락 없이 무작정 문법을 외울 때 얼마나 우스꽝스러운 일이 빚어질 수 있는지 잘 보여 준다.

영어를 내용 중심으로 공부할 것을 권한다. 언어란 것은 내용을 담는 그릇일 뿐이다. 내용을 잘 알면 그 내용을 전달하기 위한 표현은 저절로 떠오른다. 우리말에서 예를 들어 보면 '삼각주'니 '공통분모'니 '탄소 동화 작용'이니 하는 말을 우리는 국어 시간에 배운 게 아니다. 삼각주는 지리 시간에, 공통분모는 수학 시간에, 탄소 동화 작용은 생물 시간에 그 내용과 함께 배운 말이다.

이처럼 우리가 아는 대부분의 어휘는 실상 내용을 배우는 과정에서 저절로 익혀진 것이다. 국어 시간에는 그저 "얇은 사 하이얀 고깔은 고이 접어서 나빌레라."와 같은 시적 표현 정도를 배울 뿐이다. 영어도 이렇게 내용을 배우려 하고, 어휘나 구문은 그 내용을 그저 영어로 표현하는 것이라고 생각하고 접근한다면 한결 습득하기 쉬워질 것이다. 이것을 영어 교육학에서는 '내용 중심 언어 학습법'이라고 한다.

영어를 잘해야겠다는 동기가 안에서부터 우러나와야

영어를 잘하려면 무엇보다 중요한 것 중의 하나가 강한 동기다. 동기에는 도구적 동기와 통합적 동기가 있다. 도구적 동기란 어딘가에 써먹기 위한 도구로서 뭔가를 해 보겠다는 것이다. 대입 합격이라든지, 입사 시험을 위해 영어 공부를 하겠다는 마음가짐 등은 도구적 동기에서 우러나온 것이다. 이에 반해 통합적 동기란 영어 그 자체가 목표다. 외국을 좀 더 이해하고 문화와 사람을 이해해 보고 싶어 영어를 배우려는 이는 통합적 동기를 가진 사람이다. 둘 중 어느 쪽이 보다 효과적일까? 연구 결과에 따르면 어떤 종류의 동기인지가 중요한 것이 아니라, 그 동기가 얼마나 강한지가 보다 중요하다. 동기는 또한, 외부에서 온 외재적 동기와 내부에서 우러나온 내재적 동기로 나눌 수도 있다. 물론 내재적 동기가 더욱 효과적이다. 이번 영어 시험에 90점 이상 맞으면 MP3 플레이어를 사 주겠다는 부모의 약속은 외재적 동기인데, 그 효과는 일시적일 뿐이다. 그보다는 진짜 영어를 잘해 보고 싶다는 생각이 아이 마음속에서 우러나오도록 유도해야 한다. 그래야 영어에 대한 관심이 밀도 있고 오래갈 수 있다.

영어는 머리 싸매고 속성으로 끝낼 수 있는 과목이 아니다. 그렇다고 아무리 해도 오르지 못할 나무는 더더욱 아니다. 꾸준히 관심을 기울이면 그만큼 높은 수준까지 도달할 수 있는 것이 영어다. 우리말과 글을 잘하는 사람도 노력한 사람들이다.

한 문장 백 번보다 열 문장 열 번 읽기

영어는 반복해서 꾸준히 하는 게 중요하다고 했다. 그런데 반복에도 요령이 있다. 일주일에 한 번 두 시간 동안 몰아치기 공부를 하기보다는 십 분씩이라도 날마다 꾸준히 접하는 게 훨씬 효과적이다. 같은 이치로, 한 문장을 백 번 쓰거나 읽기보다는 열 문장을 열 번씩 쓰거나 읽도록 하는 게 더 낫다. 똑같은 단어를 한꺼번에 백 번씩 쓰고 읽는 것은 사람을 지치게 하는 지름길이다. 이래서는 오래 앉아 공부하기 힘들다.

교과서를 볼 때도 단어 하나, 관용구 하나를 수십 번씩 써서 외우느라 한나절이 다 가도록 한 쪽을 못 넘기는 학생들이 있다. 이는 절대 바람직한 방법이 아니다. 그보다는 처음부터 끝까지 한 과를 다 읽고 다시 돌아와 처음부터 읽는 것을 반복하는 게 훨씬 효과가 있다.

영어 공부를 축적적으로 하는 것도 좋은 방법이다. 1과, 2과를 배운 뒤 3과를 배웠으면 다시 1과부터 3과까지 쭉 읽고, 4과를 배운 뒤에도 다시 1과로 돌아와 4과까지 훑어 나가는 식이다.

듣기 역시 마찬가지다. 한 문장을 백 번씩 반복해서 듣는 것보다는 테이프 하나에 서너 과씩 녹음한 뒤 처음부터 끝까지 전체를 다 듣고 테이프를 되감아 다시 듣는 과정을 반복하는 것이 좋다. 듣기 역시 전체적인 의미와 맥락 속에서 들을 수 있어야 실력이 는다.

영어를 잘하고 싶다면 늘상 영어 공부를 할 수 있도록 하는 습관을 들여라. 언제나 손끝에 영어가 달려 있어야 한다. 주머니에 있든, 목에 걸고 있든 손만 뻗치면 닿을 수 있는 거리에 영어 테이프나 교재 등을 두고 짬 나는 대로 들여다보는 것이 좋다. 손끝에서 영어 교재까지의 거리가 자신과 영어 사이의 거리라는 점을 잊지 말자.

배우기보다는 익숙해져라

배우기보다 익숙해지라는 일본 격언이 있다. 항상 새로운 것만 배우려 하지 말고 아는 것을 숙달시키는 시간을 가져야 한다는 뜻이다. 영어를 잘하기 위해 특히 귀담아들어야 할 얘기다. 이미 배운 것을 들으면 자연히 이해가 되고, 자기도 모르게 말이 나오도록 속에서 푹 삭이는 기간이 필요하다. 배운 것이 잘 익어 있을수록 새로운 것이 들어왔을 때 더 빨리 내 것으로 흡수할 수 있기 때문이다.

회화나 표현 등을 새로 배운 뒤에는 반드시 상대가 있다고 가정한 뒤 실제로 연습해 보는 게 중요하다. 영어 배우기에 성공했다는 사람들은 대부분 이 방법을 권한다. 거울 앞에서, 길을 가면서, 또는 운전하면서 가상의 상대와 연습했다는 것이다. 반드시 거울을 보지 않아도 좋다. 소리 내기가 쑥스러우면 마음속으로 해도 괜찮다. 혼자서 상대와의 대화를 입 속으로 생각해 보는 것 자체가 실제적인 영어 연습이 될 수 있다. 또는 영어 테이프를 들으면서 던져진 질문에 중얼중얼 답해 보는 것도 좋은 방법이다.

영어를 의도적으로 외우려 해서는 지치기만 할 뿐이다. 그저 틈나는 대로 되풀이하다 보니 어느 순간 결과적으로 기억되어 나도 모르게 말이 줄줄 나오는 경지에 올라야 한다. 요즘 텔레비전 프로그램 중에 「도전 1000곡」이라는 것이 있다. 누가 더 많은 가요의 가사를 알고 있는지 겨루는 프로그램이다. 그 프로그램을 보다 보면 요즘 젊은이들이 노래를 수백 곡씩 알고 있다는 사실에 놀라게 된다. 그들이 알고 있는 노래는 말하자면 그들의 레퍼토리다. 이런 레퍼토리들은 의도적으로 외운 것이 아니다. 그저 좋아서 듣고 자꾸 따라 흥얼거리다 보니 알게 되었을 뿐이다. 언어도 마찬가지다. 의도적으로 외우려 할 것이 아니고 그저 말 배우듯 듣고 말하고 하는 과정에서 저절로 제 것이 되어야 한다.

노래 레퍼토리는 무수하게 가지고 있는 우리 아이들에게 제대로 된 영어 인사말 레퍼토리는 단 몇 개도 없다는 건 그만큼 영어에 관심이 없다는 증거다.

꾸준히 듣고, 큰 소리로 말하고, 영어 선생님을 가까이 하라

학교 영어 공부를 잘하기 위해서는 꾸준히 듣고, 큰 소리로 말하고, 계속 써 보고, 영어 선생님을 자주 만나야 한다. 어찌 보면 아주 상식적인 얘기다. 하지만 꾸준히 실천하는 학생은 많지 않다.

앞서도 말했듯 교과서가 영어 공부의 기본이자 출발점이라는 것을 잊지 말자. 교과서 테이프를 짬짬이 반복해서 청취하는 것은 영어의 기초 공사를 튼튼하게 하는 가장 좋은 방법 중의 하나다. 아이들이 영어 테이프 듣겠다고 MP3 플레이어나 워크맨 등을 사 달라고 한다면 큰맘 먹고 사주길 바란다. 물론 이런 것을 갖게 되면 노래도 많이 듣겠지만 그 틈에 십 분씩이라도 날마다 영어 테이프를 들을 수 있게 한다면 본전을 건지고도 남는다.

> **영어 공부 잘하기 2**
> · 꾸준히 듣고 소리 내어 읽어라.
> · 영어 신문이나 잡지를 구독하라.
> · 영어 일기를 써라.
> · 매일 십 분이라도 영어 테이프를 들어라.

교과서를 소리 내어 읽는 것은 혼자서 영어를 종합적으로 연습할 수 있는 대단히 훌륭한 학습 방법이다. 소리 내어 읽으니 말하기 연습이 되고 그것을 귀로 들으니 듣기가 되며 일단 눈으로 읽어야 말을 할 수 있으니 읽기까지 보충되는 셈이다. 교과서 한 권만 있으면 혼자서 얼마든지 할 수 있는 공부다. 내가 중3 때 영어 선생님께서는 이웃집에서 도저히 시끄러워 못 살겠다고 이사 갈 정도로 큰 소리를 내어 영어 책을 읽으라고 당부하셨다. 이것이 얼마나 중요한 가르침인지를 시간이 흐를수록 깨닫게 된다.

소리 내어 읽는 것으로 해결되지 않는 쓰기는 어떻게 공부해야 할까. 도무지 자신이 없거든 일단 교과서에 있는 글을 베껴 쓰는 단계부터 시작하면 된다. 자신이 붙으면 단어 등을 바꿔 가며 조금씩 고쳐 써 본다. 이런 과정이 쌓이면 어느 순간 자신만의 영어 문장을 쓸 수 있을 정도로 실력이 붙게 될 것이다. 아이가 이런 과정을 거쳐 쓰기에 자신감을 가질 수 있도록 학부모들이 잘 유도해야 한다.

학교 영어 선생님은 영어 공부의 보고다. 선생님만 잘 활용해도 구태여 비싼 돈 내고 학원에 다니지 않아도 된다. 영어 일기 등을 써서 선생님께 보여 드린다든지, 공부하다 생기는 의문점은 메모를 해 뒀다가 그때그때 선생님께 여쭤 보는 습관을 들여야 한다.

일상 속에서 영어와 만나자

영어는 교실에서 배워 시험 치르고 나면 잊어버려도 되는 과목이 아니다. 학교 밖에서도 영어를 쓸 수 있는 환경에 자신을 최대한 노출시키도록 노력해야 한다.

영어 참고서는 적어도 세 번 이상 읽기를 권한다. 한 번 읽었을 때 잘 모르던 것도 두 번 읽으면 깨닫게 되고 세 번 읽으면 확인까지 가능해진다. 세 번쯤 읽고 나면 나중에라도 어떤 표현이 어디쯤 있었는지 어렴풋이 기억이 나 의문점이 생겨도 금세 찾아볼 수 있게 된다. 다섯 번, 여섯 번까지 보면 더 좋을 것이다.

자신에게 맞는 좋은 참고서를 만났다면 그 한 권을 계속 반복해서 보는 게 좋다. 수험생들이 불안한 나머지 이 책 봤다 저 책 봤다 하는 것은 이 병원에서 저 병원으로, 또 다른 병원으로 전전하는 환자와 같은 꼴이다. 물론 책을 여러 권 읽으면 다양한 글을 접할 수야 있겠지만 그래도 주 참고서, 주 문제집은 있어야 한다. 영어는 내 것으로 만드는 과정이 중요하기 때문이다. 같은 책을 여러 번 되풀이해 보면서 자기 것으로 삭여 나가도록 한다.

영자 신문이나 잡지를 구독하는 것도 영어 환경을 만들어 주는 좋은 방법이다. 영자 신문 한 달 구독료는 1만 5000원 정도다. 커피 두세 잔 값밖에 안 된다. 물론 영자 신문이 집에 들어온다고 아이들이 날마다 그걸 붙들고 읽을 리는 없다. 하지만 제목을 훑는 것만으로도 큰 도움이 된다. 삼십 일간 제목만 훑게 해도 구독료 값어치는 충분히 한다. AFKN 등을 통해 드라마나 영화 등을 챙겨 보는 것도 좋은 공부가 된다. 영어 노래 역시 좋은 영어 교재가 될 수 있다. 음악을 좋아하는 아이라면 팝송을 통해 영어를 배우는 것이 도움이 된다. 쉽고 재미있는 영어 소설책을 읽어 보는 것도 좋다.

영어 회화 클럽 등에 가입하거나 스스로 동아리를 만들어 친구와 회화 연습을 해 보는 경험도 필요하다. 이메일, 펜팔 등을 통해 원어민 친구를 사귀어 두면 영어를 하고 싶은 의욕이 절로 샘솟는다. 동기 유발 요인 가운데 가장 효과가 강력한 것이 바로 사람이다. 일단 외국인 친구와 커뮤니케이션을 시작하면 그에 대해 알고 싶고 나 또한 알리고 싶은 욕구에, 스스로 영어 공부에 몰두하게 된다. 영어는 그렇게 즐기며 재미있게 배울 수 있고, 그렇게 배워야 한다. 앞에

서도 말했듯 국어를 잘하는 아이가 영어도 잘한다. 광범위한 독서가
영어 능력 향상에도 도움을 준다는 것은 두말할 나위가 없다.

학부모도 다시 영어를 배워라

　학부모들도 아이와 함께 영어를 배워 보자. 외국 여행이라도 갈
경우를 대비하여 아이와 함께 새로 시작한다는 마음으로 부담 없이
접근하면 생활이 훨씬 활기차게 되고 아이의 공부 의욕 유발에도
큰 도움을 줄 수 있다. 영어 실력이 이미 상당한 수준에 이른 부모
라면 아이에게 영어 편지를 써 주거나 간단한 영어 회화 시간 등을
마련, 영어를 직접 지도해 주는 것도 좋다. 인터넷 등을 통해 영어
교육 정보나 자료 등을 수시로 검색해 주며 아이의 영어 배우기에
동반자가 되어 준다면 그보다 더 좋은 스승도 없을 것이다.

영어 공부 바로 하기

- 짬나는 대로 영어 책을 들여다보며 습관처럼 공부하라.

- 영어 테이프를 일이십 분이라도 매일 들어라.

- 외지 말고 내용 중심으로 공부하라

- 이 책 저 책 보는 것보다는 주 참고서를 정해 되풀이해 공부하라.

영어 잘하기 위한 쉽고도 확실한 방법

백영고등학교 교사 남조우

수능에서 영어 과목이 중요하다는 것은 두말할 필요가 없다. 입시 제도가 아무리 바뀌어도 영어의 비중은 결코 낮아지지 않는다. 그러다 보니 학부모와 학생들의 일차적인 관심사는 수능에서 좋은 점수를 받으려면 어떻게 영어 공부를 해야 하는가에 집중된다. 그래서 이 장에서는 영어 공부와 관련된 실질적인 조언 쪽에 초점을 맞추고자 한다. 수능과 내신에서 만족스러운 점수를 얻기 위해서 어떻게 영어 공부를 해야 하는지를 영어의 세부 영역별로 세세하게 조언할 것이다. 우선 모든 공부의 기본이 되는 학생들의 학습 및 생활 태도부터 점검한 뒤 읽기, 듣기, 쓰기, 말하기, 어휘, 문법 등 각 영역별로 나눠 구체적인 공부 방법을 소개하고자 한다.

다이어트하듯 영어 공부하는 아이들

현장에서 아이들을 지도하다 보면 아주 난감한 질문을 받을 때가 많다. 수능을 한 달여 앞둔 고3 학생이 쉬는 시간에 교무실로 찾아와 무턱대고 이렇게 묻는다.

"선생님, 수능도 얼마 남지 않았는데 영어 점수가 잘 나오지 않아요. 어떻게 하면 영어를 잘할 수 있죠?"

"저는 문법이 약한데 어떻게 하죠? 수능에 두 문제밖에 안 나오는데 포기할까요?"

"단어가 잘 외워지지 않는데 어떻게 하면 좋죠?"

"저는 단어는 많이 아는데 해석이 안 돼요. 도와주세요."

이런 얘기를 들을 때마다 나는 요즈음 학생들의 영어 공부 방법이 다이어트 열풍을 닮았다는 생각을 하게 된다. 다이어트를 하는 많은 사람들은 쉽고 편안하게 살을 빼려고 한다. 규칙적인 식사와 운동밖에 길이 없다고 아무리 말해도 짧은 기간 내에 편안하게 살을 뺄 수 있는 비법을 찾아 헤맨다. 영어를 공부하는 많은 학생들도 마찬가지다. 영어는 꾸준한 예습, 복습과 반복 학습으로 학교 공부를 심화하는 것이 왕도라고 거듭 충고해도 '영어 단기 완성', '한 달 안에 끝내는 영어' 등의 선전 문구를 내건 학원이나 참고서 등에 여전히 현혹된다. 이는 '금 나와라 뚝딱' 한마디로 모든 고민을 해결해 주는 '도깨비 방망이'를 찾아다니는 것과 다름없다.

다이어트는 관련 시장이 엄청나게 넓다. 홈쇼핑 채널 등에서는

'100% 효능 보장' 등의 문구를 내건 다이어트 기구나 약 판매 광고가 늘 봇물을 이룬다. 하지만 여전히 뚱뚱한 사람은 사라지지 않고 있다. 영어 역시 엄청나게 큰 시장이 존재한다. 서점에 가면 평생을 읽어도 다 못 읽을 만큼 엄청난 양의 영어 관련 서적들이 쌓여 있다. 수험 서적은 물론이요 '족집게' 임을 자임하는 단과 학원과 영어 과외가 늘 넘쳐 난다. 그런데도 살이 안 빠져 애태우는 이들이 사라지지 않듯 영어를 못해 고생하는 학생들을 쉽게 볼 수 있다.

학부모 가운데는 자녀가 중학교 때는 영어를 굉장히 잘했는데 고등학생이 되면서 영어 성적이 갈수록 떨어진다며 고민하는 분들이 많이 있다. 영어를 공부하는 자녀의 머릿속에서 도대체 어떤 일들이 벌어지고 있는 걸까?

연상 작용으로 외워라

숫자들을 암기하는 것이 학습 목표인 수업이 있다고 하자. 첫 단계에서 외워야 할 숫자는 '123123' 이다. 순서대로 나열된 숫자 묶음이 단순 반복되고 있다. 이것을 외우기는 어렵지 않다. 이것은 초등학교 또는 중학교 1, 2학년 수준의 영어에 비유할 수 있다.

다음 단계는 '292513' 이다. 좀 더 복잡해 보인다. 첫 단계를 쉽게 배운 학생이라도 이 단계를 통과하는 데는 어려움을 겪을 것이다. 이것은 중3, 또는 고교 수준의 영어에 비유할 수 있다. 연습장이 새까맣게 되도록 반복해서 써 가며 막무가내로 외우려 들어도 머릿속에 오래 남지 않는다. 하지만 이 숫자는 연상 작용을 활용하면 아주 간단히 암기할 수 있다.

'292513＝이(2) 것(9) 이(2) 옷(5) 일(1) 세(3)'

이러면 이 숫자를 외우는 일이 무척 쉬워진다.

'3860510'을 외우는 일은 이보다 한 단계 더 까다롭다. 고3 수준의 영어에 비유할 만한 이 숫자는 어떤 원리를 찾아내기도 어렵고, 연상 작용을 적용해 볼 여지도 없는 듯하다. 하지만 나는 이 숫자를 언제 어디에서라도 기억해 낼 수 있다. 나와 관련이 깊은 숫자이기 때문이다. 사실 이 숫자는 내가 쓰던 전화번호다.

영어에서도 암기할 것이 생기면 많은 학생들은 아무런 의미 없이 연습장이 새까매지도록 반복해서 쓰면서 머릿속에 구겨 넣는다. 이래서는 잘 외워지지도 않으려니와 혹시 그 순간은 암기가 되었다고 해도 열흘 뒤 또는 시험 당일 등 정작 이를 기억해 내야 할 순간에 이미 그 지식(엄밀하게 말하자면 '지식' 거리도 못 된다.)은 머릿속에서 하얗게 증발해 없어져 버리고 만 뒤다. 그렇다면 암기하는 고생은 왜 했을까? 차라리 신나게 노는 편이 더 낫지 않았을까?

영어 공부에 있어서 중요한 것은 당장 하나의 내용을 암기하는 것이 아니라 필요할 때에 그 정보를 머릿속에서 *끄집어낼* 수 있어야 한다는 것이다. 그러려면 정보가 자신에게 의미 있는 것이어야 한다. 주어지는 지식을 자기의 지식으로 만들어야 한다는 것이다.

단순한 암기보다는 의미를 부여하는 '생각하는 공부', 즉 유의미 학습이 절대적으로 필요하다. 많은 학생들이 생각 없이 공부하는 경향이 있다. 아무 생각 없이 앉아서 떠먹여 주는 것이나 받아먹을 줄 알지 스스로 공부를 '떠먹으려' 하지 않는다. 그것이 공부를 잘하지 못하는 가장 큰 이유 중 하나이다.

공부 잘하는 아이는 목표가 뚜렷하다

공부를 잘하는 학생들은 학교에서 배우는 내용을 스스로 조직화하고 의미를 부여한다. 반면 책상에 오랫동안 앉아 있어도 성적은 늘 바닥인 학생들은 공부하는 방법이 잘못된 것이다. 영어 공부도 마찬가지다. 공부를 잘하는 학생과 잘하지 못하는 학생은 어떤 점에서 차이가 날까?

1. 영어를 잘하는 학생의 공부 습관

· 목표(동기)가 분명하다.

· 수업에 충실히 임한다.

· 본인이 원해서 과외나 학원 수강을 한다.

· 교과서를 충실히 공부한 다음 참고서 문제를 푼다.

· 참고서 문제를 반복해서 풀어 본다.

· 새로운 개념이 나오면 원리를 이해하고 잘 정리한다.

· 내일 배울 것을 예습하고 배운 것을 복습한다.

· 평소에 공부한다.

2. 영어를 잘하지 못하는 학생의 공부 습관

· 목표(동기)가 불분명하다.

· 수업 시간에 집중하지 못한다.

· 부모님이 원해서 또는 친구를 따라서 학원에 간다.

· 참고서 위주로 공부한다.

· 텔레비전이나 컴퓨터 앞에 오래 앉아 있다.

· 음악을 들으며 공부한다.

· 운동을 지나치게 많이 한다.

· 벼락치기 공부를 한다.

공부 습관에서 가장 기본이 되는 것은 자신의 목표(동기)를 설정하는 것이다. 학생들에게 "너는 목표가 뭐니?"라고 물어봐도 신통한 대답을 듣지 못하는 경우가 많다. 하물며 문과를 갈 것인가, 이과를 갈 것인가에 대해서도 뚜렷한 생각이 없는 학생들이 많다. 앞으로 무슨 공부를 할지 어떤 직업을 가질지 한번도 생각해 보지 않은 채 시계추처럼 학교와 집을 오가는 것이다.

목표는 왜 중요할까? 내 앞에 물이 가득 담긴 유리컵이 있다고 가정해 보자. 한 방울의 물도 흘리지 않고 십 미터를 걸어가야

> 공부 잘하는 아이는 스스로에게 동기를 부여한다. 공부 습관의 기본은 목표를 설정하는 것이다. 자신이 무엇을 하고 싶은지 먼저 생각하고 공부의 목표를 정하라.

한다고 치자. 이때 쏟을까 긴장하여 조심조심 걸어간다면 반드시 쏟게 된다. 그러나 물컵을 의식하지 않고 어느 한 지점을 정해 그곳만을 응시하며 성큼성큼 걸어가면 물을 거의 쏟지 않을 수 있다. 혹여 조금 쏟더라도 목표 지점 없이 종종거리는 것보다는 훨씬 덜 쏟게 된다. 영어 공부도 마찬가지다. 이번 시험에서는 몇 점이 목표인지부터 문·이과 중 무엇을 선택할 것인지 어느 대학 무슨 과를 갈 것인지 나중에 무슨 일을 하는 사람이 될 것인지 등 사소한 것부터 큰 것까지 목표를 세우고 이를 바라보며 공부한다면 훨씬 좋은 결과를 얻을 수 있다. 자녀들이 목표 의식을 가지고 일상생활을 해 나갈 수 있도록 학부모들이 도와줘야 한다.

영어 공부 잘하기 위한 쉽고도 확실한 방법들

1. 영어에 재미를 붙여라

무슨 과목이든 재미를 붙여야 성적이 오른다는 것은 너무나도 당연한 얘기다. 학생들 가운데 이를 직접 경험해 본 아이들도 꽤 있을 것이다. 문제는 어떻게 재미를 붙이느냐다. 공부에 전혀 흥미를 못느끼고 있는 학생에게 재미를 붙여 보라고 해서 없는 재미가 생겨나지는 않는다. 잔소리가 될 뿐이다. 그렇다면 영어에 재미를 느끼려면 어떻게 해야 할까?

우선 바른 학습 태도를 갖도록 해야 한다. 좋은 학습 습관을 몸에 붙이면 조금이라도 성적이 오르게 마련이고 이런 작은 성취가 누적되면 느리기는 해도 분명히 재미가 생겨난다. 억지로 과외나 학원 수강을 시키는 것은 영어를 더욱 재미없게 만드는 방법일 뿐임을 학부모들은 기억할 필요가 있다.

또 하나는 아주 사소한 일에도 자녀에게 칭찬을 아끼지 말아야 한다는 것이다. 평소 30점 맞던 자녀가 50점을 받는 등 조금이라도 나아지는 기미가 있거든 부모 마음에는 미흡하더라도 칭찬을 아끼지 말아야 한다. 매일 들어 잔소리로만 느껴지는 "공부해라!"라는 말 대신 "잘했다!"라는 칭찬 한마디가 영어에 좀 더 재미를 붙일 수 있도록 도와줄 것이다.

공부에 재미를 붙이도록 하는 또 다른 지름길은 자녀가 선생님을 사랑하도록 하는 것이다. 자녀에게 "영어 선생님이 어떤 분이니?"라고 물었을 때 자녀가 "무섭다."라거나 "하나도 재미없다." 등으로 대답한다면 영어 성적 향상을 어떻게 기대하겠는가. 남녀 관계에서도 첫눈에는 서먹하다가도 점차 상대를 알아 가면서 좋아하는 감정이 싹트듯이 영어 선생님과 학생도 처음부터 마냥 좋지는 않더라도 자꾸 대화하고 질문하는 사이에 어느덧 친근해질 수 있다. 일단 선생님을 좋아하게 되면 선생님에게 찾아오는 횟수가 늘어나면서 질문도 많아진다. 자연히 그 과목 공부에 많은 관심을 쏟게 돼 성적도 올라갈 것이다.

2. 오답 노트를 만들어 집중, 반복해 공부하라

영어는 우리가 일상생활에서 쓰는 언어가 아니기 때문에 끊임없는 반복 학습이 무엇보다 중요하다. 가능하면 머릿속으로만 생

> 오답 노트를 활용하라. 맞은 백 문제보다 틀린 한 문제가 더 중요하다. 한 번 틀린 문제는 계속 틀릴 가능성이 높다. 오답 노트에 적어 두고 시간이 날 때마다 공부하라.

각하지 말고 자주 사용할 기회를 만들면 좋다. 듣기와 읽기만 되풀이해도 어느덧 영어 실력이 쌓이게 된다.

특히 수능 대비 문제집을 풀 때 틀린 문제들은 집중적으로 반복해서 풀어 보아야 한다. 어느 과목이든 마찬가지겠지만 맞은 백 문제보다 틀린 한 문제가 더 소중하다. 맞은 문제들은 언제 풀어도 다 맞출 터이기 때문이다. 틀린 문제를 모아 오답 노트를 만들어서 반복해 풀어 보는 습관을 들여야 한다. 틀린다는 것은 개념 정립이 확실하지 않다는 얘기이며 한 번 틀린 것은 다음에도 틀릴 확률이 상당히 높다.

3. 영어 단기 완성의 헛된 '신화'를 잊고 '예습-수업-복습'을 반복하라

예습을 하지 않으면 수업 내용을 제대로 이해하지 못해 공부에 대한 자신감이 없어지고 늘 뒤따라가는 공부를 할 수밖에 없다. 내용을 제대로 이해하지 못하니 자연히 집중력이 떨어지고 잡생각이 많아진다.

예습을 하고 나서 수업을 들으면 예습 때 대강 감만 잡아 둔 내용을 이차적으로 확인할 수 있다. 수업에 충실하면 노트 필기도 잘하게 되기 때문에 시험에 대비하기도 좋다. 무엇보다 학교 수업이 다른 무엇보다 학습 효과가 높다는 점을 기억해야 한다.

수업 후에는 반드시 복습이 필요하다. 복습하지 않으면 수업 내용을 쉽게 잊어버리게 되고 수업 때 잘 몰랐던 부분을 확인할 수 있는 기회도 놓치게 된다. 학습 요점을 정리하는 데는 복습이 가장 유용하다.

이처럼 '예습-수업-복습'의 반복은 모든 과목을 공부하는 기본 중의 기본이다. 그런데도 이를 제대로 실천하는 학생이 많지 않다. 밤늦게 학원 공부를 하느라 정작 학교에 와선 수업 시간에 졸고, 학교에서 내 준 숙제는 안 하면서도 학원 숙제, 과외 숙제 등은 수업 시간에 버젓이 펼쳐 놓고 하는 아이가 한두 명이 아니다. 이들은 학교에서 배운 내용을 음미해 볼 틈도 없이 수업이 끝나자마자 학원에서 무엇인가를 또다시 머릿속에 집어넣는다. 머릿속에 많이 집어넣어 두면 영어를 잘 할 수 있게 된다는 신화를 믿는 것이다. 하지만 이런 아이들 가운데 상당수가 뜻밖에도 영어 공부를 잘하지 못한다.

'예습–수업–복습'의 충실한 반복은 물고기를 잡기 위한 '그물'에 비유할 수 있다. 한강에 있는 물고기를 잡기 위해서는 손에 잡히는 작은 그물이면 충분하다. 그런데도 학원이나 과외로 몰려가는 것은 내 앞에 있는 작은 그물을 버려 두고 한강만 한 크기의 그물을 만들려고 애쓰는 것과 다름없다. 물론 한강만 한 큰 그물도 있으면 좋을 것이다. 하지만 그 그물을 언제 만들 것이며 만든다 한들 어떻게 던질 것인가?

학교와 학원 모두에 충실할 수 있다면 물론 더할 나위 없다. 하지만 안타깝게도 많은 학생들이 학교와 학원을 거꾸로 놓고 생활하고 있다. 학교에 와서 학원 공부를 하는 학생들은 절대 좋은 점수를 받을 수 없다. 한강만큼 큰 그물은 결코 '실전'에서 진가를 발휘하지 못한다.

4. 자기 수준에 맞는 참고서를 찾아라

학생들은 공부 잘하는 친구가 보는 참고서는 자신도 꼭 보려고 하는 이상한 심리가 있다. 참고서를 선택할 때는 내가 소화해 낼 수 있느냐가 가장 중요하다. 1등을 하는 친구가 보는 참고서라 해도 자신이 전혀 이해할 수 없다면 무용지물이다.

참고서는 교과서 순서대로 구성된 것이 좋다. 한 단원이 끝나면 연습 문제를 풀어 이해의 정도를 체크해 볼 수 있는 책을 고르는 것이 좋다. 영어 성적이 아주 나쁜 고등학생은 중학교 3학년 교과서나 참고서를 한번 훑어볼 것을 권한다. 그 당시에 잘 몰랐던 내용이 아주 쉽게 다가오는 것을 느낄 수도 있다. 그런 식으로 시동이 걸리고 나면 탄력을 받아 고등학교 영어를 금세 따라잡을 수 있게 된다. 자기 수준은 무시한 채 공부 잘하는 친구가 보는 문제집은 자신도 반드시 가지고 있어야 한다는 생각을 버려야 한다.

이 밖에 우리말로 된 책을 많이 읽으면 이해력이 높아져 영어 수업 따라잡기가 한결 쉬워진다는 점도 명심하자. 영어권 문화에 대해 관심을 갖고 관련 지식을 많이 쌓는 것도 언어의 배경을 이해할 수 있게 해 주기 때문에 영어 공부에 도움이 된다.

영역별로 짚어 보는 영어 공부 전략

1. 어휘 공부 이렇게 하자

— 문맥 속에서 파악하라. 형태소 단위로 잘라 외워라. 사전을 활용하라.

어휘 공부를 하라고 하면 사전 외우듯 단어장을 통째로 외우겠다고 덤비는 학생들이 있다. 아마 대부분의 학생들이 어휘 공부와 관련된 책을 한 권씩은 갖고 있을 것이다. 물론 아무것도 하지 않는 것보다는 낫다. 하지만 어휘 공부에서 정말 중요한 것은 문맥 속에서 단어의 의미를 이해하고 해석해 낼 수 있는 능력이다. 단어의 뜻은 알겠는데 해석이 안 된다고 하소연하는 학생들이 꽤 있다. 이는 나무는 보되 숲은 보지 못하는 공부를 했기 때문이다. 우리말로 된 책을 읽다가 모르는 단어가 나온다고 일일이 사전을 찾아 확인하지는 않는다. 앞뒤 문맥을 보고 대충 무슨 뜻인지를 넘겨짚어 파악할 수 있기 때문이다. 영어도 마찬가지다.

단어를 외우라고 하면 학생들은 연습장에다 새카맣게 써 가며 달

달 외워야만 하는 줄 안다. 앞서
도 얘기했듯 그래서는 시험 시간
등 필요할 때 머릿속에서 제대로
끄집어내기가 어렵다. 어떻게 하

> 영어사전은 필수! 한영사전도 좋지만 영영사전이 더욱 좋다.
> 자기 수준에 맞는 영영사전을 사서 영어로 된 풀이를 보며 단
> 어의 뉘앙스를 파악하라.

면 단어를 쉽게 머릿속에 집어넣고 또 필요할 때 끄집어낼 수 있을
까? 앞에서 숫자를 외우는 방법을 다시 생각해 보자. 단어 역시 의
미를 부여하면서 생각해 가며 외워야 지속적으로 머리에 남아 있게
된다.

예를 들어 보자. 'unfortunately'라는 단어는 '불행하게도'라는
뜻이다. 열세 개의 철자를 무작정 머릿속에 집어넣으려 한다면 이
는 마치 앞서 나온 숫자 '292513(이것이 옷일세)'을 개별 숫자의 조
합으로 암기하려는 것과 똑같은 일이 될 것이다. 단어를 암기할 때
는 형태소로 나누어서 암기하는 방법이 아주 좋다.

'unfortunately'는 가만히 살펴보면 네 개의 단어(형태소)가 결
합된 말이다. 이 단어를 철자 열세 개의 조합이 아닌 각각 의미가
있는 네 개의 덩어리로 생각하면 암기가 훨씬 쉬워진다.

un: 반대말을 만드는 접두사

fortune: (명사) 운, 행운, 큰 부(富)

ate: 형용사를 만드는 접미사

ly: 부사를 만드는 접미사

'fortune'에 'ate'가 붙어 '운 좋은', 여기에 다시 'ly'가 붙어
'운 좋게'란 뜻이 되며, 반대말을 만드는 접두사가 와서 '불행하게

도'란 뜻을 갖게 되는 것이다. 이처럼 단어를 암기할 때 의미 있는 형태소로 나눠서 암기하면 암기하기도 쉽고 기억도 오래 가기 마련이다.

단어 하나를 외웠으면 이를 이미 알고 있던 다른 정보, 다른 단어 등과 연관해 보는 버릇을 들여야 한다. 'unfortunately'를 알게 된 학생은 여기서 미국의 유명한 경제 잡지 이름이 'fortune(큰 재산)'인 이유를 짐작할 수 있게 된다. 'fortune(행운)'과 'teller(말하는 이)'를 결합한 'fortune teller'가 '점쟁이'란 뜻을 가졌다는 것도 미루어 짐작할 수 있을 것이다. 이렇게 단어 사이의 관련성에 주의해 가며 영어의 의미망을 짜 나갈 수 있는 학생이 공부를 잘할 것은 당연지사다. 이런 학생과 'unfortunately' 따로, 'fortune teller' 따로 외우고 그 사이의 관련성에 관해서는 전혀 신경 쓰지 않는 학생이 기억해야 할 정보량의 차이란 엄청날 것이다.

어휘 실력을 높이고 싶다면 영한사전보다는 영영사전을 사는 것이 좋다. 요즘 학생들은 사전 찾는 것은 물론, 사전을 챙겨 가지고 다니는 것조차 귀찮아 한다. 그래서 문제집 한 귀퉁이에 제시된 단어의 뜻풀이나 훑어보고 문제를 풀다가 정작 시험장에 가서는 뜻풀이가 주어지지 않은 문제지에 적응하지 못하고 당황하여 시험을 망치는 경우가 비일비재하다.

어휘 공부는 참고서 귀퉁이의 단어 목록으로는 절대 해결되지 않는다. 사전이 꼭 필요하다. 종이 사전이 두꺼워서 부담스럽다면 전자 사전도 좋다. 영어사전을 구입하는 데는 돈을 아끼지 말라고 당부한다.

사전은 영영사전이 좋다. 학생들은 영영사전을 무조건 어렵게 생각하고 부담스러워 하는 경향이 있다. 하지만 영영사전에도 다양한 종류가 있다. 초등학생용 영영사전도 나와 있다. 처음부터 제대로 된 영영사전이 부담스럽거든 이처럼 조금 낮은 수준의 사전부터 시작해 점차 두꺼운 사전으로 옮겨 가면 된다. 이렇게 하여 일정한 단계를 넘어서면 오히려 영영사전을 보는 게 더 편하게 느껴질 때가 온다.

영영사전이 좋은 이유는 단어의 이미지를 그릴 수 있다는 점 때문이다. 'shy'의 의미가 무엇이냐고 물으면 '수줍은'이라고 즉각 대답하지만 '수줍은'이 우리말로 무슨 뜻인지를 물었을 때 그 대답이 금방 떠오르지는 않을 것이다. 영영사전은 영어로 '수줍은'이라는 말 자체의 뜻을 풀어 준다. 때문에 영영사전으로 공부하면 단순히 'shy'가 '수줍은'이란 뜻임을 아는 단계를 넘어서서 수줍다는 게 영어에선 어떤 의미이며 느낌인지 단어의 이미지까지 그려 볼 수 있게 되는 것이다.

영영사전의 장점: 이미지를 그릴 수 있다.

영한사전: shy [ʃái]—수줍은

영영사전: shy [ʃái]—1. A shy person is nervous and uncomfortable in the company of other people.

2. nervous about meeting and speaking to other people.

2. 문법 공부 이렇게 하자

― 문법을 위한 문법이 아닌 해석을 위한 문법

많은 학생들이 '문법'이란 말만 들어도 인상부터 찌푸린다. 수능에서 두 문제밖에 안 나오기 때문에 그냥 '찍고' 말겠다는 아이들도 많다. 하지만 기본만 튼튼히 다진다면 문법만큼 쉬운 영역도 없다.

요즘 학생들은 정형화된 수능 문제는 잘 풀면서도 독해는 제대로 해 내지 못하는 경우가 많다. 문법 실력이 없어서다. 문법이란 아이들이 영어의 나무가 아닌 숲, 문장의 전체적인 그림을 볼 수 있도록 도와주는 밑바탕이다.

요즘은 문법만을 위한 문법 문제는 수능에 출제되지 않는다. 3인칭 단수동사에 s를 붙인다는 것을 알고 있는지 확인하기 위해 'He studies' 대신 'He study'로 시작하는 지문을 내놓고 틀린 것을 고르게 하는 등의 자질구레한 문제는 절대 나오지 않는다. 문법은 독해를 위한 도구라고 생각하기 때문이다.

문장 해석에 꼭 필요한, 이를 어기면 뜻이 바뀔 정도의 큼직큼직한 문법 사항들이 중요하다. 현재의 학부모들이 공부하던 시절처럼 어렵고 두꺼운 문법책을 들춰 볼 필요는 없다. 하지만 독해를 하는 데 기초가 될 만한 사항들을 담은 얇은 문법책을 골라 여러 번 통독하는 것은 꼭 필요하다.

3. 읽기 공부 이렇게 하자
— 전략적으로 읽어라

영어의 4대 영역인 읽기, 말하기, 듣기, 쓰기 가운데 학생들이 가장 자신 있어 하는 것이 읽기다. 하지만 막상 수업 시간에 시켜 보면 읽기도 제대로 못하는 학생들이 의외로 많다. 주어진 글을 하나의 덩어리로 받아들여 전체적인 맥락을 파악하려 하는 대신 퍼즐을 하듯 단어 조각들을 맞춰 문장을 해독하려 하기 때문이다.

앞에서도 말했지만 영어를 읽다가 모르는 단어나 구가 나오더라도 바로 사전을 찾지 말고 반드시 문맥 속에서 의미를 추측해 보는 과정을 거쳐야 한다. 사전을 찾는 것은 맨 나중으로 미뤄도 된다. 모르는 단어에 구애받지 않고 앞뒤 문맥을 통해 전체 글의 내용을 파악할 수 있을 때 읽기 능력은 빠르게 향상된다.

직독직해를 해야 한다. 문장 하나하나를 해부하듯 해석하는 것은 아주 나쁜 습관이다. 글을 물 흐르듯 순서대로 읽어 가면서 바로 해석을 할 수 있어야 한다. 이렇게 되기 위해서는 훈련이 필요하다. 더 나아가 속독속해의 단계까지 이르도록 해야 한다. 빨리 읽고 빨리 해석하라는 것이다.

읽기 훈련이 잘 되어 있는 아이들은 듣기도 잘하기 마련이다. 말이란 그야말로 물 흐르듯 순서대로 흘러가 버리는 것이다. 이를 문장 읽듯 어순을 따져 가며 단어 조각들을 맞추는 방식으로 접근했다가는 의미를 파악하지 못한 채 말 자체가 확 지나가 버리고 만다. 자막 처리되는 영어 회화 프로그램 등을 볼 때는 이를 읽을 수 있어야 들리기 마련이다. 해석도 제대로 못하면서 들리기를 바랄 수는 없다. 읽는 속도가 국어책 읽는 수준까지 빨라져야 비로소 귀도 편안해진다.

> **영어 독해 공략법**
> · 직독 직해! 빨리 읽고 빨리 해석하라.
> · 절대로 문장 하나하나를 해부하듯 해석하지 마라.
> · 글을 물 흐르듯 순서대로 읽어 가면서 바로 해석해야 수능에서도 지문을 전략적으로 읽을 수 있다.

읽기 능력을 키우기 위해서는 소리 내어 읽어 볼 필요가 있다. 학생들에게 책 읽기를 시켜 보면 더듬거리는 경우가 많다. 문자로 쓰인 것도 못 읽는 학생에게 유창한 영어 회화를 기대할 수는 없다. 영어 책 읽는 소리를 녹음한 뒤 영어 테이프와 함께 들으며 비교해 보자. 시간은 얼마나 걸렸으며 발음은 정확한지 등을 체크하고, 테이프를 닮아 가도록 노력한다면 좋은 성과를 거둘 수 있을 것이다.

효율적인 읽기를 위해서는 아래의 네 가지 전략을 익혀 둔 뒤 때와 장소에 따라 적절히 구사할 줄 알아야 한다. 시간이 무한정 주어진다면야 모든 글을 꼼꼼히 읽으면 좋겠지만 2분에 한 문제씩 풀어야 하는 수능 시험 등에서는 전략적 읽기가 반드시 필요하다.

● 4가지 읽기 전략

1. 훑어 읽기: 원문에서 요지를 파악하기 위해 아주 빠르게 훑어 읽는 것.

2. 찾아 읽기: 원문에서 특정한 정보, 필요한 부분만을 찾아내어 읽는 것.
   (예: 날짜, 이름, 가격, 수능 문제에서 요구하는 사항 등)

3. 정독: 단어 하나하나까지 정확하게 파악하면서 원문 전체를 주의 깊게 집중하여 읽는 것. 전체를 모두 잘 이해해야 할 때 필요하다.

4. 다독: 소설 읽듯 재미있게 전체를 읽어 내리는 것. 하지만 모든 단어나 어휘를 일일이 이해할 필요는 없다.(예: 소설 읽기)

이 가운데 수능에서는 특히 훑어 읽기와 찾아 읽기를 적절히 활용할 줄 알아야 한다.

4. 듣기 공부 이렇게 하자
― 노래 듣는 시간의 1할만 영어 듣기에 할애하라

7차 교육 과정에서 듣기와 말하기가 중요해지면서 최근 영어 듣기에 관한 관심들이 부쩍 높아졌다. 하지만 막상 듣기 지도를 어떻게 해야 할지에 대해서는 난감해하는 학부모들이 많다.

요즘 학생들은 이어폰을 항상 귀에 꽂고 산다 해도 과언이 아니다. 음악을 듣지 않으면 공부가 안 된다는 것이다. 그렇게라도 공부를 하겠다는데 하며 방기하는 학부모들도 있겠지만 이 습관은 가급적이면 고쳐 줘야 한다. 이렇게 매일 음악을 들으며 공부하다가 정작 이어폰을 꽂을 수 없는 수능 시험장에 가면 불안해할 수 있기 때문이다.

이런 '이어폰족'들의 대부분은 요즘 유행하는 가요를 안 들으면 못살지만 영어 듣기 방송은 거의 듣지 않는다. 이러면서도 영어를 잘하고 싶다면 어불성설이다. 요즘은 각종 인터넷 자료실에서 영어 듣기와 관련된 내용을 MP3 파일 등으로 얼마든지 '내려 받기(download)' 할 수 있다. 아마 이런 기술에는 학부모보다 아이들이 더 정통해 있을 것이다.

어학 기자재도 좋은 것들이 많이 나와 있다. 비싼 돈 들여 가며 따로 어학 학습기를 살 필요도 없다. 학생들이 가지고 다니는 소형 카세트나 MP3 플레이어 등을 이용해서 음악을 듣는 시간의 일부만이라도 내려 받은 영어 듣기 자료를 들으면 된다. 수능에서 영어 듣기는 17문항으로 20분 정도 들려준다. 학교를 오가는 시간을 활용해서 매일 20분씩 3년만 영어 테이프를 들으면 수능 영어 듣기는 만점을 맞을 수 있다고 확신한다. 영어 듣기 능력을 극대화하기 위해 들은 것을 받아쓰기를 하면 더욱 좋다.

5. 말하기 공부 이렇게 하자

— 원어민 선생님을 200% 활용하자

최근 들어 영어 회화의 중요성이 갈수록 부각되고 있다. 하지만 회화를 잘하려면 오랜 기간 동안 많은 시간을 투자해야 한다. 사실 듣기를 잘해야 회화를 잘할 수 있지만 거꾸로 생각해 보면 자신이 말할 수 있는 내용이야말로 가장 잘 들리는 법이다.

수업 시간에 실수하는 것을 두려워하지 말고 적극적으로 부딪쳐 보자. 학교에 원어민 선생님이 계시다면 이보다 더 좋은 '교재'는 없다. 내가 학교에도 원어민 선생님이 계시지만 일주일에 한 시간의 회화 수업으로는 사실 부족하다. 이럴 때는 맞든 틀리든 일단 질문하고 본다는 생각을 가져야 한다. 한 번이라도 의사소통을 해 보면 외국인에 대한 두려움이 크게 줄어든다. 교무실에 드나들면서 원어민 선생님과 자주 접촉하고 사소한 내용이라도 한번 대화해 보겠다는 자세를 가지는 게 바람직하다.

원어민과 접촉이 어렵다면 듣기 대본을 들을 때 대화하는 이들의 말을 자연스레 따라해 보는 것도 좋은 방법이다. 자신이 듣기 대본의 주인공이 되었다고 생각하고 대화가 흘러나올 때마다 혼잣말로 따라 웅얼거려라. 그러다 보면 저절로 머릿속에 기억이 되어 어느 순간 듣기 대본 없이도 필요한 상황이 되면 따라했던 말들을 구사할 수 있게 된다.

인터넷상에는 실시간으로 외국에 있는 사람들과 대화할 수 있는 프로그램들이 많다. 인터넷에 푹 빠져 있는 요즘 학생들에게 영어 공부에 인터넷을 적극 활용해 보라고 권하고 싶다.

6. 쓰기 공부 이렇게 하자
— 영문 독해 해석을 보고 영작하라

우리나라 학생들이 가장 자신 없어 하는 영역이 쓰기다. 쓰기 교육은 통상 학교에서도 가장 잘 안 되고 있다. 수능에 쓰기 능력을 직접 측정하는 문제가 없기 때문이다.

쓰기 능력은 어느 날 갑자기 향상되는 것이 아니다. 평소 영어로 된 글을 많이 접한 학생들이 역시 쓰기도 잘할 수 있다. 지금 상황에서는 교과서에 나오는 쓰기 부분만 열심히 해도 고교 교육 과정으로는 손색이 없다.

쓰기를 듣기와 연관시켜 공부해 보길 권한다. 영어 듣기의 내용을 그대로 받아써 보는 것이다. 한 번에 받아쓰기를 완벽히 해 낼 수 있는 학생은 거의 없을 것이다. 그러나 못 받아쓴 빈칸을 조금씩 메워 가다 보면 분명 쓰기에 대한 감이 잡힐 것이다.

참고서 등에는 주어진 영문 지문에 대한 해석이 나와 있다. 이 해석을 보고 영작 연습을 해 보는 것도 쓰기 능력 키우기에 좋은 방법이다. 영작을 한 뒤 본문과 비교해 보면 본문에선 한 줄로 간결하고 경쾌하게 설명하고 있는 대목을 자신은 두세 줄로 중언부언 늘어놓고 있다는 것을 알게 될 것이다. 영문 해석을 영작하는 것은 쓰기는 물론 읽기 실력까지 키우는 좋은 공부 방법이다.

이메일을 이용하여 원어민 선생님에게 편지를 써 보는 것도 좋다. 인터넷 채팅이나 인터넷을 이용한 펜팔(Key-pal) 등도 적극 활용할 것을 권한다. 인터넷에 중독되어 밤새우곤 하는데 그중 적은 시간만이라도 영어 공부에 할애한다면 상당한 영어 실력 향상을 기대할 수 있다.

영어가 '즐거운 등산' 이 되도록 자녀를 도와라

등산을 할 때 저 산을 꼭 정복하고 말겠다는 마음으로 도전하면 산을 오르는 사람도 고통스럽고 목적을 이루기도 쉽지 않다. 하지만 나무도 보고 꽃도 감상하고 같이 가는 이들과 대화도 하면서 등산을 즐기며 슬렁슬렁 오르다 보면 어느 결에 정상에 도달해 있다.

영어 공부도 이와 마찬가지다. 시험에서 100점을 맞겠다는 마음이 너무 강하면 영어 공부가 상당히 고통스러워질 수 있다. 목표는 세워 두되 즐기면서 슬슬 하는 것이 좋다. 하지만 꾸준히 공부하겠다는 마음가짐은 꼭 필요하다. 그렇게 하다 보면 좋은 점수는 절로 따라오기 마련이다.

학부모들은 아이가 즐기며 공부할 수 있도록 동기를 부여해 줘야 한다. 자녀가 아주 사소한 일에서도 성취감을 느낄 수 있도록 칭찬을 아끼지 말아야 한다. 사람은 누구나 성취감을 느낄 때 즐거움도 알게 되는 법이기 때문이다.

자녀의 영어 공부에 부모가 관심을 가져야 한다. 아이가 학교에서 영어 공부를 제대로 하고 있는지 간단하게 검사할 수 있는 방법이 있다. 아이의 영어 교과서를 펼쳐 보면 된다. 아이의 교과서는 다음 네 가지 유형 중 하나에 반드시 속할 것이다.

● 우리 아이 교과서는 어떨까?

1. 깨끗한 책

2. 낙서와 만화 그림이 가득한 책

3. 앞은 지저분하지만 뒤는 깨끗한 책

4. 필기와 문제 풀이가 잘 되어 있는 책

아이의 영어책이 1, 2, 3에 해당되거든, 과외나 학원 보내는 것을 잠시 미루고 학교 수업에 충실할 수 있도록 지도해야 한다.

학부모 자신은 정작 공부를 전혀 안 하면서 자녀들에게만 열심히 공부하라고 해 봐야 설득력이 없다. 열심히 독서하는 부모, 영자 신문을 들춰 보는 부모, 영어 교과서를 함께 읽어 주는 부모를 보면서 자녀들도 닮아 가려는 생각을 갖는다. 오늘부터라도 학부모가 먼저 이런 모습을 보여 주기 바란다. 자녀의 변화를 분명히 느끼게 될 것이다.

큰 돌멩이와 흙, 모래가 섞인 통을 확 쏟았다가 다시 채우려고 할 때 모래부터 채우기 시작해서는 쏟아진 것들을 다 담을 수가 없다. 이때는 큰 돌멩이부터 채워 넣고 비는 공간에 흙과 모래를 넣고 잘 흔들어 줘야 한다. 가장 중요한 것은 큰 돌이다. 마찬가지로 공부의 기본은 학교 공부다. 예습, 수업, 복습 등은 무시하고 학원만 아무리 쫓아다녀 봤자 소기의 성과를 거두기 어렵다.

마지막으로 당부하고 싶은 말은 선생님을 믿어 달라는 것이다. 병원에서 의사가 약을 주며

> 영어 듣기 공부는 매일 하라. 몰아서 하는 것보다는 일이십 분씩이라도 매일 하는 것이 좋다. 받아쓰기를 하면 더욱 좋다.

1일 3회 환부에 바르라고 지시했을 때 약을 바르는 대신 먹어 치우는 환자는 없다. 의사의 전문성과 권위를 인정하기 때문이다. 선생님은 교육의 전문가이고 권위자다. 자칫 교육을 안다고 선생님의 조언을 무시하고 있지는 않은지 곰곰이 생각해 볼 필요가 있다. 학부모는 선생님을 믿고 따라야 한다. 그것이 결국 자녀의 실력 향상

으로 이어진다는 사실을 믿어야 한다. 지금 전화기를 들어 자녀의 선생님께 전화를 하도록 하자. 선생님과 자녀의 학습에 대해서 지속적으로 대화를 나누고 자녀의 공부를 챙기는 학부모들은 선생님에게 가장 든든한 원군이다.

수능 영어 바로 하기

- 영어 오답 노트를 만들어 반복해 공부하라.

- 기회가 된다면 원어민 선생님과 영어로 대화하라.

- 영어 단기 완성의 헛된 신화를 잊고 예습, 수업, 복습을 반복하라.

- 자기 수준에 맞는 영어 참고서를 택하라. 일등 하는 아이가 보는 참고서라도 자신이 이해할 수 없다면 무용지물이다.

- 적은 시간이라도 매일 공부하라.

- 영어 듣기 공부를 하면서 받아쓰기를 하라. 쓰기 실력이 크게 향상된다.

수학, 원리부터 정복하라

서울대 수학교육과 교수 조한혁

이 장은 수능 시험 볼 때까지 오랜 기간이 남은, 그래서 상대적으로 입시 교육의 압박을 덜 받을 수 있는 초등학생, 중학생과 그 부모를 위한 것이다. 아직은 입시 스트레스에서 자유로운 학생들을 대상으로 하는 만큼 수학 공부의 정도에 대해 이야기하고자 한다.

초등학교 저학년 때에는 스스로 여러 가지 생각을 조합해 다양하게 계산을 하며 수학을 배워 가던 아이가 고학년이 되면 점점 기계적으로 계산을 하며 부모와 선생님을 위해 답을 맞추려고 하는 것을 볼 수 있다. 이것은 학습지 등을 통한 반복 학습이 원인이 되기도 하지만 꾸중을 듣지 않으려면 자신의 '생각' 대신 권위 있는 공식을 따라 신속 정확하게 수학 문제의 '답'을 얻는 것이 상책이라는 것을 눈치 챈 결과이다. 이렇게 되면 수학 공부의 목표는 권위 있는 수학 책의 내용을 빨리 자신의 머리에 넣는 것이 되며, 이때부터 학생들은 수학이라는 괴물로부터 고통을 당하게 된다. 몇 해 전에 무한순환소수 0.9999······가 1과 같다는 중학교 수학 내용에 대해 영재 센터의 학생들과 얘기한 적이 있다. 이때 거의 모든 학생들이 '교과서의 답'을 알고 있었지만, 대부분의 학생이 실제 '자신의 생각'은 교과서와는 다르다고 말했다. 심지어 어떤 학생은 자신이 수학자가 되어 그런 답이 나오는 이유를 연구하겠다고 한 학생도 있었다.

자신의 머릿속의 수학과 강요되는 수학 사이에서 방황하는 학생에게 "네 생각이 뭐냐?"라는 질문을 하면 안전하게 '교과서의 답'을 외워 앵무새처럼 대답하게 되기 쉽다. 이런 경우 수학이 재미있을 수 없다. 이런 이유로 국제 수학 성취도 비교 연구 결과, 우리나라 학생의 수학 성적은 최상위권이지만 수학 호감도는 최하위로 나타났다. 그런데 싱가포르는 수학 성적과 수학 호감도 모두가 최상위권이다. 어떻게 하면 그렇게 될까?

외국의 일부 대학에서는 대학 입시에 미분, 적분도 할 수 있는 계산기가 허용된다는 것을 알고 있는가. 계산을 통해 다섯 개 중에서 답을 고르는 수학 시험에 익숙한 우리로서는 놀라운 일이다. 하지만 지식 소비자보다 지식 창조자가 더 우대받는 지식 정보화 사회에서 필요한 수학을 하려면 공식에 의한 수동적인 계산을 넘어 능동적으로 수학 언어로 주변의 것을 표현하고 만들고 생각하는 습관을 길러야 한다. 예를 들자면 0과 1 두 개의 숫자로 이루어지는 수학 언어가 CD 음악 듣기나 핸드폰 통화 그리고 아름다운 프랙탈 그림

(언제나 부분이 전체를 닮는 자기 유사성을 가진 그림) 속에서도 살아 있음을 이해하는 것이다. 또한 영어를 평생 필요한 인간의 언어로 인식하는 것처럼, 수학도 자신에게 평생 힘이 되는 과학의 언어로 인식해야 한다. 철학자이자 교육자인 존 듀이는 여러 산을 보려면 먼저 하나의 산에 올라가야 한다고 말했다. 알고 보면 제대로 된 한 과목의 공부 방법이 다른 여러 과목의 공부 방법이 될 수 있는 것이다. 외국어 공부처럼 수학 공부도 수학으로 듣고, 쓰고, 말하는 것이 필수다.

그러나 무엇보다도 수학을 제대로 공부하려면 막 만들어진 찐빵의 말랑말랑함이 수학 '안'에도 있다는 것을 느껴야 한다. 이를 위하여 모르는 문제를 자신이 아는 쉬운 문제로 조각을 내어 접근해 가는 공부 습관을 길러 보자. 마치 레고 장난감의 기본 블럭으로 점점 복잡한 것을 만들어 내듯이, 이미 알고 있는 기본적인 수학으로부터 점점 복잡한 수학을 만들어 나가는 경험을 가져 보자. "이해한다는 것은 발견한다는 것이다."라는 피아제의 말처럼, 아는 것에서 모르는 것에 이르는 다리를 발견하는 것이 바로 이해이며, 내가 아는 것에서 접근할 수 있는 수학의 모습에서 수학의 말랑말랑함을 느끼기 시작할 것이다.

히딩크의 교훈, '원리부터 정복하라.'

2002년 월드컵에서 우리나라 축구팀을 4강에 올려놓아 국민적 영웅이 된 히딩크가 우리나라에서 수학 교실을 열면 어떤 교육을 할까. 아마 처음에는 당장 눈앞에 있는 수학 시험 준비를 못 시켜 '5대 0'이라는 별명 대신 '50점'이란 별명을 얻을 것이다. 그러나 기본을 강조하는 축구 공부로 월드컵 4강에 들었듯, 원리를 캐내는 공부를 통해 수학의 강자를 만들 것이다.

이런 상상을 해 보는 것은 히딩크가 우리 수학 교육에 의미하는 바가 크기 때문이다. 히딩크 수학 교실의 급훈은 '수학은 게임이다.' 정도가 될 것 같고 그는 이 게임을 위해 '히딩크의 법칙'을 만들어 낼 것이 분명하다.

대표팀 감독 시절 히딩크의 별명은 '5대 0'이었는데 그는 경기에 출전할 선수들을 붙들어 놓고 먼저 단거리 왕복 달리기를 시켰다고 한다. 한때 우리 코치들 가운데는 운동장 열 바퀴를 돌리는 것으로 선수들을 워밍업하는 이들도 있었다고 한다. 하지만 히딩크의 왕복 달리기는 이와는 차원이 다른 것이었다. 그의 생각으로는 축구는 순발력에 달린 것으로 계속 달리다가 결정적 찬스가 보일 때 잽싸게 달려들어 골인을 시켜야 한다는 것이다. 왕복 달리기는 짧은 시간에 번개처럼 달라붙을 수 있는 순발력을 키워 주기 위한 것이었다.

히딩크가 우리나라에서 축구가 아닌 수학을 가르쳤다면 중간고사, 기말고사를 코앞에 두고도 학생들에게 무엇이 중요한 원리인가 하며 원리 타령만 하고 앉아 있었을 것이다. 그러나 자기 원칙을 믿고 따른 그의 전법이 4강 신화를 이뤄 냈듯 결국 아이들이 탄탄한 수학 실력을 갖게 해 줄 것이다.

수학은 바로 원리다. 기본적인 것 하나를 알면 그것으로 열 개의 새로운 것을 만들어 낼 수 있다. 원리는 모른 채 문제 유형만 달달 외워 수능에서 나오면 다행이고 아니면 재수하겠다는 생각으로 덤 빌 과목이 아니다. 수학 공부는 먼저 개념과 원리를 확실히 깨닫는 데서 시작해야 한다.

최근 수학 교육의 중요한 방법으로 떠오르는 것으로 'Learning by Making' 이란 것이 있다. 즉 수학을 만들면서 배우자는 것이다. 이미 참고서 등에 다 만들어진 상태의 수학을 또 어떻게 만들 것인가 하며 의아해하는 이들도 있을지 모른다. 하지만 스스로

> 수학 공식을 무조건 외워선 안 된다. 단순히 암기만 하게 되면 문제를 조금만 응용해도 못 풀 가능성이 크다. 원리를 파악해야 실전에서 어떤 문제가 나와도 당황하게 않게 된다.

만들어 나가지 않는 수학 공부는 대학 입시용밖에 안 된다. 물론 학부모들 가운데는 자녀가 대학만 들어가면 수학은 용도 폐기되는 것이라고 생각하는 사람도 있을지 모른다.

하지만 이제는 대학만 들어가면 모든 것이 해결되는 시대가 아니다. 대졸 실업자가 넘쳐 나는 세상이다. 세칭 일류대를 졸업하고도 일자리를 잡지 못해 방황하는 학생들이 적지 않다. 설혹 좋은 기업에 취직했다 하더라도 삼십 대만 되면 감원 공포에 시달려야 한다. 요즘도 "대학만 들어가면 평생 먹고 살 수 있으니 죽도록 공부해야 한다."라고 얘기하는 부모가 있다면 그것은 정말 무책임한 얘기다.

자녀를 위한 조언을 바꿔야 한다. "좋은 점수를 위해 무조건 외워라." 대신 "기초를 배양해라."라고, "전문 직종 하나에 평생을 걸어라." 대신 "평생 동안 네 번 직업을 바꿔야 하니 지금부터 준비해라."라고 말해 줄 수 있는 부모가 현명한 부모다.

지금 우리 아이들에게 중요한 것은 시험 대비용 지식을 달달 외우는 공부가 아니라 원리를 캐는 공부다. 중학교 때 기하를 배운 학

부모들은 아마 알 것이다. 중학교의 논증 기하에는 다섯 가지 기본적인 사실이 있다. 그것들만 확실히 알면 모든 문제를 풀어 낼 수 있다. 공부란 중심 원리를 정복해야 하는 것이다.

그런데 우리 실정은 어떤가. 우리 아이들은 문제지를 보면서 문제 푸는 기술만을 익힌다. 학원에 가면 선생님이 이 문제는 이렇게 풀어야 하고, 저 문제는 저렇게 풀어야 한다고 가르친다. 그러면 아이들은 왜 그렇게 되는지 이해도 못하면서 무조건 외운다. 시험에 비슷한 유형의 문제가 나오면 외워 둔 방법에 그대로 대입한다. 그렇게 공부했다가 조금만 유형이 다르거나 응용해야 하는 문제가 나오면 어디서부터 손대야 할지 몰라 쩔쩔 맨다.

공부는 원리를 가지고 해야 한다. '히딩크의 법칙'처럼 그 중심에 기본이 있어야 실전에서 어떤 상황이 벌어져도 막힘없이 대처할 수 있다.

'거북 수학'의 생각, '수학은 언어다!'

'거북 수학'은 미국 MIT 대학의 수학 교수였던 패펄트가 개발한 수학 학습용 프로그램으로 아이들이 컴퓨터를 이용해 거북이의 등을 타고 이동하는 듯한 느낌을 맛보면서 온갖 수학 활동을 해 낼 수 있게끔 돼 있다. 패펄트는 이 교육 프로그램을 만들기 위해 피아제 등 저명한 어린이 교육학자들과 손잡고 'LOGO 마이크로 월드'라는 컴퓨터 언어를 만들어 냈다. 이미 미국의 MIT 대학과 영국의 케임브리지 대학을 비롯한 여러 학교가 거북 수학 관련 인터넷 사이트를 운영하는 등 점차 이에 대한 관심이 높아지고 있다. 우리나라도 중·고등학교 교과서에서는 이와 관련된 내용을 다루지 않고 있지만 초등학교 3, 4학년의 익힘책과 초등학교 영재 교육 프로그램에 관련 내용이 들어가 있다.

거북 수학의 기초가 되는 생각을 한마디로 표현하면 '수학이 과학의 언어'라는 것이다. 국어나 영어와 마찬가지로 수학은 과학적 지식을 전달하기 위한 '언어'로 여겨진다. 이렇게 따지면 우리 교과목 가운데 국어, 영어, 수학은 생각하고 의사를 표현하는 도구라는 측면에서는 모두 언어와 관련이 있는 셈이다.

우리는 모국어를 어떻게 배웠을까. 날마다 말하고 쓰고 생각하는 과정에서 자연스레 알게 됐다. 이것이 언어를 공부하는 방법이다. 수학 언어도 마찬가지다.

수학에는 두 가지 언어가 있다. 그림 언어와 수식 언어이다. 멀리 갈 것도 없이 참고서를 뒤져 보면 2차 함수 방정식 곁에는 꼭 2차 함수 그래프가 붙어 나온다. 때로는 그림 언어, 때로는 수식 언어를 능수능란하게 구사할 줄 아는 학생이 수학을 정말 잘하는 것이다.

한 노벨상 수상 과학자의 발견에 따르면 인간의 뇌는 좌뇌와

> 수학에는 두 가지 언어가 있다. 그림 언어와 수식 언어다. 그래프와 방정식 등 수학의 도구를 능수능란하게 구사할 줄 알아야 수학을 잘할 수 있다.

우뇌로 나눠져 있는데 이 두 가지는 서로 기능이 다르다고 한다. 하나는 수식을 처리하고 다른 하나는 그림을 처리하는 능력을 갖추고 있다. 그런데 이 두 뇌는 서로 긴밀하게 연결돼 있다. 사고로 좌뇌와 우뇌 사이의 신경이 절단된 환자가 이상한 행동을 보였다는 임상 보고가 많이 나와 있다. 수학 공부도 마찬가지다. 좌뇌와 우뇌가 적절

하게 연결돼 있을 때 수학을 잘할 수 있게 된다.

날마다 말하고 쓰며 모국어를 배웠듯이 수학을 말하고 쓰며 배우려면 어떻게 해야 할까? 먼저 우리 주변의 여러 것을 자신에게 의미가 있는 수학적 언어로 표현하고 설명해야 한다. 예를 들어, 정사각형이 무엇인지 생각해 보자. 독자들의 머리에 그림이 떠오를 것인데, 이것을 남에게 설명하려면 일반적으로 사람들끼리 통하는 개념으로 이야기하거나 또는 그리는 과정을 말하며 직접 그림을 그려 전할 수 있을 것이다.

교실에서 가르치는 정사각형의 정의는 네 변과 네 각의 길이가 같은 도형이다. 그런데 학생들이 운동장에 나가 놀이를 하면서 사각형을 그린다고 생각해 보자. 아이들은 과연 학교에서 배운 사각형의 정의를 충족시키기 위해 한자리에 서서 네 변의 길이가 같은지, 네 각의 각도가 같은지 잴까? 그런 아이는 결코 없을 것이다. 아이들은 막대기를 들고 종종 걸어가면서 네모꼴이 될 때까지 대강 선을 그어 갈 것이다.

패펄트 교수는 이 점에 착안했다. 아이들이 배우는 수학은 중간고사나 기말고사를 치르기 위한 목적 등을 제외하면 실상 그들의 일상과는 큰 관계가 없는 것이다. 하지만 아이들이 땅따먹기 놀이 등을 하기 위해 운동장에서 그리는 네모 등은 그들의 생활과 깊은 관련이 있는 수학이다. 패펄트 교수는 아이들에게 가르쳐야 할 수학은 교실만 벗어나면 까맣게 잊어버리는 그런 수학이 아니라 이처럼 일상생활에서 쓸 수 있는 수학이어야 한다고 생각했다.

누구나 한번은 온통 눈이 쌓인 날 운동장에 발자국을 내며 그림을 그려 본 추억이 있을 것이다. 바닥에 그림을 그릴 때는 다음 두 가지만 하면 된다. 발자국을 내며 앞으로 나아가는 것, 그리고 필요한 곳에서 방향 전환을 하기 위해 도는 것이다. 패펄트는 도형을 그리기 위해서는 앞으로 나가는 것과 방향을 전환하는 두 가지만 알면 모든 것이 해결된다는 것을 깨달았다. 이는 말하자면 도형 공부를 하기 위한 '히딩크의 법칙'이었던 셈이다.

학부모들은 농담으로 여길지 모른다. 하지만 이 두 가지 원리만을 이용해 모든 도형을 정복할 수 있다는 패펄트 교수의 거북 수학 프로그램은 MIT 대학에서 책으로 출간되기도 했다. 대학원생들도 이 책을 보고 공부하고 영감을 얻곤 한다. 이 책에 따르면 직진과 방향 전환, 이 두 가지로 수학적 개념은 물론 물리학의 상대성 원리까지 설명해 낼 수가 있다고 한다. 이 두 가지가 기본 원리이기 때문이다.

수학 공부 방법, '자신의 언어로 되새김질한다.'

아이들이 그린 도형이 그들의 수학 개념이 되기 위해서는 꼭 필요한 한 가지가 더 있다. 자신의 활동을 자신만의 수학 언어로 번역하여 되새김질하는 것이다. 패펄트 교수는 "자신만의 수학 언어로 번역하여 되새김질해야 수학이라고 할 수 있다."라고 말했다. 무조건 도형 그리기 활동을 한다고 수학적 개념이 생겨나지는 않는다는 것이다.

최근 우리 초등학교와 중등학교에서도 수학 수업에서 활동 열풍이 불고 있다. 하지만 맞추기 등의 활동을 할 줄 안다고 그것이 그대로 수학 공부가 되는 것이 아니다.

예를 들어 보자. 숫자에는 많고 적음을 세는 기능과 함께 순서를 표시하는 기능이 있다. 초등학교에서 한 교사가 아이들에게 숫자의 기능을 가르치기 위해 줄을 세울 때 키의 순서대로 세우는 방법을 써 보았다. 이 교사는 한 번은 키 큰 순서대로, 또 한 번은 키 작은 순서대로 줄을 세우는 일을 반복했다. 그랬더니 아이가 집에 와서 엄마에게 "나 오늘 체육하고 왔다."라고 말하더라는 것이다.

이 이야기의 의미를 새겨 보기 바란다. 요즘 퍼즐이다, 맞추기다 해서 수 개념을 키워 준다는 다양한 활동 도구들이 범람하고 있다. 그러나 단순히 끼워 맞추기 활동만을 한다고 해서 수학 실력이 느는 것이 아니다. 되새김질하지 않는 활동은 활동에 그칠 뿐 수학이 될 수 없다.

그렇다면 수학적 되새김질은 어떻게 하는 것일까? 그려 낸 도형에 어려운 수학 공식을 다시 뒤집어씌우는 과정인가. 그렇지 않다. 되새김질을 할 때는 자신만의 쉬운 언어를 써야 한다. 수학을 수학 공식이 아닌 자신의 말로 번역해 보는 것이다. 수학에 쉽게 접근하기 위해서는 이런 과정이 꼭 필요하다. 특히 초등학생 등 어린아이에게는 더욱 절실하다.

또 다른 예를 들어 보자. 초등학교 수학 책에는 방정식이 많이 나온다. 영희와 철수가 각각 얼마씩의 돈을 갖고 있을 경우, 영희의 돈이 철수의 것보다 얼마가 적다면 둘은 각각 얼마를 갖고 있냐는 말인가 따위의 문제를 이런저런 조건을 주어 풀게 한다. 이런 경우 속진 교육을 시키는 곳에서는 답을 구한다며 영희의 돈을 X, 철수의 돈을 Y라고 놓은 뒤 연립방정식을 세워 답을 구하는 법을 가르쳐 준다. 하지만 이는 아주 나쁜 교육 방식이다.

그보다는 주어진 문제를 글로 한번 풀어 써 보게 하는 과정이 더욱 도움이 된다. 프랑스에서는 그런 식으로 수학을 가르친다고 한다. 이 나라에서는 일단 문제의 모든 상황을 글로 풀어 쓸 것을 요구한다. 영희는 어떤 상태며 철수는 어떤 상태인데 둘의 관계는 어떠하다는 식으로 두 아이의 조건을 모두 말로 풀어 써 준다. 수학 언어인 X와 Y를 도입하는 것은 그 다음 단계의 일이다.

이것이 제대로 된 접근법이라고 생각한다. 문제가 무슨 뜻인지도 설명을 못하는 아이들이 수학 언어인 X, Y를 어떻게 알 것인가. 이렇게 수학 언어부터 먼저 배우게 된 아이들은 문제의 뜻은 이해도 못한 채 유형별로 X,Y와 짝 짓는 요령만 배우게 된다. 원리를 이해하는 수학, 뿌리가 있는 수학이 되기 위해서는 자신의 말로 되새김질하는 요령부터 배워야 한다.

수학 공부 하고 싶게 만드는 거북이의 마술

이제부터는 어떻게 '가자' 와 '돌자' 라는 두 마디만으로 어떻게 수학의 여러 법칙을 설명할 수 있는지 살펴보기로 하자. 다음 표에 나오는 정사각형을 그리기 위해 거북이는 어떻게 해야 할까. 앞으로 가고 도는 행위를 네 번 반복해야 할 것이다.

다음의 표는 정사각형이 그려지는 과정을 패펄트의 로고 언어로 정리해 본 것이다. 아이들은 정사각형을 그리기 위해 거북이에게 가자 10, 돌자 90이란 명령을 4번 반복해야 한다.

	활동적 표현	영상적 표현	상징적 표현
L O G O	앞으로 간 후에 90도 회전하는 것을 4번 반복		반복 4{ 가자 10 ; 돌자 90 }

· 가자 x: 앞으로 x만큼 가며 선을 긋는다.

· 돌자 y: 왼쪽으로 y도만큼 회전한다.

· 반복 n{ 명령 }: 명령을 n번 반복한다.

이 그림을 그리기 위해 거북이의 몸은 몇 바퀴나 돌았을까? 한 바퀴다. 거북이는 90도씩 4번 돌아 한 바퀴, 정확히 360도를 돈 것이다. 현행 중학교 1학년 수학 교과서에는 사각형의 외각의 합이 360도라는 사실이 나와 있다. 우리가 중1 때 배우는 수학을 미국에서는 초등학교 5학년이 하고 있는 셈이다. 이때 미국 교실에서는 절대로 외각이라는 말을 쓰지 않는다. 아이들은 그저 거북이와 함께 정사각형을 그리면서 거북이가 한 바퀴, 즉 360도를 돌았다는 사실로부터 사각형의 외각의 합이 360도라는 사실을 자연스레 알게 된다.

이 간단한 사실을 우리의 중학교에서는 증명을 통해 가르친다. 사각형의 외각의 합이 왜 360도인지를 증명하는 것이다. 이렇게 되면 아이들은 지레 공부를 포기하고 만다. 미국의 초등학교 5학년이 쉽게 배우는 사실이 우리 중학생들에겐 너무나 어렵기 때문이다. 게다가 증명은 시험에도 나오지 않는다. 이보다는 아이들이 스스로를 위해 즐겁게 공부하게 만들어야 한다. 관련 사례를 한 가지 들어보려 한다.

MIT 대학 주변 초등학교에 다니는 한 소녀가 있었다. 소녀는 수학 시간에 별을 그려 보고 싶었다. 그런데 학교에서는 날마다 좁은 노트 위에 삼각형이나 사각형을 그리는 것이 전부였다. 별을 그리고 싶어하는 아이에게 그런 수학 시간이 재미있을 리 없었다. 소녀는 패펄트의 'LOGO 거북이 수학' 프로그램을 이용해 마침내 별을 그리고 난 뒤 노트에 이렇게 썼다. "내가 원하는 것을 하기 위해 수학을 써 본 첫 번째 경험이다." 나는 그 말을 듣고 사뭇 감동했다. 그리고 많은 것을 느꼈다. 아이는 지금껏 살아오면서 자기 자신을 위해 수학을 한 경험은 처음이었다고 말했다. 아마 거북이를 만나지 못한 우리나라의 많은 아이들은 지금까지 자신을 위한 수학을 한번도 해 보지 못했을 수도 있다. 그럼 그 아이들은 누구를 위해서 수학 공부를 하고 있을까. 혹시 엄마를 위해서 하는 것은 아닐까. 혹은 기말 고사나 수능을 위해 자신의 삶과 전혀 상관없다고 여기면서도 마지못해 수학 공부를 하는 것은 아닐까.

또 다른 예를 들어보자. 다음 그림은 거북이가 그린, 그러니까 앞에서 얘기한 소녀가 처음으로 자신을 위해 수학을 사용하여 그린 별이다. 우리나라 중학교 1학년 참고서 가운데 저 아랫각의 각도가 몇 도냐고 묻는 질문이 나온다. 좀 어려운 축에 속하는 문제다. 이것을 미국에서는 초등학교 5학년 학생들이 그리고 있다.

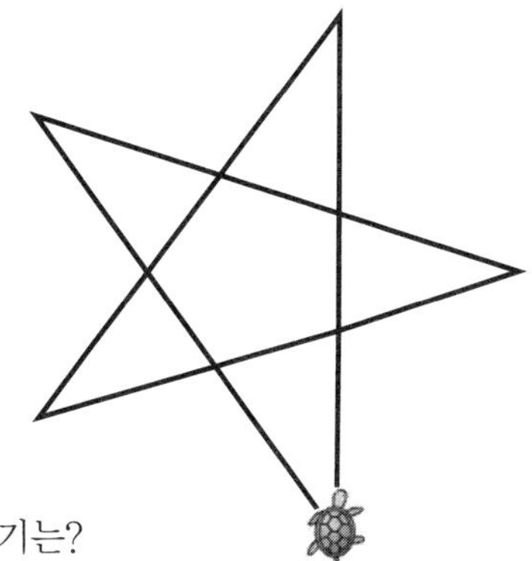

별의 내각의 크기는?

이 별을 그리기 위해서는 '가자 50'을 하고 난 뒤 역시 돌아야 한다. 몇 도를 돌아야 할지 척 봐서는 알 수 없다. 이 별을 그리기 위해 거북이는 모두 몇 바퀴를 돌까? 잘 계산해 보면 그의 몸은 두 바퀴 돈다. 그러면 각도로는 총 720도를 돌게 된다. 720도를 다섯 번에 걸쳐 도는 것이다. 이런 사실을 거북이와 함께 여행하며 자연스레 알게 된 아이들은 별의 내각이 몇 도인지를 금세 알게 된다. 720도를 다섯으로 나누어 144도가 되는 것이다.

이렇게 배우는 아이와 교실에 갇혀 문제 풀이 요령만 익힌 아이의 수학에 대한 직관이나 선호는 하늘과 땅 차이일 수밖에 없다. 어떻게 배운 아이가 창의력을 길러 앞으로 다가올 무한 경쟁 시대에 슬기롭게 대처할 수 있을지는 불을 보듯 뻔하다. 거북이 수학 교실에 대해 더욱 자세히 알고 싶다면 '서울대학교 사범대학 교육매체 제작실' 인터넷 사이트(edunet4u.snu.ac.kr)를 참고하기 바란다.

게임처럼 배우는 수학 공부

대부분의 학부모들이 중등 교육 과정에서 미적분을 배웠다. 하지만 대입 시험 때를 제외하고 미적분을 스스로를 위해 써 본 경험은 거의 없을 줄 안다.

통상 미적분을 이용하여 '최대 최소 조사'를 할 수 있다고 한다. 미국 교과서에는 이런 문제가 실려 있다. 알루미늄 통을 만드는 이가 비용을 아끼기 위해서는 어떻게 해야 할까? 알루미늄을 가장 적게 들여 통을 만들어야 할 것이다. 교과서는 학생이 직접 주유소로 나가 엔진오일 통을 정말 그렇게 만드는지 확인해 볼 것을 요구하고 있었다. 무수한 알루미늄 깡통 가운데서도 엔진오일 통을 고른 것은 엔진오일 통은 모양이 나빠도 상관없기 때문이다. 코카콜라 깡통 등은 손으로 잡기 좋게 만들기 위해 알루미늄을 더 쓰더라도 외관에 신경을 쓰지만 엔진오일 통은 그렇지 않으니 알루미늄 투입을 최소화했을 소지가 충분하다는 것이다. 나는 그 문제를 본 순간 머리를 한 대 얻어맞은 듯했다. 미적분을 수십 년간 공부했지만 슈퍼마켓에 갔을 때 숱한 알루미늄 깡통을 보면서도 그런 의심을 품어 본 적이 없었다. 미적분학을 생활 속에서 연관 짓지 못했던 셈이다.

수학은 이렇게 배워야 한다. 수학을 배워 일상생활에서 쓸 수 있어야 한다. 학부모들은 모두 중·고등학교 수학 시간에 미적분을 배웠을 것이다. 하지만 이제는 아이가 미적분을 가르쳐 달라고 책을 들고 오면 아무 대답도 못해 주는 이가 대부분이다. 오래전에 뭔가 배운 듯은 하지만 미적분이라는 이름 정도를 제외하고는 가물가물할 뿐이다. 이는 수학을 대입 준비용으로 배우기 때문이다. 입시장을 나오면서 수학 지식을 모두 반납하고 나오는 것이다.

스스로 공부에 재미를 붙이면 하지 말라고 해도 공부하게 된다. 재미를 못 붙인 아이는 공부시키려고 학원을 보내도 헛돈만 들 뿐이다. 그러면 어떻게 하면 아이들이 수학 공부에 재미를 붙이도록 할 수 있을까? 자신이 하고 싶은 것을 하게 하면 된다. 그렇다면 아이들이 가장 하고 싶어하고 재미있어 하는 것이 무엇일까? 바로 게임이 아닌가 싶다. 그렇다면 수학을 게임처럼 가르치면 될 일이다. 패펄트의 거북이 수학은 그것이 가능할 뿐만 아니라 정말 효과적이라는 사실을 뚜렷이 보여 준다.

미국은 아이들이 수학에 재미를 붙이도록 하기 위한 곳곳에서 이런 시도를 하고 있다. 미국 정부는 게임처럼 즐길 수 있는 수학 교육 프로그램 개발을 위해 연구비 지원을 아끼지 않고 있다.

현재 한 초등학교에서 영재 프로그램이 아니라 보통 아이들을 위한 수학 프로그램으로서 학생들에게 '거북 수학'을 가르치며 연구하는 중이다. 놀라운 것은 아이들이 재미있어 할 뿐만 아니라 너무나도 과제 수행을 잘 해 낸다는 점이다. 그런 아이들을 통해 요즈음 세대의 학력이 전반적으로 저하되고 있는 것이 아닌가 하는 우려를 한시름 덜게 됐다. 컴퓨터 통신, 핸드폰 등을 어릴 때부터 접하고 자란 요즘 아이들에겐 어른들이 갖추고 있지 못한 그 세대만의 장점이 분명히 있다. 이를테면 컴퓨터를 이용한 그들의 정보 처리력은 문자 세대인 어른들의 그것과는 비교가 되지 않는다.

다음 그림은 초등학교 5학년 아이 네 명이 팀을 짜서 만든 작품이다. 2002년 월드컵 시작 직전 우리나라의 월드컵 16강 진출을 기원하며 아이들이 직접 만든 작품이다. 미국 아이들이 거북 수학을 통해 각도를 계산해 가며 별을 그렸듯 우리 아이들은 그보다 한층 복잡한 수학적인 과제를 처리해 가며 이 그림을 완성해 냈다.

서이초등학교 5학년 학생들의 작품

이런 그림을 그리기 위해서는 한두 가지 계산이 요구되는 것이 아니다. 아이들은 그림을 그린다는 즐거움에 그 숱한 계산 과정을 끈질기게 해 내는 놀라운 집중력을 보여 줬다. 아이들은 그리고 싶은 그림을 그리기 위해 수학을 한다. 그러면서 아이들은 공부를 즐기는 법을 배우게 된다.

이런 수학용 게임들을 개발해야 한다. 반가운 것은 뒤늦게나마 우리의 정책 당국자들도 이런 부분에 대해 눈을 뜨기 시작한 듯하다는 것이다. 아이들에게는 아이들의 언어로 된 수학을 가르쳐야 한다.

총잡이 앞에 폼 잡는 칼잡이식 수학 공부?

미래 사회가 새로운 공부 방법, 새로운 능력을 요구한다는 것은 앞서 얘기한 대로다. 그런데 실제로 우리 아이들의 공부

> "창의적인 상상력이 지식보다 중요하다." 수학 문제 푸는 기술, 계산 기술을 익히지 마라. 계산은 컴퓨터가 훨씬 더 잘한다. 원리를 캐는 수학, 창의적인 수학을 공부하라.

방법은 어떤가. 요즘 아이들이 수학 공부 하는 것을 보면 영화 「인디아나 존스」에 나오는 칼잡이가 생각난다. 이 칼잡이는 존스 박사를 위협하기 위해 칼을 꺼내어 마구 휘두른다. 하지만 칼잡이가 한참 무술을 선보일 동안 미동도 않던 존스 박사는 그가 자신을 향해 칼을 휘두르려 하자 주머니에서 총을 꺼내 한 방에 해결해 버린다. 귀찮다는 듯한 표정으로 칼잡이를 제대로 쳐다보지도 않은 채 총을 쏘던 모습은 아주 인상적이었다.

영화 속 칼잡이는 십 년이 넘게 각종 수학 공식을 공부하며 칼을 갈아 온 우리 수험생의 모습과 닮아 있다. 세상에서 미적분 계산을 가장 잘하는 것은 사람이 아니다. 컴퓨터다. 아이들이 미적분 공부를 아무리 열심히 해도 손톱 만한 연산 장치가 내장된 컴퓨터를 당해 낼 수가 없다. 우리 아이들이 초·중·고 십이 년 동안 수학 실력을 갈고 닦았다 해도 어쩔 수 없다.

사정이 이렇다면 수학 공부를 어떻게 해야 할까. 답은 간단하다. 컴퓨터가 못 하는 수학을 해야 한다. 컴퓨터는 원리를 캐는 일, 창의적인 수학은 할 수 없다. 하라는 대로 할 뿐 스스로 원리를 추구하며 새로운 방법을 착안해 내는 창의성은 없다. 때문에 사람이 하는 수학은 원리의 수학, 창의성의 수학이어야 한다. 그래야 계산 능력에서 사람을 백만 배쯤 앞서는 컴퓨터를 이겨 낼 수 있다. "창의력 및 사고력 교육은 모든 학생에게 필요하다."라고 말한 교육학자 렌즐리의 말을 곱씹어 볼 필요가 있다.

전광석화 같은 지식의 진화 속도, '암기왕' 이 흔들린다

학부모들은 그런 수학을 해서 어떻게 대학에 가겠냐고 반문할지 모른다. 일리 없는 얘기가 아니다. 그래서 우리나라 수학 교육은 좀 바뀌어야 한다는 것이다. 온갖 고생을 하며 수학 공부를 하면서도 일단 대학에 입학하고 나면 아이들은 수학을 까맣게 잊어버린다. 입시가 끝나면 더 이상 쓰지 않을 수학에 이처럼 천문학적인 시간과 돈을 들인다는 것은 국가적으로도 막대한 손실이 아닐 수 없다.

아이들에게 미래에 쓸 수학을 가르쳐야 한다. 지금과 같은 방식으로 수학을 배운다면 국가의 미래가 어둡다.

학부모들 가운데 "우리 아이는 모르는 것이 없다."라고 자랑하는 이가 있다. 하지만 나는 이것이 결코 자랑할 만한 일이 아니라고 생각한다. 온갖 것을 다 아는 아이를 똑똑한 아이라고 생각해 온 우리 문화는 뜻밖에 문제가 많다. 전통적으로 논어, 맹자 등 한문 경전을 암기하는 것을 공부라고 생각해 온 우리나라에서는 지나치게 암기 박사를 치켜세우는 경향이 있다. 이것이 심화되다 보니 수학에서도 '근의 공식' 등 각종 공식을 자다가도 벌떡 일어나 욀 정도로 공부해야 한다고 생각한다. 하지만 미국 수학 교수 가운데 근의 공식을 알고 있는 이는 별로 없다. 우스갯소리로 밖에 나가 우리나라 사람인지 아닌지 알아보려면 근의 공식을 물어보면 대번 판별된다는 얘기를 우리끼리 하곤 한다.

지식은 컴퓨터와 인터넷, 각종 저장 장치 속에 잔뜩 쌓여 있다. 손만 뻗으면 금세 알 수 있는 지식 정보를 왜 굳이 좁은 머릿속에까지 집어넣어야 한단 말인가. 우리는 지식의 암기가 아닌, 지식을 조직하고 활용하는 법을 배워야 한다.

현대 사회에서 지식의 양은 폭발적으로 증가하는데 반해 지식의 수명은 급속히 짧아지고 있다. 컴퓨터 운영 체제로 도스가 사용되던 시절, 나는 한때 도스의 대가로 통했다. 하지만 도스가 윈도우로 대체되면서 나의 지식은 졸지에 무용지물이 되고 말았다. 이처럼 지식의 진화 속도가 너무나도 빠르다 보니 컴퓨터 전공자들의 고생이 이만저만이 아니다. 지인 두 명에게서 전공이나 직업으로 컴퓨터를 택하지 마라는 말을 들은 적이 있다. 한 사람은 IBM에 직원인데 젊은 나이에 초고속으로 승진했지만 그만큼 빠른 은퇴 압력에 시달리고 있다. IT 관련 인재를 집중 육성하는 인도 등의 나라에서 값싸고 젊은 인력이 수시로 노동 시장에 나와 고임금의 중진들을 밀어내기 때문이다. 또 다른 사람은 공대의 컴퓨터 공학 교수다. 그는 급변하는 컴퓨터 지식의 속도를 따라잡는 것이 너무 힘들다고 했다. 평범한 소비자들도 끊임없이 업그레이드되는 컴퓨터의 사양에 적응하기가 빠듯한 판인데 전공자는 더 말해 무엇 하랴.

21세기를 살아갈 자녀의 전공으로는 수학이 좋을 수도 있다는 생각을 해 본다. 현재의 지식이 금세 고물이 되어 폐기 처분되는 컴퓨터 분야 등과는 달리 수학은 2,400년 전에 만들어진 피타고라스의 정리를 아직도 학교에서 가르치고 있지 않은가! 이과 적성의 자녀의 전공으로 수학을 고려해 보는 것도 괜찮은 터이다.

지식의 소비자가 아닌 지식의 생산자로

요지는 우리 아이들을 지식의 소비자가 아닌 생산자로 만들어야 한다는 것이다. 앞으로 어떻게 바뀔지 모르는 게 세상이다. 이제는 인터넷만 두드려 봐도 상품의 가격을 모두 비교할 수 있다. 동네 구멍가게는 파리를 날릴 수밖에 없다. 대단위로 장사하지 않으면 단가를 낮출 수가 없다. 목 좋은 곳에 가게 하나 차려 놓고 이곳을 삶의 터전으로 여든 살까지 버텨 내겠다고 결심하는 배짱이 통할 수 있는 세상이 아닌 것이다.

지식의 소비자가 아닌 생산자가 되어 성공한 이들은 많다. 대표적인 인물로 마이크로소프트 사 회장 빌 게이츠나 영화감독 스티븐 스필버그 등을 들 수 있다. 앞으로 수학 교육의 목표는 창의력과 사고력을 지닌 인물, 지식의 생산자를 만들어내는 데 두어야 할 것이다.

입시를 앞둔 고등학생의 경우는 어쩔 수 없다 하더라도 초등학생이나 중학생을 둔 학부모는 아이에게 창의력과 사고력을 기르는 수학을 가르쳤으면 한다.

> 수학은 학생들이 가장 어렵게 여기는 과목이다. 어릴 때부터 수학 공부를 즐거운 것으로 만들어 줘야 한다. 그러기 위해선 속진 교육을 시킬 것이 아니라 원리 중심으로 게임을 하듯 재미있게 수학을 공부할 수 있게 해야 한다.

이는 꼭 조기 교육이나 영재 교육을 시키라는 얘기는 아니다. 각 시도 교육청에서는 초등학교 고학년 학생과 중학교 학생들을 대상으로 영재 교육을 실시하려 하고 있다. 그런데 영재 선발을 위한 시험이 가세하면 우리나라 풍토로 보아 아이들은 어릴 때부터 입시 전쟁터로 내몰리게 될 것이다. 소수를 위한 영재 교육도 좋지만 모든 아이들을 위한 창의력 교육은 더 중요하다. 초등학생이 고등학교 참고서를 배우는 식의 속진 교육보다는 아이들이 재미있게 원리 중심으로 배울 수 있는 심화 수학을 배우게 해 주는 것이 더욱 바람직하다.

원리를 향해 넓고 깊은 공부를

우리나라의 7차 교육 과정에도 수업 시간 중에 '창의력 재량 시간'이 있다. 그러나 그 시간은 수학 및 영어 보충 수업 시간이 되기 십상이다. 미국 등에서는 창의적 재량 시간을 다양하게 활용하고 있다. 예를 들어 덴버의 한 초등학교에서는 1학년은 공룡을 주제로, 5학년은 고래를 주제로 하여 일 년 동안 수업을 한다고 한다. 또 캐나다 몬트리올의 어떤 학교에서는 일 년 내내 개천만 배운다고 한다. 개천에 살고 있는 다양한 생명체와 주변의 자연환경을 통해 통합적으로 자연을 공부하는 것이다. 창의적 재량 시간은 이렇게 운영되어야 한다. 미국에서는 프린터로 뽑아 와야 하는 숙제보다 손으로 직접 써 오는 숙제를 많이 내며, 인터넷에서 짜깁기하지 말고 도서관에서 직접 책을 찾아 탐구해 올 것을 요구한다고 한다. 세계 제일의 IT 강국인 미국도 공부에서는 그렇게 느린 방식을 선호한다. 우리 아이들은 미국 학교 식으로 공부했다가는 중간 고사, 기말 고사를 제대로 치지 못할 것이 뻔하다. 시험을 잘 치려면 빨리빨리 폭넓게 알아야 하는데 미국식 공부 방법은 하나라도 제대로 아는 것을 중요시하기 때문이다.

아인슈타인은 "창의적인 상상력이 지식보다 더 중요하다."라고 말했다. 이는 정말 중요한 얘기다. 앞으로의 세상이 지식보다 창의력이 더욱 중요한 사회가 되리라는 것은 학부모 대부분이 느끼는 바일 것이다.

비유적으로 얘기하자면 여러 산을 대충 답사하지 말고 한 번이라도 아이들이 산 정상에 제대로 오르는 체험을 할 수 있게 하기 바란다. 산을 제대로 즐기는 방법은 어느 산이든 정상에 서 보는 것이다. 일단 산 정상에 서면 발밑에 깔린 구름 아래로 다른 산들의 풍광도 볼 수 있다. 그런데 우리 아이들의 공부는 산 정상 오르기가 아니다. 여러 산을 두루두루 방문해 산 밑의 등산로 입구에 수도 없이 깔린 음식점에서 빈대떡 맛이나 알아 오는 정도다.

일 년간 공룡만 공부하는 미국의 아이들처럼 무엇 하나라도 지식의 뿌리까지 제대로 알고 넘어가는 게 중요하다. 그러기 위해서는 자신이 좋아서 공부를 해야 한다. 별을 그리던 소녀가 그랬듯 자기 자신을 위해 수학을 써 본 최초의 경험이 그 아이의 인생을 송두리째 바꿔 놓을지도 모른다.

하나라도 확실히 발견하는 경험은 큰 것을 만들기 위한 시작이다. 조기 교육을 한다며 아이들을 온갖 학원으로 내돌리는 것은 좋지 않다. 아이에게 너무 많은 것들을 시키지 않았으면 한다. 원리 하나라도 제대로 가르치는 것이 중요하다. 제대로 깨우친 하나의 원리가 그 아이의 인생에 소중한 힘이 될 수 있다.

수학 공부 바로 하기

- 문제를 많이 푸는 것, 공식을 달달 외는 것은 중요하지 않다. 개념 원리부터 파악하라.

- 속진 교육을 하기보다는 차근차근 수학적 기초를 배양하라.

- 수학 시험은 창의력과 사고력을 측정하기 위한 것이다. 원리를 파악해야 실전에서 어떤 문제가 나와도 당황하지 않고 응용할 수 있다.

백 문제보다
더 나은 한 문제 풀기

용산고등학교 교사 최수일

학생들에게 가장 어려운 과목을 꼽아 보라고 하면 수학이 여지없이 1위를 차지한다. 수학에 '한 맺힌' 것은 수험생들만이 아니다. 그들의 부모 세대도 수학 하면 고개를 절레절레 흔든다. 이처럼 수학은 모두가 대대로 기피하고 있는 과목이다.

얼마 전 인천에서 열린 WISE 수학 행사에 다녀왔다. '여성을 과학과 공학 분야로!(Women into Science & Engineering)'를 모토로 하는 WISE는 일반적으로 남학생에 비해 수학과 과학 성취도가 떨어지는 여학생을 위해 보다 효율적인 학습 프로그램을 개발하자는 여성부의 정책이다.

수학 교사의 입장에서 이런 행사가 열린다는 데 대해 박수를 보내야 하겠지만 한편으론 마냥 기분 좋지만은 않다. 수학이, 학생들이 어려워하고 때론 싫어하기까지 하는 과목이라는 점을 거듭 확인받는 기분이기 때문이다.

수학이 소위 '중요 과목'이다 보니 모든 학생들이 죽으나 사나 신경을 쓰는 게 사실이다. 그러나 관심의 초점이 어긋나 있을 때는 그것조차 마냥 행복하게 받아들일 수만은 없다.

수학을 공부해야 하는 것은 본질적으로 인간 생활에 중요한 학문이며 교양이기 때문이다. 하지만 아이들이 수학에 관심을 갖는 이유는 거의 대부분은 수학이 입시에서 주요 과목이기 때문이다. 이런 식의 관심만 이어진다면 우리나라는 경제적으로나 문화적으로 후진국을 면할 길이 없다.

수학은 학생들이 생각하는 것만큼 어려운 과목이 아니다. 수학이 까다롭게만 느껴지는 것은 인식이 잘못돼 있어서다. 부모 세대의 수학에 대한 편견이 자녀들에게 그대로 이어져 올바른 수학 공부를 자꾸만 방해하는 것이다.

수학은 사교육 시장에서 가장 큰 비중을 차지하고 있는 과목 중의 하나지만 절대 사교육만으로 해결되지 않는 과목이기도 하다. 본인이 노력하지 않고는 공부가 깊어지는 데 한계가 있기 때문이다.

이 장에서는 먼저 수능 수리 영역의 문제 출제 방향과 의도를 짚어 본 뒤 이에 대비하기 위한 학생들의 바람직한 공부 방법을 제시하고자 한다. 잇따라 자녀의 수학 공부에 부모가 어떤 역할을 할 것인지 이야기하려 한다.

수능을 잡으려면 먼저 수능을 분석하라

2005년 입시부터는 수능이 제7차 교육 과정의 적용을 받는다. 이에 따라 여러 가지 변동이 생길 듯하다. 수리 영역은 일단 형식부터 바뀐다. 그전까지 인문 · 자연 · 예체능 계열로 구분돼 온 문제지가 수리 '가' 형과 '나' 형으로 나뉜다. '가' 형은 이전의 자연계 수학이라고 보면 된다. 수학I, 수학II에 미분과 적분, 확률과 통계, 이산수학 중 하나를 선택하도록 했다. '나' 형은 인문계 수학인 셈이다.

학생들은 학과별 입시 요강에 따라 '가' 형과 '나' 형 가운데 하나를 선택해 시험을 치르도록 돼 있다. 때론 '가' 형에도 선택 과목을 지정하는 학교가 있으니 입시 요강을 꼼꼼히 검토해야 한다.

이렇게 모양새는 약간 바뀌지만 출제 방식이나 질문 방식은 거의 변하지 않을 것으로 보인다. 때문에 2005년도 수능 수리 영역 시험 준비도 전과 같은 방식으로 하면 된다. 앞으로의 수능에 대비하기 위해 지난 수능 출제 경향을 분석해 보면 된다는 뜻이다.

수능이 처음 도입된 1994년부터 2004년까지 11년간의 수능 기출 문제 분석을 통해 수능이 학력고사와 다른 점, 수능의 평가 요소 등을 짚어 보려고 한다. 특히 학생들의 이해력을 측정하는 부분에 대해서는 실례를 통해 보다 깊숙이 검토해 보도록 하자.

1. 창의력 · 사고력 시대의 수능, 학력고사와 다르다

수능은 예비고사나 학력고사와는 판이하게 다르다. 일단 학부모들이 그 차이를 알아야 자녀의 수학 공부를 올바른 방향으로 이끌 수 있다. 수능과 학력고사와의 차이점을 네 가지로 정리해 보자.

(1) 사지선다형에서 오지선다형으로

우선 학력고사에서는 네 개였던 문제의 보기가 수능에서는 다섯 개가 됐다. 변화는 그저 보기가 산술적으로 하나 더 늘어났다는 데 그치지 않는다.

학력고사 문제에서 보기는 대부분 답 고르는 데만 필요했다. 달리 말하면 학력고사 문제들은 말이 객관식이지 풀이 과정을 보면 주관식과 다름없었다. 보기가 있어도 수험생들은 일단 문제를 풀어 답을 내야 했다. 답이 보기 가운데 몇 번인지 골라 내는 것은 그 후의 문제였다. 이처럼 학력고사 시대에는 문제를 풀어 나온 답을 기계적으로 보기와 비교해 일치하는지 여부만 판별하면 그만이었다.

수능의 보기는 역할이 다르다. 답 고르는 것만이 목적이라면 보기가 다섯 개든 열 개든 학력고사와 다를 바 없다. 수능에서 보기는 문제 해결의 실마리다. 보기들이 저마다 정보를 지니고 있어 학생들의 문제 풀이를 도와준다. 수능 시험은 문제만 읽어 보고 푸는 것이 아니라 보기 다섯 개를 함께 읽어야 한다. 그래야 답이 쉽게 나온다. 보기를 철저히 읽어 이 가운데 어느 것이 답이 될 가능성이 높은지 살펴보는 것이 문제를 이해하는 지름길이 된다.

이런 사정을 이해하지 못한 수능 초창기의 문제집들은 단순히 답 고르는 보기가 네 개에서 다섯 개로 늘어난 것으로 간주, 과거의 학력고사 문제집에 ⑤번 보기만 추가 인쇄하여 내보내곤 했다. 그 결과 당시 일부 수능 문제집의 수리 영역에는 ⑤번 답이 하나도 없는 어처구니없는 일들이 일어나곤 했다.

(2) 수학적 직관을 중시하라

학력고사의 수학 시험이 문제 풀이 능력을 평가하는 데 초점을 두었다면 수능은 계산 능력보다는 사고 과정을 측정하는 데 주안점을 둔 시험이다. 계산 벌레보다는 창의력과 사고력을 지닌 학생들이 높은 점수를 받게 하자는 것이 출제 의도다.

이에 따라 수능에서는 수학적 직관이 문제를 푸는 데 도움이 될 큰 동력으로 떠올랐다. 사실 수학은 직관으로부터 시작되는 과목이라고 해도 과언이 아니다. 머릿속에 떠오른 수학적 느낌이나 감정을 체계화하는 과정에서 많은 수학적 발견이 이뤄졌다. 수능 출제 위원들도 수학의 이런 속성을 감안, 학생들의 직관력을 예리하게 포착할 수 있는 문제들을 개발하기 시작했다. 학력고사에서는 별로 중요시되지 않았던 수학적 직관이 이제 수능 시험장에서 대접받기 시작한 셈이다. 하지만 직관적 사고로 해결할 수 있는 문제가 지나치게 많이 출제되면서 때로 "수능이 아이큐 테스트여야 하는가?"라는 비난이 일기도 했다.

(3) 생활 속 학문으로서의 수학

'통합적 소재'란 수학 교과서에 국한하지 않고 다른 과목이나 일상생활 등 다양한 곳에서 문제의 소재를 가져오는 것을 말한다. 최근 수능에서는 이런 출제 의도가 잘 살려지지 않고 있다. 난이도 조절에 비상이 걸린 교육 당국이 통합적 소재의 문제를 내면 아이들 점수가 낮아질까 우려하여 무늬만 '통합'일 뿐 실제는 '토막'과 다름없는 소재에서 벗어나려 하지 않았기 때문이다.

> 수능 수리 영역은 계산 능력보다는 사고 과정을 측정하는 데 주안점을 둔다. 수학적 직관을 중시하라.

하지만 통합적 소재의 문제는 학력고사에서는 '무늬' 조차도 나오지 않던 것이다. 이런 문제들을 수능에서 출제하기로 한 것은 수학 교육의 목표 가운데 하나가 '수학의 실용화' 이기 때문이다. 많은 이들이 잊고 있겠지만 고등학교에서 수학 공부를 하는 중요한 이유 중의 하나는 수학적 지식과 능력을 길러 생활 주변의 문제를 해결하거나, 다른 과목의 학습에 적극적으로 활용하기 위한 것이다. 그렇게 본다면 수학 문제의 소재를 실생활에서, 또는 다른 과목의 기초적인 원리 등에서 가져오는 것은 너무나도 자연스러운 일이다.

(4) '교과서 차례' 와 같은 문제 배열이 아닌 평가 요소별 배열로

학력고사 수학은 교과서에 실린 차례대로 문제가 나왔다. 이에 따라 1번 문제는 어김없이 집합과 명제에서 나왔으며 마지막 문제는 항상 확률과 통계에 관한 것이었다. 이렇다 보니 제약이 한두 가지가 아니었다. 일단 난이도 조절이 어려웠다. 집합과 명제는 1번 문제이니만큼 절대로 어렵게 낼 수 없었다. 반면 뒤의 단원으로 갈수록 난이도는 점점 높아졌다. 배열된 순서만 봐도 문제가 어떤 단원에서 나온 것인지 짐작할 수 있었기 때문에 출제 의도도 쉽사리 노출됐다.

이런 단점들을 보완하기 위해 수능은 교과서 차례가 아니라 평가 요소에 따라 문제를 배열한다. 단순한 계산 문제를 가장 앞에 놓고 이어 이해와 추론 문제를 배열한 뒤 마지막으로 난이도가 가장 높은 수학적 문제 해결 능력을 평가하는 문제들을 싣는다. 이렇게 되면 집합에서도 어려운 문제를 내어 시험지 뒤쪽으로 뺄 수 있고 미적분도 쉽게 출제해 앞으로 돌릴 수 있다. 자유자재로 문제의 난이도를 조절할 수 있게 되는 것이다. 학력고사와 차별화되는 수능의 가장 중요한 특징이라고 볼 수 있다.

2. 수능 당락 결정하는 네 가지 평가 요소

앞서 말한 대로 수능 수리 영역의 평가 요소는 계산, 이해, 추론, 문제 해결 능력 등 네 가지다. 2004년도 수능까지는 수리 영역 시험지를 받아 보면 첫 장은 어김없이 계산 문제였다. 이해와 추론 문제가 각각 다음 두 쪽씩을 차지했다. 그 뒤 한 쪽 반 정도는 문제 해결 능력을 측정하는 문제가 나오고, 마지막 한 쪽 반은 주관식 문제로 채워졌다. 학력고사에서는 문제 해결 능력이 거의 당락을 좌우했다. 지금은 이해 문제에서 당락 결정도가 갈수록 높아져 가고 있다. 수능이 생기면서 이해와 추론 문제가 중점적으로 늘어났다. 각 평가 요소별로 어떻게 공부해야 하는지 짚어 보자.

> 기출 문제를 풀어 보라. 수능 수리 영역의 평가 요소는 계산, 이해, 추론, 문제 해결 능력이다. 평가 요소별로 어떻게 공부해야 하는지 미리 짚어 두면 실전에 큰 도움이 된다.

(1) 계산 능력

기본적인 계산 법칙 및 약간의 관련 지식만 있으면 쉽게 해결할 수 있는 문제들이다. 문제 풀이 과정에서 어떤 중대한 판단이나 결정 등을 요구하지 않는다. 주로 지수와 로그의 계산, 행렬과 적분법 등의 단원과 관련된다. 기본 계산 법칙을 철저히 알고 넘어가야 한다.

(2) 이해 능력

수능 수리 영역 문제는 대부분 이해 능력과 관련돼 있다 해도 과언이 아니다. 수능의 취지가 정답보다 정답에 이르는 사고 과정 자체를 중시하겠다는 것이기 때문이다. 따라서 수학 공식만 달달 외워서는 안 되며 답으로 유도하는 과정을 분명히 공부해 두어야 한다.

수학은 '왜 그렇게 되는가?' 라는 물음에 대한 답을 찾는 공부다. 수학적인 개념들을 충분히 이해해 두고 있어야 한다. 이해가 잘 안 되니까 외우겠다는 식으로 공부해서는 수능의 벽을 뚫을 수가 없다. 여러 가지 수리적 표현(기호나 부호, 식, 도형, 표, 그래프 등)을 개별적으로 아는 것도 중요하지만 이들 사이의 상호 관련성도 항시 염두에 둬야 한다.

(3) 추론 능력

증명 과정을 묻는 문제들은 대부분 보기의 문장들을 잘 살펴 읽어 나가면 쉽게 해결된다. 중학교에서 배운 쉬운 기하 문제나 논리적으로 사고하는 법, 수학적 귀납법 등을 잘 익혀 두면 도움이 된다. 간혹 계산 과정을 묻는 좋지 않은 증명 문제가 나올 때도 있다. 하지만 이런 문제는 오히려 쉽게 풀린다.

추론 문제는 대부분 귀납적 사고를 요한다. 차근차근 중간 결론들을 밟아 나간 뒤 일반적인 형태를 추론해야 한다. 수열의 기본적인 내용만 알고 있으면 충

지피지기 백전백승! 수능을 먼저 분석하라.

· 계산 문제- 지수와 로그의 계산, 행렬과 적분법 등의 단원에서 나오는 기본 계산 법칙.

· 이해 문제- 수능 고득점의 관건이다. 주로 수능 수리 영역 시험지 2~3쪽에 나오며 계산으로 풀려고 하기보다는 머리를 써서 풀어야 한다. 기호, 부호, 식, 도형, 그래프 등의 상호 관련성을 염두에 둬야 한다.

· 추론 문제- 증명 과정, 기하 문제나 논리적으로 사고하는 과정, 수학적 귀납법을 묻는다.

· 문제 해결 능력 측정 문제- 종합적인 사고를 묻는 문제. 속도, 거리 등 간단한 개념만 알면 해결되는 것도 있지만 대체로 어렵다. 평소에 한 가지 문제 풀이 방법만 익혀 두지 말고 문제를 다각도로 접근하는 태도를 길러라.

분히 해결되는 문제들이 대부분이다. 그러나 귀납적 사고로 풀리지 않는 문제들은 점화식을 구해 보는 것이 좋다. 그 밖에 논리적인 사고 과정을 묻는 추론 문제들, 즉 범인 찾기나 비둘기 집의 원리 등도 문제를 풀어 가며 연습해 둬야 한다. 수형도를 이용해 경우의 수를 구하는 문제도 풀어 볼 필요가 있다.

(4) 문제 해결 능력

종합적인 사고력을 측정하기 위한 문제가 대부분이다. 외적 문제 해결 능력을 묻는 문제는 일상생활이 소재가 되곤 한다. 뜻밖에 속도, 거리 등에 대한 간단한 개념만 알면 해결되는 문제가 많다. 반면 내적 문제 해결 능력 문제는 다소 어렵다. 평소에 한 가지 문제 풀이 방법만 익혀 둬선 곤란하다. 문제에 다각도로 접근하는 태도를 길러야 한다. 식으로만 풀려고 하기보다 도형을 관련시켜 본다든지 특수한 값을 대입해 보는 등 다각도로 접근해 보면 문제를 파악하기가 한결 수월해진다.

3. 이해 문제를 정복해야 수능을 잡는다

수능 고득점의 관건이 되는 것은 문제 해결 능력을 묻는 어려운 문제가 아니다. 수능 시험지 여덟 장 중 1쪽의 쉬운 계산에 이어 2~3쪽에 자리 잡고 있는 이해 문제가 관건이다. 문항 번호로는 대개 13번 안쪽의 문제들이다. 수리 영역 시험 시간의 초반부터 이해 문제를 풀도록 돼 있는 셈이다.

이런 문제들은 어쩌면 수험생보다는 인생을 많이 산 어른들이 더 잘 풀 수 있는 문제일지도 모른다. 수학 수식이나 공식 등을 아는 것보다 문항을 제대로 이해하는 것이 해결의 열쇠가 되는 것들이기 때문이다. 계산을 많이 안 하고 이해력만으로도 풀 수 있다는 특성 때문에 출제 위원들은 문항 개발 중에 기가 막힌 것들이 나오면 주로 이해 문제 쪽에 배치를 하곤 한다.

반면 학생들은 오히려 고전하는 경우가 많다. 이해를 하기보다 계산을 하려 들기 때문이다. 그런데 이해 문제들의 또 다른 특성은 계산을 하려고 하면 과정이 한없이 길어져 복잡한 수식의 구렁텅이로 빠져 들기 쉽다는 것이다. 이해 문제를 계산으로 풀려다 이리저리 꼬인 나머지 시간을 낭비하면 수리 영역 시험 결과에는 치명적인 악영향을 미칠 수 있다. 모의고사 등에서 갑자기 평소 실력보다 점수가 한참 덜 나온다거나 하는 일이 생기면 십중팔구는 이해 문제에서 막혀 시간을 보내다 조급해진 나머지 이후의 문제들을 차분하게 훑어볼 여유를 잃어버리기 때문이다.

> 수능 문제를 풀 때는 계산부터 하려 들지 말고 출제 의도를 파악하라. 계산을 하지 않고 머리를 써서 풀어야 쉽게 답이 나오는 문제도 종종 있다.

대부분의 경우 이해 문제를 계산으로 풀려고 하는 것은 가장 어렵게 푸는 방법일 것이다. 이해 문제는 머리를 써서 풀어야 한다. 이해 문제를 갈수록 중요시하는 이유는 계산 천재보다는 사고력으로 수학을 정복하는 학생을 더 선호한다는 뜻이며 그런 학생이 대학에 가야 한다고 보는 것이다. 물론 이런 의도가 해마다 문제에 제대로 반영됐는지는 미지수다. 하지만 수학에 선택 과목이 도입되는 2005년 이후 이런 경향이 강화될 것만은 분명해 보인다.

이해 문제를 풀 때는 연필을 잡지 말고 '뒷짐을 지고' 풀어야 한다. 연필에 의존하는 대신 생각을 시작하면 연필 잡고 빨라야 3분에 풀 것을 1분 30초면 해결할 수 있다.

이제 수능에서 이해 능력을 묻는 문제들이 어떤 식으로 출제돼 왔는지 기출 문제를 통해 알아보자.

두 다항식 $(1+x+x^2+x^3)^3$, $(1+x+x^2+x^3+x^4)^3$의 x^3의 계수를 각각 a, b라 할 때, $a-b$의 값은? 〈1994 1차 수능 5번〉

① $4^3 - 5^3$　　② $3^3 - 3^4$　　③ 0　　　　④ 1　　　　⑤ -1

이 문제는 수능이 도입된 1994년 첫 번째 수능 시험에 나온 첫 이해 문제다. 쉬운 계산 문제들이 실린 첫 페이지를 넘기자마자 두 번째 페이지 첫 문제로 실려 있었다. 이 문제를 접한 학생들과 교사들의 반응은 당혹스러움 자체였다. 나 역시 '출제 위원들이 아무리 교수라 해도 고교 교육 현장의 현실을 너무 모르는 것 아닌가.' 라고 생각했다. 고등학교 교과서에는 4차를 넘는 다항식은 거의 나오지 않는다. 3차 다항식이이라 해도 항이 네 개나 되는 것을 세제곱하는 공식 등은 실려 있지 않다.

시험 감독관으로 들어가서 학생들이 과연 이 문제를 어떻게 푸는지 관찰해 보았다. 아니나 다를까 아이들은 시험지 여백에 다항식들을 써 놓은 뒤 이를 크로스 체크로 전개하며 곱해 가는 것이었다. 이렇게 해서 틀린 아이도, 맞은 아이도 있었다. 하지만 틀린 아이 못지않게 맞은 아이도 결코 유쾌할 수 없었다. 그 많은 곱셈을 해 내느라 엄청난 시간을 허비했기 때문이다.

나중에 우연히 출제 위원을 만날 기회를 가진 나는 이 문제를 떠올리게 되었다. 그래서 "아이들에게 너무 무리한 요구 아니냐."라고 따져 물었다. 그랬더니 돌아온 대답은 "답이 될 만한 것은 3번뿐이다. 그것을 파악할 줄 아는 것도 머리다."라는 것이었다.

이 문제를 풀기 위해서는 x^3항의 계수만 따지면 된다. 그것을 알고 보면 두 식에서 필요한 계수는 똑같다는 것을 직관적으로 이해할 수 있다.

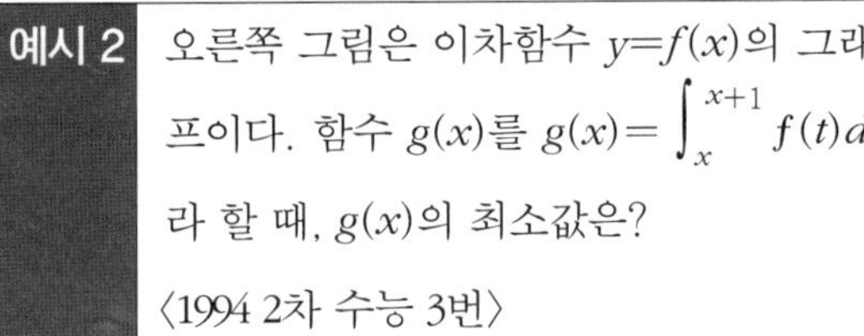
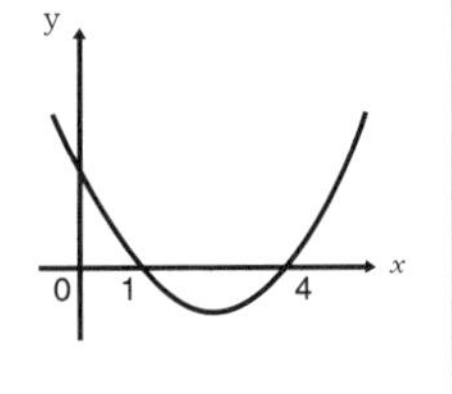

예시 2 오른쪽 그림은 이차함수 $y=f(x)$의 그래프이다. 함수 $g(x)$를 $g(x)=\displaystyle\int_{x}^{x+1} f(t)\,dt$ 라 할 때, $g(x)$의 최소값은?

〈1994 2차 수능 3번〉

① $g(1)$　② $g(2)$　③ $g\left(\dfrac{5}{2}\right)$　④ $g\left(\dfrac{7}{2}\right)$　⑤ $g(4)$

이 문제에 대해서도 다양한 접근이 가능하다. 문제를 고지식하게 접근하려고 들면 이차함수를 구하여 직접 정적분 계산을 하면 된다. 하지만 그러려면 상당한 미적분 지식이 있어야 한다. 정적분의 정의만 제대로 이해하고 있으면 계산하지 않아도 바로 답이 나오는 문제를 미분까지 동원해 풀어 보려는 것은 넌센스다. 답지의 구성에서 출제 의도를 바로 읽을 수 있다. 최소가 되는 x값을 찾으라는 것이지 계산을 하라는 뜻이 아니다.

오른쪽 그림과 같이 1부터 9까지 숫자가 쓰여진 표적이 있다. 5명의 사격선수 A, B, C, D, E가 10발씩 사격하여 맞춘 10개의 수의 평균이 모두 5가 되었다. 5명이 사격한 결과는 다음과 같다.

1	2	3
4	5	6
7	8	9

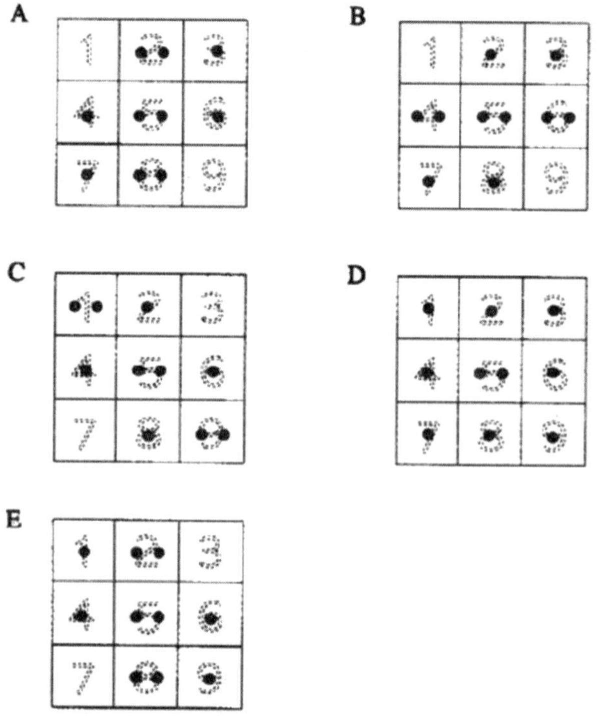

5명 중 맞춘 10개 수의 표준편차가 가장 작은 사람은?
〈1998 수능 11번〉

① A　　② B　　③ C　　④ D　　⑤ E

이 역시 표준편차를 일일이 계산하라고 요구할 성질의 문제가 아니다. 표준편차를 계산하는 복잡한 식을 외우고 있는 학생은 별로 없다. 숫자들이 평균에서 떨어져 있는 범위가 가장 좁은 보기를 찾으면 되는 것이다. 편차의 개념만 이해하고 있으면 보기를 눈으로 훑어만 봐도 풀리는 문제다.

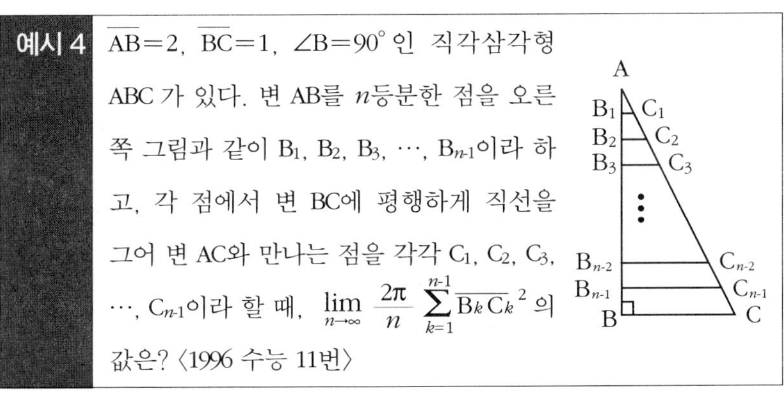

예시 4 $\overline{AB}=2$, $\overline{BC}=1$, $\angle B=90°$ 인 직각삼각형 ABC 가 있다. 변 AB를 n등분한 점을 오른쪽 그림과 같이 B_1, B_2, B_3, $\cdots$, B_{n-1}이라 하고, 각 점에서 변 BC에 평행하게 직선을 그어 변 AC와 만나는 점을 각각 C_1, C_2, C_3, $\cdots$, C_{n-1}이라 할 때, $\displaystyle\lim_{n\to\infty}\frac{2\pi}{n}\sum_{k=1}^{n-1}\overline{B_k C_k}^{\,2}$ 의 값은? 〈1996 수능 11번〉

이 문제는 학생들을 당혹스럽게 했던 수능 첫 이해 문제가 나온 지 2년이 지나 다시 한번 학원가를 술렁이게 한 문제다. 이런 문제가 나오면 학력고사 세대는 극한으로 풀 것인가 적분으로 풀 것인가를 고민했다. 이럴 때 문제가 교과 순서대로 배열되는 학력고사에서는 문제의 위치에 따라 풀이 방법을 달리 하면 됐다. 즉 미분 뒤에 놓이면 적분으로, 미분 앞에 오면 극한으로 풀었던 것이다.

하지만 수능은 적분이며 극한 등을 '모른다'. 단지 세 번째 페이지 11번 문제라는 점, 즉 배열 순서로 봐서 이 문제는 이해로 풀어야 한다는 힌트 정도만 얻을 수 있을 뿐이다.

이 문제에 대해 시중의 문제집은 다양한 풀이를 내놨다. 십중팔구는 삼각형 닮음의 성질을 이용한 한 변의 길이 계산식, 자연수 수열의 합을 구하는 공식, 극한값 계산 방법 등 각종 공식을 이용, 서너 단계를 거쳐 가도록 하는 풀이였다. 물론 그렇게 해도 풀리긴 풀린다. 하지만 아무리 계산이 빠른 아이라도 이 문제를 풀려면 3~4분은 걸린다. 한 문제를 2분 안에 풀어야 하는 수능 수리 영역에서 또 다른 한 문제가 날아가 버리는 것이다.

내가 봤던 가장 멋진 풀이는 대부분의 참고서에서 무시한 π에 주목한 것이었다. 이 문제에서 π를 준 이유는 단 하나밖에 없다. 원의 넓이를 생각하라는 것이다. 이런 힌트를 알아채면 저 식의 뜻이 옆의 그림에서처럼 원뿔의 부피를 구하라는 것임을 이해할 수 있다.

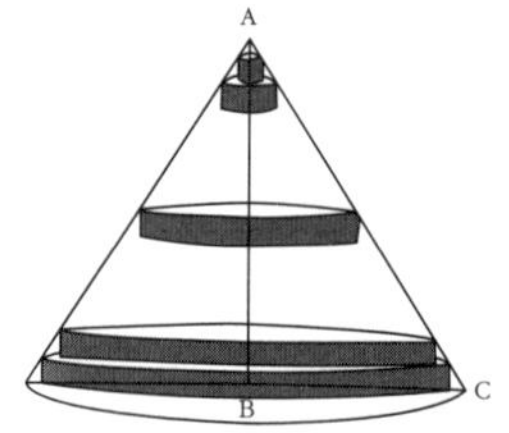

> **예시 5** 5차 이하의 모든 다항함수 $f(x)$에 대하여
> $$\int_{-1}^{1} f(x)\,dx = f\left(-\sqrt{\tfrac{3}{5}}\right)a + f(0)b + f\left(\sqrt{\tfrac{3}{5}}\right)a$$ 를 성립시키는
> 상수 a, b를 순서대로 나열한 것은? 〈2002 수능 7번〉

$$① \ \frac{4}{9}, \ \frac{10}{9} \qquad ② \ \frac{5}{9}, \ \frac{8}{9} \qquad ③ \ \frac{2}{3}, \ \frac{2}{3} \qquad ④ \ \frac{7}{9}, \ \frac{4}{9} \qquad ⑤ \ \frac{8}{9}, \frac{2}{9}$$

5차 함수라는 말만으로도 학생들을 긴장시킨 문제다. 앞서도 말했듯 고교 교과서는 주로 3차 함수 정도를 다루는 게 고작이기 때문이다. 분수의 부리수에 대한 함수값을 계산하라는 요구에 학생들은

더욱 난감했다.

대부분의 학생들이 5차 함수의 일반식을 놓고 계산으로 문제를 풀어 나갔다. 그렇게 해도 풀리긴 풀리지만 엄청난 시간 낭비와 신경 소모를 감수해야 한다. 이 문제는 2페이지 7번 문제였다. 배열 순서로 보아 이해로 풀어야 하는 문제임이 분명했다.

그렇게 접근하고 보면 출제자가 던진 중요한 단서들이 눈에 들어온다. 우선 5차 함수가 아니라 5차 이하라고 말했으며 다항함수라는 단서도 던졌다. 적분 구간이 −1에서 1까지 원점을 중심으로 대칭이라는 것도 우함수를 떠올릴 수 있게 해 주는 결정적 힌트가 된다. 또한 다들 싫어하는 분수의 무리수를 주었다. 이렇게 무리수를 준다는 것은 얼른 제곱해서 유리수로 만들라는 의미다. 5차 함수가 아니라 1과 x^2 정도의 간단한 함수면 충분한 문제다.

이처럼 이해 문제들을 풀 때 출제 의도를 파악하지 못하면 고생길로 접어들기 십상이다. 이해 문제에서 막혀 버리면 수리 영역 전체를 그르치기 쉽다. 어느 해인가 이해 문제 여덟 개 중 네 개가 아주 까다롭게 나온 적이 있었다. 이렇게 되면 아이들은 다른 문제가 아무리 쉬워도 시험을 망친다. 상대적으로 시험 초반인 2~3페이지에 자리 잡고 있는 데다가 눈으로 보기에는 조금만 계산하면 금세 답이 나올 것 같기 때문에 아이들이 좀체로 포기를 못하는 탓이다. 이해로 풀어야 할 문제를 계산으로 풀다가 꼬이고 꼬여 계산이 자꾸 길어지다 보면 십 분이 금세 지나간다. 이 정도로 시간을 잡아먹고 나면 뒤에 아무리 쉬운 문제가 나와도 손도 못 대고 그냥 나와야 한다.

이해 문제에 약한 우리 아이들의 현실은 우리 수학 교육의 현주

소를 그대로 보여 주는 듯하다. 아이들은 많은 문제를 유형별로 빨리 풀도록 훈련돼 있기 때문에 조금만 익숙하지 않은 문제가 나와도 속수무책이 되고 만다.

이해 문제는 학생들에게 좀 가혹한 측면이 없지 않은 게 사실이다. 출제 의도는 행간에 숨겨 놓고 정작 문제에서는 마치 딴 얘기하듯 능청을 떤다. 하지만 이해 문제를 잘 푸는 아이들이 분명히 있다. 이는 피치 못할 변별력 장치다. 이 산을 넘어야만 수학 만점이 가능해진다.

그렇다면 이해력 문제를 정복하기 위한 해법은 없을까? 다른 방법이 없다. 사고하지 않으면 당할 수밖에 없다. 창의력, 사고력으로 수학을 해야 하는 것이다. 수능은 이런 능력을 측정하고자 하는 것이다. 출제 위원들이 대부분 원리로 수학에 접근하는 대학 교수들이기 때문이다.

올바른 수학 공부법: 지름길보다는 꾸준한 산책길

수능 수리 영역의 실제 문제들을 함께 풀어 본 것은 수학 공부 방법에 대한 힌트를 주기 위한 것이었다. 수학이 쉽게 성적이 오르지 않는 과목이어서인지 시중에는 수학 공부 방법에 대한 갖가지 처방전들이 나돌고 있다. 하지만 특효약은 없다. 누구나 경험해 봤겠지만 수학이란 즉효 약을 구할 수 있는 녹록한 과목이 결코 아니다. 아래에 소개할 수학 공부 방법들은 오래도록 달여 먹어야 하는 한약 같은 것이라는 점을 잊지 말자.

1. 수학, 개념부터 이해하라

수학에서 기초가 중요하다는 것은 당연한 얘기다. 아주 간단하다. 기초만 튼튼히 다지면 수학 공부는 해결이 된다는 것이다. 그런데도 많은 사람들이 이 단순한 방법을 실천하지 못해 수학 공부에 실패를 거듭하고 있다. 왜 그럴까? 생각보다 기초를 다지는 일이 어렵기 때문이다. 문제를 많이 풀고 수학 공부하는 시간을 늘린다고 해서 기초가 다져지지는 않는다.

아이가 입시를 앞두면 학부모들은 마음이 급해져 아이가 기초부터 잘 이해하고 있느냐를 따지기보다 무조건 많은 문제를 풀길 바란다. 숙제를 많이 내줘 아이가 책상머리에 몇 분이라도 더 붙어 있게 만드는 학원을 선호한다. 숙제가 많아지면 아이는 이를 빨리 해치워야 조금이라도 쉴 시간이 생기므로 문제들을 대강 풀어 버린다. 학교에서 프린트물을 나눠 주고 풀어보라고 하면 아이들은 거의 기계적으로 펜을 움직인다. 문제에 어떻게 접근해야 할지 생각해 보는 경우라곤 거의 없다. "그 문제는 이렇게 접근하면 어떨까?" 하고 유도하면 생각도 못했다며 놀란다.

이는 생각하면서 문제를 푸는 습관을 들여 놓지 않았기 때문이다. 사고하지 않고는 수학의 기초를 닦을 수 없다. 기초란 바꿔 말하면 '중요한 수학'이라고 할 수 있다. 수학의 많은 내용 중에 '중요한 수학'이 따로 있다. 이 '중요한 수학'을 잘 다지지 않은 상태에서 많은 문제를 풀어 봤자 쓸데없이 시간만 낭비하는 것이다.

우리나라는 아직 이에 대한 개념 정립이 제대로 안 돼 있지만 '중요한 수학'을 따지는 것은 이미 국제적인 추세다. '중요한 수학'이란 고금을 통틀어 학생들에게 꼭 가르쳐야 할 수학적 내용을 일컫는다. 교과서에 나오는 정의와 정리, 다양한 성질들이 여기에 속한다. 문제를 푸는 목적은 단순히 답을 맞추기 위해서가 아니다. 문제를 통해 '중요한 수학'의 내용을 확실히 짚고 넘어가기 위한 것이다.

나는 고등학교 때 집안 형편이 넉넉지 못해 수학 교과서 이외의 참고서를 거의 보지 않았다. 그래도 수학을 좋아했고 수학 때문에 애먹은 기억이 별로 없다. 교과서의 문제를 풀 때마다 항상 그 문제의 근거가 되는 정의와 정리, 공식 등에 대해 그것이 왜 그렇게 정립된 것인지 생각하고 고민했다.

이렇게 수학의 뿌리부터 생각과 고민을 거듭한 덕에 친구들이 수학 문제를 물어 오면 알기 쉽게 설명해 줄 수 있게 되었다.

그 흔한 정석책 한 권 없었지만 나중에는 친구들이 질문해 오는 문제만 다 풀어도 책 한 권을 사 본 것과 다름없게 됐다. 스스로 이해한 지식을 친구들에게 설명하여 납득시키는 과정 자체에서 재미를 느끼기도 했다.

중요한 개념을 제대로 이해하기 위해 많은 문제를 풀 필요는 없다. 한 문제를 풀더라도 무슨 개념에 근거한 것인지를 정확히 이해해 가며 풀어야 한다. 또한 무엇보다 자신이 이해한 내용을 다른 사람에게 알아듣기 쉽게 설명할 수 있어야 한다. 원리에 대한 이해 없이 풀이법만 익혀 풀어 낸 문제는 시간이 조금 지나 다시 풀어 보라고 하면 못 풀게 되기 쉽다. 뿐만 아니라 같은 유형의 문제라도 풀이 과정이 조금만 어려워지거나 응용을 요해도 손을 못 대게 되고만다.

　학부모들은 아이에게 한 문제라도 더 풀라고 종용하는 대신 여러 가지 수학 원리들을 스스로 이해해 보라는 과제를 던져 주는 것이 좋다. 아이의 설명을 학부모가 이해한다면 아이는 그 부분을 확실히 아는 것이지만 학부모가 이해를 못하면 아무리 문제를 잘 풀어도 그 부분에 대한 아이의 이해는 취약하다고 봐야 한다.

　나는 반 아이들에게 중학교에 다니는 동생에게 3차 방정식을 가르쳐 보라고 권하곤 한다. 2차 방정식밖에 모르는 중학생에게 3차 방정식을 가르치려면 본인부터 인수정리에 대한 확실한 개념이 서 있어야 한다. 그렇지 않으면 자신보다 수준이 낮은 아이에게 그 아이의 수준보다 한 단계 어려운 공부를 가르치는 것이 불가능하다.

　자기가 푼 문제를 설명할 수 있을 때까지 그 문제를 놓아서는 안 된다. 문제에 사용된 중요한 개념을 겉핥기로만 알고 지나쳐서도 안 된다. 하나를 알더라도 정확하게 공부하면 많은 문제를 풀지 않아도 기초가 쌓이게 된다. 기초만 쌓이면 같은 유형의 다른 문제는 언제 어디서도 별 무리 없이 풀 수 있게 된다.

　기초가 튼튼한 학생은 학년이 올라가고 진도가 나갈수록 위력을 발휘한다. 똑같은 시간을 공부해도 기초가 부실한 학생보다 훨씬 빨리 많은 것을 습득하고 소화하게 된다.

　수학은 기초가 확실하지 않으면 절대 그 다음 내용을 제대로 공부할 수 없도록 돼 있는 과목이다. 중학교 3학년 때 삼각비를 제대로 이해하지 않고 넘어갔다면 고등학교에 올라와 삼각함수를 배울 때 헤맬 수밖에 없다. 이런 학생들은 중학교의 삼각비 단원으로 되돌아가야 한다. 또 삼각비를 공부하다가 피타고라스의 정리나 삼각형의 닮음의 성질이 이해가 안 되면 중학교 2학년 '닮음' 단원으로 더 내려가야 한다. 이렇게 내려가다 보면 자신이 모르는 것의 뿌리를 만나게 된다. 그러면 거기서부터 다시 내용을 정리하고 문제들을 풀어 가며 자신이 모르는 기본 개념을 확실히 다져야 한다. 그것이 되고 나면 한 단계씩 위로 올라가는 일은 훨씬 쉬워진다.

기초를 다진다는 것은 기본 개념이나 주요 공식을 확실히 알고 기본 문제를 풀 수 있는 탄탄한 능력을 갖춘다는 것이다. 또한 정확히 안다는 것은 눈으로 볼 때 '아! 그렇구나.' 하고 이해가 가는 정도를 의미하는 것이 아니다. 개념과 공식을 보지 않고도 정확히 외울 수 있어야 하며, 이를 누군가에게 말로 설명하여 이해시킬 수 있어야 한다는 것이다.

2. 저학년 문제로 되돌아가는 것을 부끄러워하지 마라

나는 종종 아이들에게 "너희들 때문에 내가 밥 먹고 산다."라고 우스갯소리를 하곤 한다. 그토록 많은 양을 공부하는 아이들이 공부한 것을 잊어먹지만 않는다면 수능 준비는 일 년 안에도 끝낼 수 있다. 그러나 아이들이 배운 것을 자꾸 잊어버리기 때문에 선생님을 필요로 하는 것이다.

이처럼 공부를 정복하기 어려운 것은 첫째는 아이들이 공부에 관심이 없기 때문이다. 예를 들어 아이들은 한 번 본 드라마는 세세한 내용까지 다 기억한다. 하물며 몇 년 전 드라마의 장면도 눈에 그린 듯 회상해 낸다. 하지만 수학은 어제 배운 것도 하룻밤 자면 마냥 새로워 한다. 수학에는 드라마에 들이는 만큼의 관심이 없는 것이다.

그러나 이는 하나 마나한 소리인 듯 하고, 좀 더 실질적인 원인을 찾아본다면 '주마간산'식 공부가 큰 문제인 것 같다. 한 문제를 풀어도 깊이 있게 물고 늘어져야 하는데 짧은 시간에 많은 문제를 풀려다 보니 그저 요령껏 답 내기에 급급하다. 이렇게 공부하면 공부 시간을 아무리 늘려도 성적은 더 떨어질 수도 있다.

많은 문제를 순식간에 풀어 버리는 이런 학습법은 다독이나 속독보다 정독을 요하는 수학의 특성을 무시한 것이다. 수학 문제는 때로 적당한 편법과 요령만으로도 답을 구할 수 있다. 그러나 그렇게 하고 넘어가면 본인의 실력 향상에는 아무런 도움이 되지 않는다. 문제의 문구에 담긴 모든 사연과 수학적 사실을 정확히 짚어 가며 정공법으로 풀어야 한다. 그렇게 공부해야 시험장에서 어떤 문제가 나오든 당황하지 않고 대처할 수 있다.

> 수학 원리를 스스로 이해하는 것이 먼저다. 잘 모르겠으면 저학년 수학 공부로 내려가 다시 기초를 다지고 올라와라.

한 문제를 끈기 있게 물고 늘어지는 학생은 그 문제의 근방에 있는 모든 수학적 사실에 대해서까지 이해력을 넓히며 기초를 다지게 된다. 이렇게 공부하면 아마도 수십 문제 이상 푼 효과를 낼 수 있을 것이다. 한 문제를 깊이 파고들어 문제에서 파생되는 여러 가지 수학적 사실들을 가능한 한 폭넓게 짚어 가는 방법이야말로 가장 확실히 기초를 닦을 수 있는 길이다. 수학에도 '백과사전식 접근법'이 필요하다. 백과사전에서 찾은 단어 풀이에 또 모르는 단어가 있을 때 그 새로운 단어의 뜻을 찾기 위해 다시 사전을 펼치듯 수학 공부도 하위 개념이 이해가 안 되면 될 때까지 파 내려 가야 한다.

한편 수학 공부를 할 때 지양해야 할 것이 있다. 기초도 안 돼 있는 학생이 어려운 문제만 풀겠다고 고집하는 것이다. 자기 수준도 모른 채 공부 잘하는 학생과 똑같은 내용을 공부하려 들다가는 절대 따라잡을 수 없다.

수학은 '위계'가 있는 학문이다. 하위 개념에서 걸리면 한 단계 더 수준 높은 개념이 절대 제대로 이해될 리 없다. 이럴 때 부족한 것을 메우기 위해서는 과감하게 낮은 학년의 교과서로 되돌아가야 한다. 고등학생이라 해도 중학교, 더 나아가 초등학교 교과서를 끄집어내는 것을 부끄러워하지 말아야 한다.

수학 교육 과정은 내용에 따라 여섯 가지로 분류된다. 수와 연산, 도형, 측정, 확률과 통계, 문자와 식, 규칙성과 함수 등이다. 이 가운데 스스로 취약하거나 잘 알지 못하는 대목을 골라 개념 이해가 확실히 될 때까지 낮은 학년의 교과서로 내려가 공부해야 한다. 이십 년간 수학 교사로 있으면서 가르쳐 본 학생 가운데 머리가 정말 좋다고 생각했던 아이가 두 명 있었다. 그런데 이 둘은 모두 수학에서 실패했다. 고등학교 1학년 때 펑펑 놀다가 2학년이 되어 수학 책을 잡아 들었는데 기초 개념이 서 있지 않으니 아무리 문제를 풀어도 절름발이일 수밖에 없었다. 이 아이들에게 그토록 낮은 학년 교과서로 되돌아가 보충하라고 했건만 수학을 우습게 보고 말을 듣지 않았다. 결국 아이들의 수학 실력은 3학년이 되어도 나아지지 않았다.

수학에 있어서 백과사전은 저학년 교과서다. 학년이 바뀌면 교과서와 참고서를 기다렸다는 듯 모두 버리고 진급하는 아이들이 많은데 수학은 절대 그래서는 안 되는 과목이다. 지난 학년 교과서를 항상 책꽂이에 꽂아 두고 막히는 대목이 나올 때마다 참고해야 한다.

3. 원리에 걸린 예제까지 통째로 외워라

수학은 정의와 정리(성질, 공식, 법칙 등)를 정확하게 기억하지 않으면 다음 단계로 나아갈 수 없는 과목이다. 정의와 정리는 말하자면 수학에 있어서 약속이다. 이런 약속들을 한마디 하면 금세 알아들을 수 있을 정도로 정확히 숙지하지 않고서는 입시 공부가 험난해진다. 정의와 정리들을 확실히 알아야 비로소 문제와 의사소통이 가능해진다.

핵심이 되는 수학 개념이나 공식은 충분히 이해한 후 암기할 것을 권한다. 이때 공식만 외우지 말고 그에 붙은 기본 예제까지 통째로 외워 둬라. 공식이나 개념 자체만 외우는 것보다 실례를 통하여 그것이 어떻게 적용되는지를 정리한 뒤 풀이 과정까지 외워 두는 것이 더 효과적이란 얘기다. 이때 외울 예제는 교과서나 참고서에 나온 기본 예제나 필수 예제 정도면 충분하다. 절대로 어려운 문제를 찾아 헤맬 필요가 없다.

> **핵심적인 수학 개념과 공식은 충분히 이해한 후에 암기하라. 그것이 적용되는 과정까지 완벽히 이해하고 함께 외워 두면 더욱 효과적이다.**

예제까지 덧붙여 외워 두면 해당 공식과 관련된 어려운 문제가 나왔을 때도 당황하지 않고 예제에 빗대 문제를 사고해 볼 수 있게 된다. 영단어를 외울 때 단어 하나만 외우면 죽은 지식이라며 그 단어가 포함된 문장을 통째로 외우라고 하는 것과 같은 맥락이다.

초등학교나 중학교에선 공부를 잘했는데, 중학교나 고등학교에 올라와 갑자가 성적이 떨어지는 학생을 많이 보았다. 특히 수학 성적이 떨어지는 아이들이 많다. 중학교 수학은 초등학교 수학보다 외워야 할 것과 연습해야 할 것이 많고, 고등학교 수학은 중학교 수학보다 이해해야 할 것과 정리해야 할 것이 많은데 그것을 모르고 예전 방식대로 공부하기 때문이다. 학년이 올라감과 함께 수학 공

부 방법을 바꾸지 않는다면 학원이나 과외에 아무리 매달려도 절대
로 실력이 나아질 수가 없다.

4. 만화책 보듯 공부하라

수학에서는 설명하는 글을 그림(그래프나 도형)으로 표현해 보는
과정이 아주 중요하다. 직관으로부터 수학이 시작된다는 점을 생각
하면 쉽게 이해할 수 있는 말이다. 소설책보다는 만화책이, 만화책
보다는 드라마가 더 쉽게 이해되는 것과 같은 이치다. 실력이 많이
쌓이지 않은 학생에게는 그림이나 컴퓨터 프로그램을 이용한 동영
상이 수학 공부에 많은 도움을 줄 수 있다. 문장으로 주어진 문제를
그래프나 도형으로 그려 생각해 보면 이해하기가 쉽고, 힌트가 풍
부해지며, 결과에 대한 예측이 가능하므로 검산하기도 쉽다. 당연
히 문제를 푸는 데 걸리는 시간도 단축된다.

아이의 수학 실력, 수학에 대한 부모의 관심이 결정한다

지난 50년간의 우리나라 수학 교육의 역사를 되돌아보면 수학 교
사를 비롯하여 관료, 정치인 할 것 없이 제대로 된 수학 교육을 받
은 이가 거의 없다고 봐도 과언이 아니다. 수학 교육 풍토가 바뀌지
않고는 나라의 장래를 기약할 수가 없다. 그 변화의 중심에 학부모
들이 서야 한다.

어쩌면 부담이 될 수 있는 얘기일지 모르지만, 부모가 수학 공부
의 모범이 되어 주지 않으면 아이가 수학 공부를 하는데 걸림돌로

작용하게 된다. 아이의 수학 실력은 부모의 수학에 대한 생각을 넘어서기 어렵다.

학부모들은 대부분 아이가 초등학교 고학년만 되어도 수학 공부를 봐 주는 것을 포기한다. 학생들은 그때부터 수학은 거의 사교육에 의존한다. 이는 상당히 위험하다. 자녀의 수학 교육이 어려운 문제인 만큼 부모가 함께 끌어안고 고민해 줘야 해답을 얻을 수 있기 때문이다.

1. 부모의 수학에 대한 관심 진단

수학에 대한 관심을 진단하기 위해 부모들은 다음 질문에 대해 대답해 볼 필요가 있다.

(1) 수학이 얼마나 중요한 과목이라고 생각하는가? 어떤 면에서 중요하다고 생각하는가? 수능에서 점수 비중이 높으니 중요할 뿐 대학만 들어가고 나면 더 이상 관심을 가질 필요가 없는 과목이라고 생각하고 있는 것은 아닌가?

(2) 수학에 대한 최신 정보를 지속적으로 수집하고 있는가? 과학 분야에 대한 새로운 발견이 신문에 나면 눈여겨보다가도 어쩌다 수학에 대한 얘기가 나오면 지레 덮어 버리지는 않는가?

(3) 수학과 관련된 교양서나 잡지 등을 읽고 있는가? 문학책이나 상식을 넓히는 책은 읽어도 수학 교양서를 무엇 하러 읽느냐고 생각한다면 아이의 수학 공부 지도는 한계에 부딪칠 수밖에 없다.

(4) 아이의 수학 점수가 나쁠 때 할 수 없는 일이라고 포기하지는 않는가? 아이가 사회 과목을 50점 맞아 오면 쉬운 과목을 망쳤다고 호통

을 치다가도 수학을 50점 맞으면 어려운 과목이니 어쩔 수 없다고 상대적으로 관대하게 넘어가지는 않는가?

2. 수학이 살아야 나라가 산다

수학 교육에 대한 우리의 상대적인 무관심과는 달리 미국은 수학 교육 정상화에 사활을 걸고 국가 차원의 각종 대책을 내놓고 있다. 수학 교육에 대한 관심에 불을 댕긴 것은 '글렌 리포트'다. 미 상원의원 글렌의 이름을 걸고 나온 이 리포트는 '21세기에 대비하는 수학과 과학 교육에 대한 위원회', 일명 글렌 위원회가 일 년여의 연구를 거쳐 2000년 9월27일 국회에 제출한 보고서다.

향후 삼십 년간 미국 수학, 과학 교육의 뼈대를 구성할 목적으로 만들어진 글렌 위원회는 학자 및 연구자들의 연구 결과, 교육 행정가 및 교사들의 경험 등을 종합한 이 보고서에서 곳곳에 이렇게 이야기한다.

"우리가 제안하는 목적과 실천 전략이 너무 무리한 것이라고 생각할지도 모른다. 그러나 이를 무시한다면 우리 아이들과 국가는 값비싼 대가를 치르게 될 것이다."

글렌 리포트의 요지는 다음과 같다.

첫째, 새 세기에 미국의 장래는 수학과 과학 교육에 전적으로 달려 있다.
둘째, 수학 교육을 변화시키려면 교실에 모든 것을 투자해야 한다.
셋째, 양질의 수학, 과학 교사를 확충하고 그들의 근무 환경을 혁신해야 한다.

　이 리포트는 국가와 민간이 모두 나서 수학 교육에 막대한 투자를 하지 않는다면 국가의 장래가 어둡다고 얘기하고 있다. 부시 대통령은 이런 경고를 받아들여 취임 즉시 '한 명의 어린이도 낙오되지 않게(No Child Left Behind)'라는 제목의 공교육 개혁 법안에 서명했다. 대통령이 취임 첫 과제로 공교육을 살리기 위해 막대한 예산을 쏟아 붓는 교육 개혁안을 선택한 것이다. 미국과 같은 기술 강국이 이처럼 수학 교육에 열을 올리고 나선 이유는 무얼까. 수학 교육이 제대로 되지 않고는 국가의 장래가 불투명하다는 생각 때문이다. 역대 어느 위정자도 수학 교육에 관심을 표명한 적이 없는 우리로서는 부럽기만 한 일이다.

　우리 교육 당국의 수준을 보여 주는 또 다른 일화가 있다. 이름만 대면 알 만한 교육학자가 학교 수업에서 수학 시간을 줄여야 한다고 주장했다. 그의 논리는 "십 년 이상 수학을 배웠지만 덧셈, 뺄셈이면 일상생활을 문제없이 영위해 나갈 수 있었다. 지금은 기억도 나지 않는 미적분을 배우기 위해 날마다 수학을 공부하는 것은 시간 낭비다."라는 것이었다.

　아마 학부모들 가운데서도 수학 과목 자체가 사라져 입시에서 아예 수학이 없어진다 해도 살아가는 데 아무 지장이 없을 것이라고, 그러니 수학이 좀 없어져 줬으면 좋겠다고 생각하는 이들도 있을지 모른다. 하지만 이래서는 국가의 장래가 어둡다. 거듭 말하지만 수학의 원리는 일상의 곳곳에 살아 숨쉬고 있다. 21세기 지식 정보화 시대에 수학의 발전 없이 기술의 발전을 어떻게 기대할 것인가.

　아이들이 수학을 좋아할 수 있게 해야 한다. 그러려면 아이를 수많은 문제의 늪에서 구하여 한 문제라도 깊게 파고들 수 있도록 해 줘야 한다. 문제 하나를 접하는 깊이가 곧 아이의 인생의 폭이 될 수 있다.

자녀의 수학 지식은 부모의 수학 지식을 넘어서지 못한다는 점을 재삼 강조한다.

수능 수학 바로 하기

- 그래프나 도형을 그리며 공부하라.

- 정의와 정리, 공식은 그냥 외지 말고 그 유도 과정을 완벽하게 이해한 후 암기하라.

- 원리부터 파악해 수학적 직관을 키워라.

- 문제를 풀 때는 계산부터 하려 들지 말고 출제 의도를 파악하라.

- 잘 모르겠으면 과감하게 낮은 학년의 교과서로 되돌아가서 공부하라.

과학 교과서의 목차부터 잡아라

서울대 물리교육과 교수 송진웅

몇 년 전 학생들을 대상으로 그들이 생각하는 과학자의 모습이 어떤 것인지 조사해 본 적이 있다. 학생들의 의견 가운데 공통된 것들만 골라 과학자의 상을 그려 보니 다음과 같은 그림이 되었다. 이 그림은 과학자에 대한 일반적인 생각을 잘 보여 준다. 헝클어진 머리카락에 덥수룩한 턱수염, 실험 가운을 입은 30대에서 50대 사이로 보이는 남자, 책이 잔뜩 꽂힌 어두컴컴한 실험실에서 컴퓨터와 복잡한 화학 실험 기구를 벗 삼아 연구에 몰두하는 괴팍하고 비사교적인 인물. 그것이 많은 이들의 머릿속에 새겨진 과학자의 전형적인 모습이다.

하지만 이런 전형적인 과학자 상은 옳지 않은 경우가 많다. 과학

자 가운데는 실험 가운을 입지 않는 사람들도 많다. 머리 모양이나 수염 손질 등도 보통 잘하고 다닌다. 또 과학자 중엔 남성만 있는 것도 아니다. 얼마전까지 환경부 장관으로 재직했던 김명자 박사는 여성이다. 그는 화학을 전공한 뒤 과학사를 공부했고 환경 연구 등으로 시민 운동에 앞장섰으며 말 많은 정부 부처에서 전문성과 특유의 친화력으로 장수한 여성 장관으로 꼽힌다.

다양한 분야에서 꿈을 펼치는 과학자

《과학동아》를 만드는 출판사 동아사이언스에서 2002년과 2003년에 각각 '닮고 싶고 되고 싶은 과학 기술인' 10인을 선정했는데, 선정된 이들의 소속은 그야말로 다양했다. 연구소, 대학은 물론 남극의 세종기지에서 일하는 이도 있으며 벤처 회사 사장, 건축 회사 대표에서 정부 산하 단체 공무원 등 일하는 분야가 다채롭다.

● 닮고 싶고 되고 싶은 과학기술인 (2002)

박완철(KIST 환경연구센터)	미생물을 돈벌레로 바꾼 똥박사
유향숙(한국생명공학연구원)	프런티어 교향악 게놈 지휘자
임지순(서울대 물리학부 교수)	지하철 연구실 속 탄소나노튜브
장순근(한국해양연구원 극지연구본부)	펭귄과 친구가 된 남극 월동대장
황우석(서울대 수의학과 교수)	소똥을 사랑한 영롱이 아빠
김택진(엔씨소프트 사장)	아톰 마니아에서 리니지 왕자로
류춘수(이공건축 회장)	골리앗 제치고 방패연 띄운 다윗
안철수(안철수연구소)	의사에서 컴퓨터 백신 CEO로
김명자(환경부 장관)	화학자에서 환경부 장관으로
채연석(한국항공우주연구원 원장)	꿈을 이룬 로켓 소년

● 닮고 싶고 되고 싶은 과학기술인 (2003)

오세정(서울대 물리학부 교수)	과학계의 대변인
유명희(한국생명공학연구원)	21세기 프로테오믹스호 선장
이상엽(KAIST 교수)	생물학계의 뽀빠이
이영욱(연세대 천문우주학과 교수)	하늘이 선택한 사람
변대규((주)휴맥스 대표이사)	벤처 세계의 돈키호테
이재웅((주)다음커뮤니케이션 설립자)	다음 세상을 여는 열정가
손욱(삼성종합기술원 원장)	한국 기술 경영의 마에스트로
박성래(한국 외대 사학과 교수)	한국 과학사의 파파스머프
장회익(전 서울대 교수, 녹색대학 총장)	예비 과학자의 녹색 스승

(보다 자세한 사항은 http://srm.scienceall.com 참조)

이공계의 문호는 뜻밖에 넓고 다양하다. 꼭 연구실에 처박혀 있지 않더라도 과학자로서 사회에 기여할 수 있는 수많은 방법이 있다. 연구를 하고 싶은 이들에 대해서도 다양한 연구 기관들이 문을 열고 있다.

우리나라의 장래가 과학 기술에 달려 있다는 점은 새삼 부연할 필요가 없을 줄 안다. 오랜 과학 기술의 역사를 가진 것도 아니요, 중국처럼 인구가 힘인 것도 아니요, 미국처럼 고급 두뇌들이 돈을 싸들고 유학 오는 것도 아닌 곳에서 과학 기술과 이를 확대 재생산해 내는 교육이 없이는 미래가 암울하다. 과학 기술은 진작부터 국가 경쟁력의 축이었다. 우리는 반도체, 휴대폰, 자동차, 조선, 가전 등의 분야에 앞선 과학 기술력으로 세계를 휩쓸고 있다.

과학 기술은 때로는 사회 갈등의 원인이 되기도 한다. 새만금 간척 사업, 부안 방사성 폐기물 처리장 건립 등을 둘러싸고 벌어진 정부 대 환경 운동가, 정부 대 지역 주민 간의 대립은 과학이 심각한 현안에 연루돼 국민을 분열시킬 수도 있다는 점을 보여 준다. 북핵, 생명 복제, 유전자 조작 식품 등을 둘러싼 지속적인 논란 또한 과학이 꼭 선한 얼굴만을 하고 있지는 않다는 점을 보여 주고 있다. 하지만 중요한 것은 이런 갈등에 대한 처방전 역시 과학 기술만이 내놓을 수 있다는 점이다. 병도 주지만 반드시 약도 주는 게 과학이다.

과학은 삶과 사회의 필수 기반이다. 일상생활의 모든 부분에 과학이 녹아들어가 있다. 가정에서 쓰는 텔레비전, 냉장고, 에어컨, 세탁기 등이 모두 과학의 산물이며 사회 생활을 영위할 수 있게 해 주는 신용 카드, 버스 카드, 인터넷 뱅킹, 교통수단, 전자 정부 등도 과학 없이는 불가능하다.

과학은 또한 폭넓은 직업의 세계를 제공해 주기도 한다. 이공계 전공자들은 교수나 교사, 연구원, 공무원, 기술자, 전문가, 사업가, 프리랜서 등 다방면에서 본인의 과학적 전문성을 마음껏 펼칠 수 있다.

과학 교육의 4가지 목표

학교에서는 이처럼 중요한 과목을 어떻게 가르칠까. 재미없는 얘기가 될지 모르겠지만 자녀의 과학 교육을 위해 과학의 교육 목표에 대해 검토해 볼 필요가 있다. 7차 교육 과정에서 표방하는 과학 교육 목표는 다음과 같다.

- 자연의 탐구를 통하여 과학의 기본 개념을 이해하고, 실생활에 이를 적용한다.(개념)
- 자연을 과학적으로 탐구하는 능력을 기르고, 실생활에 이를 활용한다.(탐구)
- 자연현상과 과학 학습에 흥미와 호기심을 가지고, 실생활의 문제를 과학적으로 해결하려는 태도를 기른다.(태도)
- 과학이 기술의 발달과 사회의 발전에 미치는 영향을 바르게 인식한다.(인식)

이 네 가지 목표는 말하자면 과학 교육의 뼈대와 같은 것이다. 시중의 모든 과학 교과서는 이런 목표들을 반영하고 있다. 교과서의 어느 단락을 펴 봐도 이 네 가지 목표 가운데 하나와 반드시 연관돼 있다. 시험 문제들도 따지고 보면 아이들이 이 네 가지 목표를 달성하고 있는가 없는가를 묻는 것들이다. 수능도 마찬가지다.

● 과학 교육의 목표와 교육 과정

학년	에너지(물리)	물질(화학)	생명(생물)	지구(지구과학)
3	자석놀이 소리 내기 그림자놀이 온도 재기	주변의 물질, 고체의 성질, 가루 물질 녹이기, 고체 혼합물 분리	초파리의 한살이, 어항에 생물 기르기, 여러 가지 잎, 식물의 줄기	여러 가지 돌과 흙, 흙의 운반, 지구와 달, 맑은 날 흐린 날
4	수평잡기, 용수철 늘이기, 열의 이동, 전구에 불 켜기	액체의 성질, 혼합물 분리, 열에 의한 온도와 부피 변화, 물	동물의 생김새, 동물의 생활, 강낭콩 기르기, 식물의 뿌리	별자리, 강과 바다, 지층, 화석
5	물체의 속력, 거울과 렌즈, 전기회로 꾸미기, 에너지	용액 만들기, 결정 만들기, 용액의 성질, 용액의 변화	작은 생물 관찰, 환경과 생물, 꽃과 열매, 식물의 잎	날씨의 변화, 물의 여행, 화석과 암석, 태양의 가족
6	물 속의 무게와 압력, 편리한 도구, 전자석	기체의 성질, 여러 가지 기체, 촛불 관찰	우리 몸의 생김새, 주변 생물, 쾌적한 환경	계절의 변화, 일기 예보, 흔들리는 땅
7	힘, 빛, 파동	물질의 세 가지 상태, 분자의 운동, 생태 변화와 에너지	생물의 구성, 소화와 순환, 호흡과 배설	지구의 구조, 지각의 물질, 해수의 성분과 운동
8	여러 가지 운동, 전기	물질의 특성, 혼합물의 분리	식물의 구조와 기능, 자극과 반응	지구와 별, 지구의 역사와 지각 변동
9	일과 에너지 전류의 작용	물질의 구성, 물질 변화의 규칙성	생식과 발생, 유전과 진화	물의 순환과 날씨 변화, 태양계의 운동
10	에너지	물질	생명	지구
	탐구, 환경			

왼쪽의 표는 이런 목표를 가진 초등학교 3학년부터 10학년(고교 교과 과정)까지의 교육 과정을 보여 주고 있다. 초등학교 저학년일수록 배워야 할 항목이 많고 고학년으로 갈수록 줄어든다. 저학년 때는 많은 내용을 짧고 다양하게 학습하지만 고학년이 되면 하나의 큰 주제를 깊이 있게 파고든다는 뜻이다. 저학년일 때는 현장 중심으로 과학을 가르치다가 학년이 높아질수록 차츰 개념 및 개념 간 연결에 초점을 맞추는 것이다.

과학은 궁금한데 과학을 전공하고 싶지는 않다?

이런 목표와 교육 과정을 가진 학교 과학 교육을 학생들이 어떻게 받아들이느냐 하는 점을 짚어 보는 것은 아주 중요하다. 교육 과정이 아무리 설계가 잘 돼 있어도 학생들이 과목 자체를 싫어하면 교육 효과가 뚝 떨어지기 때문이다.

서울대 물리교육과 박승재 명예 교수가 지난 2002년 초등학생 696명, 중학생 819명, 일반고 학생 877명, 과학고 학생 649명 등 총 3,725명을 대상으로 실시한 과학 선호도 조사에 따르면 나는 과학을 '아주 못한다.' 혹은 '못한다.'고 대답한 학생의 비율이 초등학생은 10.1%, 중학생은 36.1%, 일반고 학생은 40.4%, 실업고 학생은 48.3%, 과학고 학생은 11.7%였다. 과학고 같은 특수한 상황을 제외하면 학년이 올라갈수록 자신이 과학을 못한다고 생각하는 아이들이 증가하는 것으로 나타났다.

아이들이 정말 그렇게 과학을 못하는 것일까? 그렇지 않다. 우리나라 학생들의 과학 성적은 전 세계 톱클래스 급이다. 그런데도 본인 스스로는 과학을 잘 못한다고 느끼고 있다. 이런 자각은 정말 문제다. 이것이 학생들의 장래 희망이나 진로 선택에 큰 영향을 미칠 것이기 때문이다. 나는 과학을 '아주 좋아한다.' 또는 '좋아한다.'라고 대답한 비율은 반대로 학년이 올라갈수록 떨어지는 것으로 나타났다.(초등학생 46.6%, 중학생 31.9%, 일반고 학생 37.1%, 실업고 학생 18.0%)

더욱 심각한 대목은 장래 희망하는 진로가 '과학 기술계'라고 밝힌 학생이 초등학생은 12.5%, 중학생은 10.1%, 일반고 학생은 20.0%, 실업고 학생은 8.9%, 과학고 학생은 58.4%로 과학고를 제외하면 20%를 넘지 못한다는 것이다.

내가 자랄 때만 해도 초등학생들에게 커서 뭐가 되고 싶으냐고 물으면 남학생의 십중팔구는 과학자가 되고 싶다고 말했다. 여학생 가운데도 과학자의 꿈을 품은 야무진 아이들이 꽤 많았다. 그것이 10% 대로 떨어졌다. 물론 이공계 쪽 직업 가운데 꼭 과학자의 범주에 속하지 않는 다양한 직종이 생겨난 탓도 있다. 그러나 그렇다 해도 정도가 있다. 이 정도 수준이면 정말 심각한 현상이라고 보지 않을 수 없다.

과학 선호도를 좀 더 세분화해서 살펴본 결과 '과학이 가치 있다.'거나 '과학에 대한 호기심이 있다.'는 항목 등에는 많은 아이들이 높은 점수를 준 반면 과학에 대한 '진로 선택의 의지'나 '과제 집중 및 지속 실행의 의지'가 있냐는 데는 대부분 낮은 점수를 줬다.

여기서 시사하는 점은 많은 학생과 학부모들이 과학이 정말 중요하며 투자해야 할 대상이라는 데는 대부분 동의하고 있으며 과학에 대한 호기심도 있지만, 이를 자신의 전공으로 선택하고 싶어하지는 않는다는 것이다. 호기심은 있지만 밥벌이로는 과학을 택하지는 않겠다는 생각을 극복하지 않고는 우리나라 과학 기술의 발전은 어느 순간 한계에 부딪칠 수밖에 없다.

수능 과학 탐구:
상황에 따른 문제 해결력, 응용력이 중요하다

사실 이런 '과학 위기론' 보다 학생과 학부모가 정작 궁금해할 점은 수능에서 과학 탐구 영역이 어떻게 출제되느냐일 것이다. 수능 과학 탐구 영역 출제의 일반적 경향을 몇 가지로 정리해 보면 아래와 같다.

● 수능 과학 탐구 영역의 출제 경향
· 과학 지식만으로는 풀 수 없고 과학 탐구 능력이 함께 갖춰져야 해법을 찾을 수 있는 문제들이 출제된다.
· 과학 지식의 단순 암기 여부만을 측정하지 않는다.
· 교과서 안의 소재뿐만 아니라 밖에서도 출제된다. 출제의 내용은 교과서 안의 것으로 한정하지만 이를 적용하는 데 있어서는 교과서 밖의 것들을 활용하도록 하는 것이다.
· 다양한 탐구 능력을 균형 있게 평가한다.
· 문제의 내용과 소재는 각 영역에서 고르게 뽑는다.

· 문제의 상황은 과학적인 것에만 국한하지 않는다. 기술적, 사회적인 상황에서 폭넓게 출제한다. 교과서 밖에서도 출제가 가능하다는 것과 같은 맥락의 얘기다.

과학 공부, 외워서는 안 된다. 기본적인 원리의 이해 없이는 수능 문제를 제대로 풀기 어렵다. 과학 개념을 응용할 수 있어야 하며 그림, 사진, 그래프 등 자료를 해석할 줄도 알아야 한다.

좀 더 구체적으로 살펴보자. 모든 수능 문제들은 탐구 기능, 과학 내용, 탐구 상황 등 세 가지 요소를 꼭 포함하도록 돼 있다. 다음 표는 수능 문제가 어떻게 출제되는지를 보여 주는 '수능평가틀'이다. 각각의 수능 문제는 이 3차원 그래프 상의 한 점이라고 보면 된다. 즉 모든 문제가 그래프의 세 축인 탐구 기능, 과학 내용, 탐구 상황의 여러 항목들 가운데 하나씩을 반드시 포함한다.

● 수능평가틀

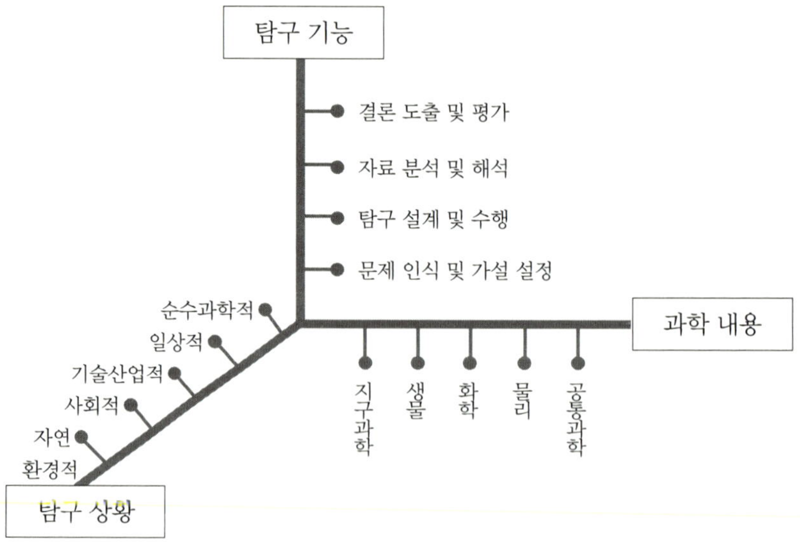

실전 수능 문제를 통해 수능평가틀을 확인해 보자.

그림과 같이 마찰이 있는 비탈면을 어떤 물체가 정지 상태에서 출발하여 미끄러져 내려간다. 비탈면을 내려가는 동안 비탈면에 평행한 방향으로 일정한 크기의 알짜힘(합력)이 물체에 작용한다. 평면 위에서는 일정한 운동 마찰력이 작용하여 이 물체는 얼마 후 정지하였다.

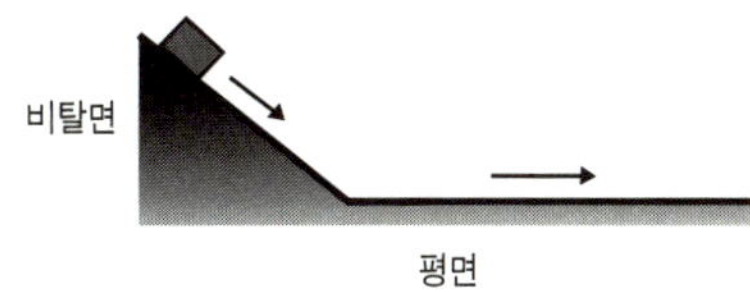

출발에서부터 정지할 때까지 시간에 따른 이 물체의 속력으로 타당한 것은?

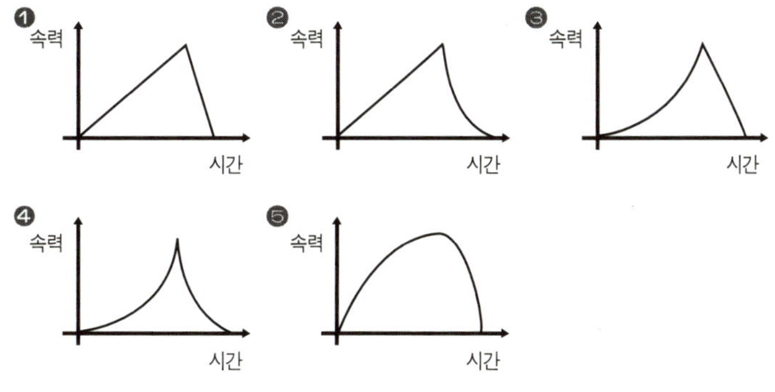

· **과학 내용** - 물리/ 등가속 운동
· **탐구 기능** - 자료 분석 및 해석
· **탐구 상황** - 순수과학적/ 일상적
· **필요한 탐구 능력** - 문제 요지 파악하기, 1차 함수 그래프 그리기
· **필요한 개념적 이해** - 비탈면→가속 운동(속력 증가), 마찰력→가속 운동(속력 감소),
  일정한 힘→등가속 운동, 등가속 운동→1차 함수 그래프

이 문제는 비탈면을 내려오는 물체에 작용하는 마찰력의 성질을 이해하고, 물체의 운동을 그래프로 표현할 수 있는지 묻고 있다. 이 문제는 과학 내용상으로는 물리학의 힘과 운동을, 탐구 기능으로는 자료 분석 및 해석력을 갖췄는지 테스트한다. 이 문제를 풀려면 운동의 속성 등 물리학적 지식과 1차 함수를 알고 이를 그래프로 그려 낼 수 있는 수학 지식이 필요하다. 또한 문제의 요지를 파악하기 위해서는 언어 이해력도 갖춰야 한다. 또 다른 기출 문제를 풀어 보자.

다음은 구리의 비열을 알아보기 위한 실험 장치와 실험 절차이다.

〈실험 장치〉

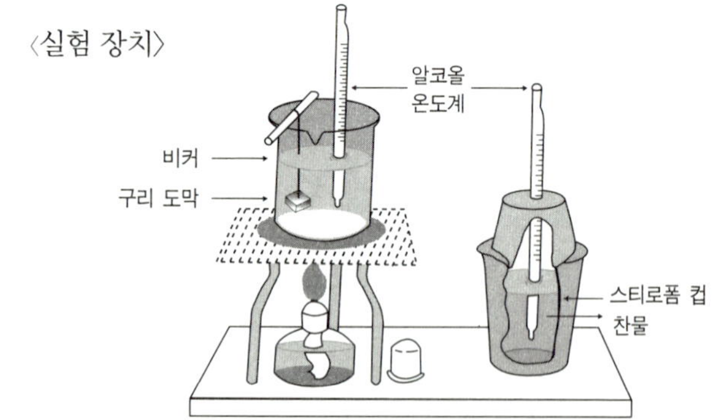

〈실험 절차〉

1. 구리 도막과 찬물의 질량을 측정하다.
2. 질량을 측정한 찬물을 스티로폼 컵에 넣는다.
3. 스티로폼 컵 속의 찬물의 온도를 알코올 온도계로 측정한다.
4. 물이 든 비커를 가열하여 물이 끓는 동안 구리 도막을 충분히 담 가 놓은 후 알코올 온도계로 물의 온도를 측정한다.
5. 뜨거워진 구리 도막을 스티로폼 컵 속의 찬물에 넣고 온도 상승 이 멈추었을 때의 온도를 측정한다.

- **과학 내용** - 물리/ 열용량
- **탐구 기능** - 탐구 설계 및 수행
- **탐구 상황** - 순수과학적
- **필요한 탐구 능력** - 문제 요지 파악하기, 탐구 실험의 실질적 경험, 실험의 구체적 과정에 대한 지식
- **필요한 개념적 이해** - 열전도, 열용량, 대체 실험 과정의 열역학적 효과

이 문제는 실험 조작과 관련된 문제다. 여기에 나오는 실험 장치와 절차는 모든 교과서에 나오는 가장 전형적인 것이다. 학교에서 한 번씩은 반드시 해 봤어야 하는 실험이다. 실험 장치와 절차를 바꾸려 하는데 어떤 경우에 오차가 가장 커질 것인지 묻고 있다. 역시 과학 내용(물리학의 열 분야), 탐구 기능(탐구 설계 및 수행), 탐구 상황(순수과학적) 등의 요소가 모두 포함돼 있다. 이 문제를 푸는 데는 단순 물리 지식만으로는 한계가 있다. 가장 좋은 것은 실험을 직접 해 보는 것이다. 실험도 아무 생각 없이 선생님이 하라는 대로 따라만 해서는 될 일이 아니다. 개념을 짚어 가며 이해를 바탕으로 하여 실험한 학생들에게 절대적으로 유리한 문제다. '대체 실험 과정의 열역학적 효과' 라는 것을 계측해 내기 위해 실질적인 탐구 실험 경험과 구체적 실험 과정에 대한 지식을 요하는 문제다.

내가 대입 시험을 치를 때만 해도 복잡한 수식을 풀어내야 하는 문제들이 꽤 많았다. 하지만 지금은 기본 개념을 얼마나 잘 이해하며, 이를 특정 상황에서는 어떻게 적용할 것인지 등의 능력을 평가하는 쪽으로 출제의 초점이 바뀌었다. 물론 참고서 등에 까다로운 수식 문제가 일부 남아 있기는 하지만 교과서와 수능 시험의 경향은 이미 바뀌었고 앞으로도 상당 기간 그런 기조가 이어질 전망이다.

과학 교과서의 목차를 잡아라

수능에서 좋은 점수를 얻으려면 어떻게 과학 공부를 해야 할까. 과학 교육을 연구하는 학자로서 개인적이고 직관적인 의견을 말해 보라면 이렇다.

일단 교과서에 실린 탐구 실험은 모두 해 보는 게 좋다. 초등학교부터 고등학교에 이르기까지 교과서 실험을 직접 해 볼 것을 권한다. 물론 고등학교 과정에는 복잡한 도구들을 써야 하는 실험이 많기 때문에 현실적으로 불가능한 경우가 있을 수 있겠지만 초등학교나 중학교 수준의 실험까지는 집에서도 충분히 해 볼 수 있는 것이 많다.

교과서에 나오는 그래프는 일일이 손으로 그려 가며 의미를 파악해야 한다. 과학 과목은 고학년으로 올라갈수록 그래프가 복잡해진다. 과학 과목에서 그래프는 굉장히 많은 정보를 집약해 담고 있다. 그래프를 이해하면 개념의 기본 핵심을 이해하는 것과 다름없다. 그래프를 직접 그리다 보면 의미가 저절로 손에 잡힌다. 모든 그래프를 그리는 게 힘들다면 교과서마다 공통적으로 실리는 그래프만이라도 꼭 그려 보길 바란다. 모든 책에서 싣고 있다는 것은 그 그래프가 아주 중요하다는 뜻이다.

학생들에게 누누이 강조하고 싶은 것 중 하나가 눈을 감고도 교과서의 목차를 머릿속에 그릴 수 있어야 한다는 것이다. 공부가 어느 정도 수준에 이른 뒤에는 책을 덮고 머릿속에 목차를 그려 보는 과성을 반드시 갖기 바란다. 인간의 두뇌는 생각보다 방대한 기억 용량을 가지고 있다. 하지만 기억 속에 여러 가지 정보가 제각각 저장돼 있다면 두뇌의 쓰임새는 크게 줄어든다. 정보들이 서로 연결되어 있지 않으면 회상도 잘 되지 않고 추론을 하는 데도 한계가 생긴다. 반면 정보들이 잘 조직돼 있을 때 회상 능력이 극대화되고 추론적 사고의 수준과 폭도 향상된다.

정보들을 조직화하려면 배운 내용이 머릿속에 체계적으로 정리돼 있어야 하는데 가장 체계적으로 내용을 정리하고 있는 것이 목차다. 책을 덮고 목차를 단원별로 줄줄 외울 수 있는 수준이 되면 공부를 거의 마쳤다고 봐도 무방할 것이다. 공부하는 중간에도 틈틈이 목차를 훑어볼 필요가 있다. 지금 하고 있는 공부, 지난 일주일치, 한 달치 공부가 전체의 어느 부분에 해당되며, 왜 특정 부분의 앞뒤에 놓이는지 알아야 하기 때문이다. 지식의 전체 맥락 속에서 개별 지식을 이해해야만 익히기도 쉽고 잘 잊어버리지도 않으며 개념적 연결도 잘 이루어진다.

한자를 알아야 과학이 보인다

공부를 자기 것으로 만들려면 자기만의 메모장이 필요하다. 메모장에다 요점 정리, 암기할 사항, 궁금한 점 등을 지속적으로 필기하는 습관을 들이는 게 좋다. 남이 만든 메모를 베끼며 공부해 봐야 큰 효험이 없다. 머릿속에서 개념을 이해하고 개념 간의 관계를 세우며 핵심 내용을 정리하는 과정을 스스로 겪어야 공부가 된다.

　과학 전공인 내가 국어 선생님 흉내를 내는 듯해 불편하지만 과
학을 잘 하려면 한자 공부를 열심히 하라는 당부를 꼭 하고 싶다.
대부분의 과학 용어는 한자로 되어 있다. 한자를 모르면 과학 용어
가 의미 파악이 안 되는 경우가 허다하다. 과학 용어 가운데 특히
생물, 화학, 지구과학 용어에는 어려운 한자가 많이 쓰인다. 과학
선생님 중에도 마찰력, 관성력, 전향력 등을 한문으로 써 보라고 하
면 못쓰는 이가 있을 것이다. 꼭 쓸 줄 알아야 한다는 말은 아니다.
단지 그 용어들이 어떤 의미를 지니는지 정도는 알아 둬야 한다. 그
래야 과학 공부가 한결 쉬워진다. 과학 용어들은 딱 맞는 의미를 한
단어로 표현하기 위해 오랜 기간 고심해서 나온 것이기 때문이다.

　원론적인 얘기일 수도 있지만 기본 개념을 정석대로 정확히 이해
하고 있어야 하며, 기초 지식과 공식 등은 의미를 철저히 파악한 뒤
필요하면 암기해야 한다. 학교에서도 많이 듣는 얘기겠지만 기출
문제는 모두 풀어 봐야 한다. 그 자체가 포괄적인 공부가 된다.

　친구들과 토론을 많이 하는 것도 과학 공부 잘하기 위한 요령이
다. 토론은 특히 실험할 때나 탐구할 때 꼭 필요한 과정이다. 친구
들끼리 그룹을 만들어 공부하면 자연스레 토론 분위기가 형성되어
좋다. 사실 수업 시간에 선생님께 질문하자면 틀리면 어떡하나, 이
런 것도 모른다고 얕잡아 보지는 않을까 하며 이래저래 꺼려지기
마련이다. 하지만 편한 친구들 사이에서는 자유롭게 자신을 드러낼
수 있다. 좀 틀려도 그다지 불편하지 않기 때문에 많은 의견이 오가
게 된다. 이런 토론 과정이 또 다른 사고를 촉발하여 과학적 사고를
뻗어 나가게 해 줄 것이다.

과학 공부, 이렇게 하면 반드시 망한다

이제까지 공부 잘하기 위한 방법을 소개했으니 거꾸로 시험에 반드시 실패하게 만드는 비법 아닌 비법을 얘기해 보려 한다. 이렇게는 절대로 공부하지 않았으면 한다.

실제 공부한 양보다 공부한 시간을 중시하는 학생은 반드시 실패한다. 밤에 잠을 덜 자며 책상머리에 오래 붙어 앉아 있으면 뭔가 해 낸 듯한 뿌듯함에 사로잡힐 수도 있다. 하지만 이것은 자기 위안이다. 오히려 잠을 설쳐 정신이 몽롱해진 나머지 다음 날의 시험이나 수업에 집중할 수 없다. 공부한 양은 절대 공부 시간에 비례하지 않는다. 특히 물리나 화학 등 식을 주로 사용하는 과목은 기본적인 이해가 돼 있지 않은 상태에서는 책상에 오래 붙어 앉아 있는다고 해도 공부가 되지 않는다.

시험에 나올 가능성이 거의 없는 구석진 부분까지 필사적으로 달달 외우는 학생이 있다. 고득점을 위해서는 사소한 것까지 속속들이 알아야 한다고 말하지만 정작 굵직한 기본 개념도 잘 이해하지 못한 채 사소한 부분만 외고 있는 경우가 많다.

열심히 줄을 쳐 가며 읽고 쓰고 말하는 학생도 있다. 읽을 때마다 교과서에 볼펜으로 줄을 그어 몇 번 읽고 나면 책이 새까매져서 글자도 못 알아볼 지경이

> **공부 못하는 아이의 학습법**
> · 실제로 공부한 양보다는 공부한 시간을 중시한다.
> · 시험에 나올 가능성이 낮은 부분을 주로 공부한다.
> · 열심히 읽고 쓰고 암기한다.
> (머리만 빼고 신체 전부를 활용?)
> · 완벽하게 준비한 다음, 공부를 시작한다.(워밍업에만 집중?)
> · 책꽂이에 있는 참고서의 수가 늘어나는 데 만족한다.
> · 밤샘하고 학교에서는 꾸벅꾸벅.
> · 학교, 학교 선생님보다 학원, 학원 선생님에 집중한다.
> (하루의 1/2은 포기?)

다. 이처럼 눈과 입과 손 등 모든 수단을 다 동원하면서 정작 두뇌는 활용하지 않는다면 아무 소용이 없다. 내용이 머릿속에 잘 정리되고 이해되지 않은 상태에서는 무작정 외운다고 해도 절대로 좋은 성과를 기대할 수 없다.

주변 정리부터 완벽하게 해야 공부를 할 수 있다는 학생도 종종 보았다. 소위 워밍업만 하다가 끝나는 경우이다. 책상 다 치우고 방 다 정리하고 공부를 시작해 보려 하지만 금세 또 밥을 먹어야 하는 등 다른 핑계거리들이 생긴다.

공부는 아무 때나 할 수 있어야 한다. 나의 친구 중 한 명은 공부를 아주 잘했는데 그는 지하철을 탈 때 가장 공부가 잘 된다고 했다. 사람은 많지만 자신을 간섭하는 이는 없기 때문이라는 것이었다. 그는 필요하면 학생 식당에서도 공부했다. 역시 붐비기는 하지만 자기만의 시간이 주어지기 때문에 주의 집중을 하기에 전혀 어려움이 없다는 것이었다. 침대에서도 소파에서도 버스 안에서도 공부를 할 수 있어야 한다. 모든 신변 정리를 다 끝내고 공부하려다가는 아예 책 겉장조차 들춰 보지 못할 수도 있다.

책꽂이에 참고서가 늘어나는 것을 보면서 만족을 느끼는 것도 바람직하지 않다. 공부는 양보다 질이다. 개념 이해도 확실치 않은 채 이 책 저 책을 건들기보다는 좋은 참고서 한 권을 정해 처음부터 끝까지 꾸준히, 충실히 통독하는 것이 훨씬 효과적이다.

특히 학원에서 밤샘하고 학교에서는 꾸벅꾸벅 졸지 않길 바란다. 학교보다 학원을 중심으로 공부하는 학생은 하루의 절반을 포기하는 것과 다름없다. 정말 공부를 잘하는 학생은 학교, 선생님, 교과서를 기본으로 공부한다. 그가 결국 시간을 가장 효율적으로 쓰는 것이다. 교과서 외의 학습이 필요할 때는 학교 내 방과 후 프로그램이나 특별반을 활용할 수도 있다. 요즘 많은 학생들의 생활이 학원을 중심으로 돌아가는데 이는 바람직하지 않을 뿐만 아니라 실제로 기대한 만큼의 성과를 올리기도 어렵다.

과학 공부의 인터넷 도우미들

과학은 곳곳에서 우리 삶을 살찌우고 있다. 과학의 발달로 인해 인터넷 세상도 풍성하게 열리게 됐는데 요즘 인터넷에는 과학과 관련된 유용한 사이트들이 넘쳐 나고 있다. 다음은 내가 추천하는 과학 사이트들이다.

'한국과학문화재단' 사이트(www.scienceall.com)는 초등학생부터 고등학생까지 아이들이 궁금해 할 만한 온갖 과학 정보들이 모인 곳이다. 아마 한국에서 과학 정보가 가장 많이 모인 사이트가 아닐까 한다. 교과서 내외의 각종 과학 정보, 여러 가지 과학 현상에 대한 해설은 물론 질의 응답 코너도 운영하고 있다. '국립중앙과학관' 사이트(www.science. go.kr) 역시 과학 교과서 내용에서부터 재미있는 실험까지 과학

> **인터넷 과학 공부 도우미**
> · 한국과학문화재단 www.scienceall.com
> · 국립중앙과학관 www.science.go.kr
> · 신과람 www.tes.or.kr
> · 화학교육 www.chemed4u.net
> · 한국물리학회 www.kps.or.kr
> · 서울교육과학연구원 www.sesri.re.kr

관련 정보들을 풍성하게 담고 있다. 질의 응답 코너 또한 마련돼 있다. '신과람'(www.tes.or.kr)은 '신나는 과학을 사랑하는 사람'의 약자로 현직 과학 교사들이 운영하는 사이트다. 「사이언스 파크」나 「호기심 천국」등 텔레비전 과학 퀴즈 프로그램에 컨텐츠를 제공하는 사이트 중 하나로 다채로운 과학 정보를 만날 수 있다. '화학 교육'(www.chemed4u.net)은 주로 교사를 위한 사이트지만 학생들이 알아 두면 좋을 과학 정보들이 담겨 있다.

간혹 '한국물리학회(www.kps.or.kr)'의 질의 응답 코너에 맹렬한 질문을 퍼부어 대는 학생들을 보게 된다. 주로 과학고 재학생들로 보이는데 이런 질문에 답해 주는 분들은 모두 우리나라에서 가장 뛰어난 물리학자들이다. 미래의 과학 한국을 책임질 중고생들과 열성적으로 상호 작용하고자 하는 물리학자들에게서 최고 수준의 답변을 얻어 낼 수 있으니 과학에 관심 깊은 학생들에게 특히 매력적인 사이트다. 물리 분야에만 학회가 있는 게 아니다. 서울교육과학연구원(www.sesri.re.kr)을 비롯해 화학회나 생물학회 등도 있으며 이 사이트들의 질의 응답 코너만 잘 활용해도 과학에 대한 인식의 지평을 넓히는 데 크게 도움이 될 것이다.

훌륭한 과학자의 필수 조건: 꿈, 창의력, 지구력을 지녀라

시골 학교 2회 졸업생이었던 나는 학교 기물부터 교풍까지 모든 것을 새로 만들어야 했다. 매일 삽을 들고 학교에 갔던 기억이 아직도 생생하다. 공사에 필요한 재료와 산디를 수집하기 위해 학교 아신에 오르면 각공 통식불을 다 만날 수 있었다. 그곳에서 곤충 채집을 하기도 했다. 학교 뒤편에서 통나무 기둥에 버섯을 키웠는데 그 물당번을 맡았던 것도 기억난다. 당시의 행복했던 기억에서 과학에 대한 원초적인 관심이 싹튼 것 같다.

성공하는 과학자가 되려면?
· 순발력보다는 지구력
· 밤샘보다는 생활습관처럼 공부를
· 당면한 시험보다는 닮고 싶은 과학자를 목표로!
· 선택은 신중하게, 이후에는 무서운 집중력으로!
· 30대까지는 창의력으로, 40대 이후에는 지도력으로!

중학교 때는 서울로 전학 와서 과학반 활동을 했다. 이때 여러 가지 실험들을 해 볼 수 있었다. 크리스마스트리 장식으로 활용하려 전구 실험을 했던 기억이 난다. 이 실험 활동은 과학에 대한 지적 관심을 충족시켜 줬다. 고등학교 때는 수학과 물리 공부를 열심히 했다. 수학은 썩 좋아하던 과목은 아니었으나 성적은 그런대로 잘 나오는 편이었고 제일 좋아한 과목은 물리와 지리였다. 이때부터 실증적인 것을 좋아하는 특성이 어느 정도 나타났던 것 같다. 실제로 드러나는 것을 좋아했기 때문에 문과 성향이 강하면서도 자연과학을 전공하게 된 게 아닌가 싶다.

수학과 물리를 열심히 하다 보니 지구적 현상에 눈을 뜨게 됐다. 자연지리를 상당히 좋아한 것도 이 때문이었다. 어느 선생님도 가르쳐 주지 않았지만 하다 보니 물리와 지구과학 그리고 지리가 어느새 연결이 돼 있었던 것이다. 열심히 공부하다 보면 다른 분야와 저절로 연결되는 분야들이 있다. 화학을 열심히 하면 생물이 따라오고, 물리를 열심히 하면 지구과학이 따라오는 것이다.

대학교 때는 스터디 그룹 활동을 하면서 과학적 사고에 대한 신뢰를 굳혔고, 유학길에 올랐던 대학원에서는 현지 학생들에게 지지 않기 위해 기를 쓰고 열심히 했던 기억이 난다. 갑자기 나의 학창 시절 얘기를 꺼낸 것은 아이에게 과학적 관심이 싹터 가는 과정을 보여 주고 싶어서였다. 내 이야기가 과학자의 보편적 사례가 될 수는 없겠지만 과학과 인연을 맺는 과정에 대한 암시는 해 줄 수 있을 것 같다.

그러면 성공한 과학자들의 보편적 특징에 대해 살펴보기로 하자. 성공한 과학자들은 '순발력' 보다는 '지구력' 으로 승부한다. 과학적 연구를 시작하게 되면 죽이 되든 밥이 되든 물고 늘어져서 끝까지 가 봐야 직성이 풀리는 것이다. 사람의 지적 능력이란 실상 종이 한 장 차이다. 한 분야에서 5~10년을 파고들면 누구나 그 분야의 권위자가 되지 않을 수 없다. 결국 누가 끝까지 포기하지 않고 노력하느냐가 성패를 가르는 셈이다. 나이 들면 '밤샘' 으로 승부하는 데는 한계가 있다. 성공한 과학자들 가운데는 과학이 '생활 습관' 처럼 자연스레 몸에 밴 이들이 대부분이다.

꿈을 크게 가져야 한다. 당장 내일의 시험을 걱정하는 미시적인 마음보다는 '닮고 싶은 과학자' 를 목표로 하여 큰 그림을 그려 나가는 포부를 지녀야 한다. 나의 동료 물리학과 교수 가운데는 어렸을 때부터 책상 앞에 커다란 아인슈타인 브로마이드를 붙여 두고 틈만 나면 들여다보며 '나는 아인슈타인이 되겠다.' 는 다짐을 거듭했던 이가 있다. 그는 아인슈타인은 못 됐지만 우리나라에서 가장 뛰어난 핵물리학자가 됐다. 꿈의 위력이 얼마나 대단한지 알 수 있다.

또 하나 반드시 명심해야 할 것이 있다. 훌륭한 과학자가 되기 위해 30대까지는 창의력, 즉 머리로도 충분하지만 40대 이후에는 지도력이 꼭 필요하다는 것이다. 크게 성장하기 위해서는 공부 잘하는 것 못지않게 인적 네트워크를 구성하고 사람들을 이끌어 가는 능력이 있어야 한나. 어릴 때부터 친구 관계를 잘 맺는 서글서글한 아이로 키워야 한다. 친화력은 먼 미래에 반드시 힘이 되기 때문이다.

저평가된 지금 이공계를 잡아라!

최근 이공계 기피 현상이 심각해지면서 정부 차원의 각종 대책들이 쏟아져 나오고 있다. 교육청이나 대학에서도 각종 지원책을 내놓으며 우수한 학생을 이공계로 끌어들이기 위해 부심하고 있다. 다음은 지금 현재 추진되거나 검토되고 있는 이공계 지원 대책이다.

· 대학 차원에서 재미있고 유용한 과학 탐구 지도 자료를 개발

· 현대적 표준 과학 실험실 모형 개발, 보급

· 과학 영재 학급, 영재 교육원, 영재 고등학교의 설립과 확충

· 대통령 과학 장학생 제도

· 대학 입시에서 교차 지원 억제 및 이공계에 불리한 입시 제도 보완

· 과학 기술자와 청소년을 1대 1로 맺어 주는 '사사 제도' 의 도입

· 이공계 대학생과 대학원생을 위한 장학금, 병역 특혜

· 기술고시 확대 선발 및 고위 공직자 진출 확대

· 연구원 연금제 및 영년직제 도입

이처럼 이공계에 대한 지원이 확대되고 있는데도 여전히 과학고 졸업생 가운데 많은 수가 한의대나 의대를 선택하고 있다. 한편 우리나라에서 머리 좋다는 또 다른 부류들은 우르르 고시로 몰려 가

고 있다. 정말 안타까운 일이다. 과학 기술이 국가 경쟁력을 결정한다면 한국 사회의 미래는 의사나 법관이 아닌 연구소나 기업체 등에서 밤새워 연구하는 과학 기술 인력들이 이끌어 갈 것이다. 앞으로 그들의 자리는 확대됐으면 됐지 결코 줄어들지 않을 것이다. 때문에 인기가 바닥인 지금이 바로 이공계 진출의 적기라고 본다. 저평가된 이공계를 지금 지망하기 바란다. 그 입학생들이 사회에 나가 활동할 때쯤이면 이공계가 다시 주목받게 될 가능성이 높기 때문이다.

자녀의 과학적 호기심을 자극하라

마지막으로 학부모들에게 부탁한다. 자녀들의 과학 공부에 힘을 보태 줘야 한다. 지금처럼 교육열이 넘치는 학부모들이라면 아이들에게 많은 도움을 줄 수 있을 것이다.

자녀에게 자연 관찰, 과학 실험, 블록 쌓기, 전자 실험, 로봇 제작 등의 기회를 가급적 많이 주기 바란다. 이런 체험은 성인이 되어서는 보충할 수 없다. 어릴 때부터 손과 머리를 많이 쓰도록 옆에서 도와주고 과학적 호기심을 잃지 않도록 늘 자극하라. 의문을 품은 아이는 이를 해결하기 위해 시키지 않아도 과학 공부에 매달리게 된다.

《과학동아》, 《뉴턴》, 《학생과학》 등 시중의 과학 잡지 가운데 하나 정도는 구독하기 바란다. 과학 정보를 제공하는 한편 일상에서 과학에 대한 관심과 감을 놓지 않게 하는 훌륭한 촉매제가 될 수 있다.

이공계를 전공하는 학생은 어떤 면에서 실상 문과 학생에 비해 유리한 점이 많다. 요즘에는 자연 과학과 인문 사회 과학의 중간 영역끔 되는 분야늘이 많이 생겨나 상당히 많은 관련 인력을 필요로 하고 있다. 이런 자리는 대부분 이공계가 채우게 된다. 과학을 전공한 뒤 문과 공부를 하는 이들은 상당히 있지만 문과 졸업생이 물리, 수학 등을 정복하기란 쉽지 않은 일이기 때문이다. 자연 과학에서 인문 과학으로 넘어가는 것은 상대적으로 수월하지만 그 반대의 경우는 매우 어렵다. 자녀에게 이런 점을 일러 줘 미래의 직업 사회에 대비하도록 하는 것도 부모의 역할이 아닐까 한다.

중국의 최고 지도자인 제16기 중국 정치국 상무위원 아홉 명은 모두 이공계 출신이다. 이공계가 잘돼야 나라도 산다. 우리나라에서도 이공계의 지위가 그 시대적 역할에 걸맞게 회복되는 날이 조만간 찾아오길 빈다.

과학 공부 바로 하기 1

- 교과서에 나오는 핵심 개념을 머릿속에 순서대로 정리하라.
- 단순히 외지 말고 집중해서 개념을 이해하라. 물리, 화학은 기본적인 이해가 돼 있지 않으면 책상에 오래 앉아 있는다고 해서 공부가 되는 것이 아니다.
- 수준에 맞는 참고서 하나로 처음부터 끝까지 공부하라.
- 교과서에 나오는 탐구 실험은 직접 해 보라.
- 과학 관련 사이트, 과학 잡지 등을 통해 사고의 폭을 넓혀라.

과학적 창의성을 기르는 법

서울대 생물교육과 교수 김희백

미래 사회는 '지식 기반 사회'라고 한다. 미래의 지식이란 어떤 것일까. 최근 과학 등과 관련된 단편적 지식을 묻는 한 텔레비전 퀴즈 프로그램에서는 인터넷 서핑으로 답을 찾는 것을 허용해 주고 있다. 이제 단편적인 지식은 컴퓨터를 이용해 너무나 쉽게 찾을 수 있게 됐다. 그렇다면 급속히 진전된 지식 정보화 사회에서 키보드만 두드리면 알 수 있는 단편적인 지식을 학생들에게 그대로 암기하게 하는 것이 무슨 의미가 있을까. 이보다는 단편적인 정보에서 새로운 지식을 만들어 낼 수 있는 능력을 키워 주는 것이 더욱 가치 있는 일이 될 것이다. 미래 사회에서는 새로운 지식을 창출하는 능력이 무엇보다 중요하다.

우리나라 학부모는 교육열이 높기로 유명하다. 지나친 치맛바람이 때로는 비판이 대상이 되기도 한다. 하지만 이렇다 할 자원도 없는 나라에서는 국가 경쟁력의 대부분을 우수한 인력 양성에 의존해야 한다는 점에서 본다면 꼭 나무랄 일만은 아니다. 이에 단편적인 지식이 무가치해질 미래 사회에 대비하기 위해 학교와 집에서 아이들을 어떻게 교육시켜야 할 것인지에 대해 얘기해 보고자 한다.

학자들은 지식 기반 사회를 '단편적인 정보를 자원으로 활용할 수 있으며 정보가 상품 가치를 지니는 사회, 지식을 조직화해 확대 재생산, 유통시킬 때 삶과 사회의 복지가 크게 향상되는 사회'라고 정의한다. 이런 사회에서는 앞서 말한 대로 '창조적 지식'을 창출해 내는 능력이 가장 중요한 자질로 평가된다.

과학 교육의 목표 '창의성'

이런 사회에서 과학 교육은 어떻게 이뤄져야 할까. 7차 교육 과정에서는 과학 교육의 목표를 '기초 능력을 토대로 창의적인 능력을 발휘하는 사람을 길러 내는 것'이라고 말하고 있다. 이는 무슨 뜻일까. 단편적인 지식이 아니라 이를 토대로 새로운 것을 만들어 내는 '창의성'을 강조하고 있는 것이다. 7차 교육 과정은 과학 과목이 '생활 주위에서 일어나는 문제를 스스로 발견하고 해결하려는 태도'를 길러 주고 '단편적 지식 전달보다는 기본 개념을 유기적, 통합적으로 이해해 창의성, 개방

> 단편적인 지식을 많이 아는 것은 중요하지 않다. 이제 단순한 정보는 키보드만 두드리면 금세 알 수 있다. 생산적인 지식을 만들어 나가는 창의력이 무엇보다 중요하다. 다양한 분야에 관심을 가져 창의력의 백그라운드를 마련하라.

성, 객관성, 합리성, 협동심'을 발휘할 수 있도록 도와야 한다고 얘기하고 있다.

과학 과목에서 이처럼 귀에 못이 박히도록 '창의성'을 강조하는 이유는 무엇일까. 과학을 전공하지 않은 사람에게도 미래 사회에 잘 적응하며 살아가기 위해서는 창의성이 필요하다. 어떤 직업에 종사하든 합리적, 비판적 사고를 통해 의사 결정을 하고 문제를 해결해 나가기 위해서는 창의적으로 생각할 줄 알아야 한다. 과학 기술자라면 더 말할 나위가 없다. 새로운 지식을 만들어 내기 위해서는 창의적 사고가 반드시 필요하다.

나 또한 사범대 제자들을 교육 현장으로 내보낼 때마다 학생들이 창조적으로 사고할 수 있도록 창의력을 길러 줘야 한다고 강조하곤 한다. 교사들이 아이들의 창의력을 키워 주기 위해 수업을 어떻게 운영할 것인가를 다양하게 고민하는 동안, 사교육의 1차 목표는 어떻게 하면 학생의 수능 성적과 내신을 끌어올릴 것이냐로 제한될 것이다. 어느 쪽의 고민이 큰지 작은지 어려운지 쉬운지 등은 잘라 말하기 어렵다. 하지만 어떤 능력을 키우는 것이 더 가치 있는 일인지는 짐작할 수 있을 것이다.

이제 어린아이들을 대상으로 운영하는 영재 센터의 실험 과정을 통해 창의적 사고가 왜 필요하며 얼마나 가치 있는 것인지 살펴보고자 한다. 여기에 나오는 유전 법칙과 관련된 실험 과정은 이미 교실을 떠난 지 오래된 학부모의 입장에서는 다소 이해하기 어려울지도 모른다. 하지만 이 실험 과정은 학부모에게 어떤 과학의 법칙을 설명하고자 하는 것이 아니라 아이들이 실험을 통해 어떤 긍정적인 변화를 하게 되었는지를 얘기하고자 하는 것임을 미리 얘기하고 싶다.

이에 앞서 국제 사회에서 우리나라 학생들의 과학 성취도가 어느 정도의 수준인지를 잠깐 짚고 넘어가는 게 좋을 듯하다. 현재 우리나라 초등학교 저학년 아이들의 과학 성취도는 상당히 높은 것으로 알려져 있다. 문제는 고차원적 사고력이나 창의적 문제 해결 능력이 본격적으로 요구되는 고학년으로 갈수록 성취도가 떨어진다는 점이다. 과학에 대한 흥미도 학년이 올라갈수록 감소되는 것으로 나타나고 있다. 이런 현상을 어떻게 극복할 것인지가 앞으로 과학 교육의 중요한 과제가 될 것이다.

외우지 말고 이해하라

영재 센터 아이들과 함께 넉 달이란 제법 긴 기간 동안 '초파리 유전' 관련 프로젝트를 진행하면서 두 가지 실험을 해 보았다. 첫 번째 실험은 빨간 눈과 긴 날개를 가진 야생 암컷 초파리와 암갈색 눈에 흔적 날개를 가진 수컷 돌연변이를 교배시켜 멘델의 독립법칙[1]을 확인하는 아주 간단한 것이었다. 두 번째는 독립법칙에 어긋나는 유전 현상인 '연관[2]'을 아이들이 경험하게 한 뒤 이를 설명하도록 한

---

1) 오스트리아의 유전학자 멘델의 법칙 중 하나. 한 형질에 영향을 주는 한 쌍의 대립 유전자가 다른 형질에 영향을 주는 대립유전자와 독립적으로 동시에 유전될 수 있다는 법칙. 예를 들어 둥글고 노란 완두콩과 주름지고 녹색인 완두콩을 교배시킨 잡종 1대를 만든 뒤 그 잡종을 자가 수분시키면 '둥글고 황색:주름지고 황색:둥글고 녹색:주름지고 녹색'의 비율이 9:3:3:1로 나타난다. 이 비율을 잘 살펴보면 둥근 콩:주름진 콩=12:4=3:1, 노란콩:녹색콩=12:4=3:1인 것을 알 수 있다. 이는 콩의 모양과 색을 결정하는 유전자가 서로 독립적으로 작용한다는 의미다.

2) 유전자가 동일 염색체 상에 자리잡고 있어서 멘델의 독립법칙이 적용되지 않는다.

것으로, 첫 번째에 비하면 다소 생각을 해 봐야 해석을 할 수 있는 상대적으로 어려운 실험이었다.

적어도 첫 번째 실험의 경우 아이들이 쉽게 해결하리라고 생각했다. 아이들은 독립법칙을 다 알고 있었고 심지어 그 이상의 것들도 알고 있었다. 두 번째 실험을 설계할 때 아이들이 모르리라고 생각했던 '연관'은 물론이고 '교차'라는 말까지도 어디선가 다 듣고 온 뒤였다.

그러나 이처럼 지식의 수준이 높은 아이들이 해석해 낸 실험 결과는 자못 충격적이었다. 아이들은 실험 결과를 그 자체로 받아들이려는 게 아니라 자신이 알고 있는 사전 지식에 끼워 맞추려는 경향이 대단히 강했다. 실험에 참여한 한 아이가 결과를 "독립의 법칙이 아니라 연관"이라고 계속 주장하기에 이유를 물었더니 "학원에서 보는 참고서에 그렇게 쓰여 있었어요."라고 얘기했다. 틀린 참고서를 보고 온 것이었다. 연구진은 실험한 결과가 있으니 그에 따라 해석해 보라고 아이들을 독려했지만 아이들은 예상치 못한 실험 결과에 매우 당황한 눈치일 뿐 제대로 된 설명을 하지 못했다.

어째서 아이들은 단순한 실험에서조차 해석을 제대로 해 내지 못한 것일까. 그간 이해를 하기보다는 정답을 암기하는 데만 급급한 공부를 해 왔기 때문이다. 아이들은 참고서에 나온 답을 의심 없이 정답으로 받아들였다. 정답과 어긋나는 데이터에 대해선 그저 무시해 버리거나 눈을 동그랗게 뜨고 의아해하는 게 전부였다. 책 속에서 정답을 찾겠다는 태도가 가져다준 폐해였다.

아이들이 유전자 실험 결과를 제대로 설명해 내려면 관련된 각종 법칙들을 '이해'하고 있어야 한다. 그린데 아이들은 '3:1이면 분리의 법칙', '9:3:3:1이면 독립의 법칙' 하는 식으로 과학 지식을 달달 암기하여 실험 결과가 나오면 무조건 외운 것에 꿰어 맞췄다. 답을 구하는 데만 익숙해져 있었던 것이다. 연구진들은 유전자 기호를 써 넣은 종이 염색체 모형으로 모의실험을 해 보이며 아이들의 이해를 돕기 위해 애써야 했다.

지나친 경쟁심은 단점이 아니다?

이것 못지않게 당황스러웠던 점이 또 하나 있다. 실험 내내 나는 아이들끼리 의견 교환을 하도록 유도했다. 모두 똑똑한 아이들이었기에 서로의 생각을 나누는 과정에서 더욱 큰 시너지 효과를 경험할 수 있지 않을까 싶었기 때문이다. 그러나 아이들은 거의 대화를 나누지 않았다. 이유는 간단했다. 서로에 대한 경쟁심 때문이었다. 혹시 내가 말한 게 틀리면 다른 아이들이 비웃지 않을까 하고 생각하거나 내가 먼저 답을 맞혀야 한다고 생각하는 등 경쟁심이 대단히 강했다.

이런 경쟁심은 좋게 보면 무슨 문제든 혼자 해결해 내려는 독립심이 강하다고 생각할 수도 있다. 실제로 영재 센터의 아이들은 모두 독립심이 강했고 무슨 과제든 끈질기게 파고드는 끈기가 있었다. 그렇지만 영재 센터 아이들의 부인할 수 없는 공통점인 지나친 경쟁심은 문제가 될 수도 있다.

아이들이 영재 센터에 입학할 때 개인별 특성을 파악할 수 있게끔 아이들과 부모들에게 각각 소개서를 한 장씩 써 내라고 했다. 이 소개서에서 아이, 어른 할 것 없이 공통적으로 지적한 내용이 '다른 사람과의 경쟁에서 지기 싫어 한다.'는 것이었다. 몇몇은 이를 장점에다, 몇몇은 단점에다 썼다. 그러나 통상 학부모라면 내 자식이 대단히 경쟁심이 강해 학교에서 늘 1등을 독차지한다는 것을 단점으로 생각하지는 않을 것이다.

이 밖에 소개서를 통해 본 또 다른 공통점은 관심이 있는 일에 몰두한다는 점, 관심 분야의 책을 반복해서 탐독한다는 점 등이었다.

이와 같은 아이들의 강한 경쟁심은 사회적 분위기 탓도 없지 않다. 우리 사회는 경쟁심을 학생의 강점으로 보는 분위기가 지배적이다. 이는 협동하는 태도에 별다른 가치를 부여하지 않는 분위기와도 맞물린다. 교사로 나간 제자들에게 협동 학습을 통해 과학을 가르쳐 보라고 얘기하지만 별 소용이 없다. 일단 공부 잘하는 학생들이 협동 학습을 대단히 싫어하기 때문이다. 자신이 손해 본다는 것이다. 혼자 공부하면 금세 해치울 분량인데 왜 공부 못하는 아이들에게 자신의 지식을 가르쳐 주느라 시간을 낭비해야 하냐는 것이다. 그야말로 대단한 이기심이 아닐 수 없다. 이런 태도는 학생들의 경쟁 의식을 가치 있는 태도의 하나로 평가하는 사회 분위기에 의해 점점 강화됐을 것이다.

똑똑한 아이 바보 만드는 '떠먹여 주기' 교육

이제 학생들이 개인별 특성에 따라 실험에 어떻게 반응했는지를 보면서 논의를 더 파고들어가 보자. 실험실에는 극히 대조적인 두 아이가 있다. A라는 학생은 시교육과 신행 학습을 많이 받았다. 덕분에 이 아이는 단편적 지식을 대단히 많이 알고 있다. 어떤 분야는 거의 대학생 수준에 이를 정도다. 그런데 이 아이는 실험 결과를 나온 그대로 설명하려 하기보다는 자신이 이미 알고 있는 지식에 그대로 꿰어 맞추려는 경향이 강했다. 첫 번째, 두 번째 실험 모두 암기한 유전 법칙에 꿰어 맞추려다 설명을 제대로 해 내지 못했다.

B라는 학생은 단편적 지식은 A만큼 많이 알고 있지 않았다. 하지만 이 아이는 실험 결과를 눈여겨보고 왜 그렇게 나왔는지 설명해 보려고 노력했다. 이 아이는 종이를 통한 모의실험으로 유전자들의 분배 조합을 이해한 뒤에는 두 번째 실험 결과를 잘 해석해 냈다.

> **창의성을 키우는 방법**
> · 탐구 실험을 직접 해 보라.
> · 독단적인 생각을 버려라.
> · 암기 천재가 되기보다는 문제 해결력을 키워라.
> · 다양한 분야의 책을 읽어라.

지식이 더 많은 A가 실험에서 이처럼 고전한 이유는 무엇일까. 역시 정답 찾기 위주의 주입식 교육에 치중해 있는 학교 교육의 폐해 때문이라고 아니할 수 없다. 학교에서는 실험을 많이 하지도 않지만 한다고 해도 예상치 못한 결과를 얻는 경우란 거의 없다. 대개 답이 빤히 보이는 실험이다. 이렇다 보니 결과를 해석하기 위해 다른 지식과 연관 지어 생각해 보는 경험을 할 기회가 거의 없다.

실험 결과가 잘못 나오면 학생의 실수 때문이라고 여기는 것이 습관화돼 있다. 아이들은 참고서의 답이 틀리고 실험 결과가 맞을 수도 있다는 생각은 추호도 하지 못한 채 당연히 자신의 잘못으로 돌려 버린다. 실제로 교실에서는 실험 결과가 교과서에 나온 것과 어긋날 때면 교사가 나선다. 교사는 결과가 어떻게 나와야 정답인지, 학생들이 무엇을 잘못했는지 등을 내차 지적해 준다. 아이들은 떠먹여 주는 대로 받아먹는 데만 익숙하다 보니 예상 밖의 결과에 대해 스스로 해결해야 하는 상황이 닥쳐도 "선생님, 이게 대체 뭔가요?" 하면서 선생님 얼굴만 바라보게 되는 것이다.

사교육 또한 탓하지 않을 수 없다. 실상 아이들의 창의성을 말려 버린 데는 사교육의 영향이 더욱 크다고 본다. 학원이나 과외 등에서는 수능에 대비한다는 명목으로 문제를 유형별로 나눈 뒤 정답과 짝짓게 하는 공부에만 열을 올리고 있다. 문제마다 그것을 해결하기 위한 공식과 그래프를 알려 줌은 물론, 정답 구하는 절차까지 통째로 암기시켜 버린다.

힘을 합쳐 해석해 낸 초파리 실험

아무리 똑똑한 학생도 이처럼 떠먹여 주는 밥만 받아먹다 보면 바보가 되기 쉽다. 연구진은 이런 상황을 개선하기 위해 여러 가지 노력을 기울였다. 아이들이 실험 결과를 눈으로 본 그대로 해석하도록 동기를 부여했고 교사가 중간에서 질문을 던지는 등 조정자 역할을 하여 아이들 사이에서 상호 작용이 일어날 수 있도록 했다. 이처럼 계속 격려하고 중재하자 아이들은 서서히 변하기 시작했다. 스스로 과학적 지식을 만들어 내기 시작한 것이다. 물론 아이들이 발견해 낸 것은 과학자들이 이미 세상에 알린 법칙들이다. 하지만 아이들 수준에선 몰랐거나 참고서 속에서 봤지만 의미도 모른 채 외워야 했던 지식들일 뿐이었다. 아이들은 실험 과정을 통해 이것을 조직화, 새로운 지식으로 해석해 내는 법을 배워 있다.

앞에서도 얘기한 한 실험은 멘델의 독립법칙에 어긋나는 '연관' 을 보여 주는 것이었고 연구진은 아이들이 '연관' 을 모른다는 전제 하에 실험을 통해 이 현상을 설명하려 했다. 실험 결과 잡종 2세대 의 분리비가 3:1로 나오자 학생 A는 역시 자신이 기존에 갖고 있던 지식에 끼워 맞춰 "이것이 멘델의 '분리의 법칙[3]' 을 보여 주는 것" 이라고 해석했다. 이 아이는 yw형질 초파리(노란 몸통과 하얀 눈을 가 진 돌연변이)의 유전자 y와 w를 늘 같이 나타나는 한 개의 유전자로 간주했다. 그러나 실은 y와 w는 '연관' 되어 있는 별개의 유전자였다.

여기에 대해 학생 B가 "yw가 두 개의 유전자라고 생각한다."라 면서 제동을 걸었다. B는 그렇게 생각하게 된 근거로 "이전에 하얀 눈을 가진 초파리를 본 적이 있었는데 그 몸통이 노란색이 아니라 야생 초파리의 짙은 암갈색이었다."라고 얘기했다.

yw가 하나의 유전자라면 초파리의 생김새는 두 가지 가운데 하 나일 수밖에 없다. 하얀 눈에 노란 몸통의 돌연변이거나 빨간 눈에 암갈색 몸통의 야생 초파리, 둘 중 하나여야 한다. 그러나 B의 말에 따르면 돌연변이의 눈에 야생의 몸통을 가진 제3의 초파리가 있다 는 것이다. B는 yw가 하나의 유전자일 수 없다는 것을 입증하는 '사실' 을 제시한 셈이다.

실험 초반 자신의 지식에 어긋나는 것은 무조건 배타적으로 대하

---

3) A를 우성, a를 열성이라고 할 때 A유전자를 가진 개체 AA와 a유전자를 가진 개체 aa를 교배시키면(AA x aa) 잡종 1세대(F1) Aa가 된다. A가 우성이므로 F1에서는 A의 형질이 표면적으로 나타난다. 이것을 자가 수정하면 잡종 2세대(F2)에선 AA, Aa, aA, aa가 나타 나고 그 분리비는 AA:Aa:aa＝1:2:1이 된다. 즉 잡종 2세대에서 우성형질이 표면에 나타 나는 AA, Aa와 열성형질이 표면에 나타나는 aa가 3:1로 분리된다는 법칙이다.

며 정답에 꿰어 맞추려고만 하던 A는 이처럼 아이들 사이에서 토론
과 자유로운 해석이 활성화되자 점차 변하기 시작했다. A는 주입식
교육에 물들어 있기는 했지만 대단히 독립적이었으며 지능이 뛰어
났다. 자신의 가설과 어긋나는 사실들이 하나씩 제시되자 A는 다른
아이들의 가설에 보다 열린 태도를 취하기 시작했다. 그러면서 실
험 결과의 의미를 편견 없이 해석하는 모습을 보이게 됐다.

두 번째 실험에서 문제가 된 yw유전자는 x염색체, 즉 성(性)염색
체와도 관련이 깊은 것이었다. 이와 관련해 A가 자기 나름의 분석
적 생각들을 털어놓기 시작했다. 그는 "yw가 상(常)염색체에 있는
유전자라면 암컷의 야생형과 돌연변이의 수가 비슷하게 나와야 했
는데 돌연변이가 야생형보다 훨씬 적었다. 따라서 연관이 맞는 것
같다."라고 말했다. 비로소 스스로의 힘으로 연관 현상을 짐작해 낸
것이다. 이번엔 B가 교과서에서 읽은 '교차'에 대한 지식을 떠올리
며 의문점을 제시했다. "yw가 두 개의 유전자라면 교차의 원리상
Yw나 yW가 한 마리라도 나와야 했는데 나오지 않은 것이 이상하
다."라는 것이었다. 그러자 평소에는 별말이 없지만 상당히 분석력
이 뛰어난 학생 C가 나섰다. "교차가 나타나지 않은 것은 조사한 초
파리 수가 너무 적었기 때문이다." 이런 식으로 아이들은 의견 교환
을 통해 생각의 범위를 넓혀 나갔다.

이 실험 과정은 혼자서만 공부하려던 경쟁적인 아이들이 실험을
통해 어떻게 토론하는 아이들로 바뀌어 갔는지를 보여 준다. 한 아
이가 자신의 지식으로부터 예상되는 결과를 가설로 내놓으면 다른
아이가 그에 대해 문제점을 지적하고 또 다른 아이는 새로운 상식
을 보대 주기도 하면서 아이들은 토론의 힘을 깨우쳐 갔다. 협력 관

게가 조성되고 아이들은 실험 결과를 모두 성공적으로 설명해 낼 수 있게 됐다. 지식을 나누어야 새로운 개념을 훨씬 빨리 이해할 수 있다는 생각을 모두가 품게 됐으니 그것이 이 실험의 가장 큰 수확 중 하나일 것이다.

창의성, 새롭고 유용한 지식을 만드는 힘

학생들이 실험 결과의 해석에 성공한 것은 토론을 통해 단편적인 지식에 생명을 불어넣는 데 성공했기 때문이다. 여기에 가장 큰 기여를 한 것이 학생들 사이의 지적 협력, 즉 '분담적 추론'이었다. 저마다 개성이 강하고 특성이 다른 아이들이 모여 앉아 하나의 현상을 설명하려다 보니 다양한 의견들이 쏟아져 나왔다. 어떤 아이는 법칙으로부터 실험 결과를 예상하는 '연역적 추론', 어떤 아이는 실험 결과를 통해 결론을 유추하는 '귀납적 추론', 어떤 아이는 직접 본 현상을 말해 주는 '사실 첨가' 등으로 각각 실험 결과를 추론하는 과정에서 자신의 몫을 해 냈다.

물론 앞서도 밝혔듯 아이들의 경쟁적 기질은 쉬 사라지지 않을 것이다. 경쟁심을 꼭 부정적으로만 볼 필요도 없다. 경쟁심이 때론 공부에 추진력이 될 수 있다는 점을 부인할 수 없기 때문이다. 혼자 정답을 맞혀야 경쟁에서 앞서 가는 것이라는 이기적인 생각을 하던 아이들은 실험 과정을 통해 때론 토론과 협력이 문제 해결과 새로

하나의 과학적 주제를 놓고 집중적으로 탐구하라. 시험과 직결되지 않는 것처럼 보여도 결국엔 다 도움이 된다. 끊임없이 관찰하고 그 결과를 지식과 연결시켜라.

운 지식의 창출에 더 큰 힘이 될 수도 있다는 점을 깨닫게 되었다.

이제 각도를 달리해 보자. 아이들이 실험 활동을 통해 많은 것을 얻고 한층 성숙해진 것은 분명한 것 같다. 그렇다고 해서 이 활동이 창의적인 활동이었다고 볼 수 있을까? 이에 대한 해답을 얻기 위해 학자들이 제시한 '창의성'에 대한 정의 몇 가지를 알아보자.

창의성은 '아이디어나 사물, 기술, 접근 방법 등을 새로운 방식으로 결합하는 능력', '새롭고 상황에 적절한 것을 만들어 낼 수 있는 능력', '주어진 문제를 통찰, 새롭고 신기하고 독창적인 산출물을 내는 능력' 등으로 정의된다. 이 정의들의 공통분모는 '새로움'과 '유용성'이다. 새롭고 유용한 것을 만드는 능력이 곧 창의성이다.

앞의 실험에서 학생들이 이끌어 낸 나름의 설명 체계는 그들에게는 새로운 지식이었다. 단편적인 지식만을 갖고 있었을 때 아이들은 실험 결과를 설명하지 못했다. 따라서 단편적 지식은 아이들에게 유용한 것이 못 되었다. 하지만 그 지식을 재구성해 새로운 해석의 틀을 마련하자 아이들은 실험 결과를 설명할 수 있게 됐다. 무용지물이었던 단편적인 지식이 유용한 새 지식으로 변모한 것이다. 따라서 아이들의 실험은 새로움과 유용성, 두 조건을 모두 충족시키는 창의적인 것이었다고 말할 수 있다.

창의적인 과학자는 비유에 능하다

한 사람의 창의성을 한 가지 잣대로만 평가하는 데는 한계가 있다. 창의성이 뛰어난 사람들을 판별해 내기 위해 학자들은 창의성을 여러 가지 구성 요소로 세분화하기 시작했다. 창의성과 관련된 뛰어난 연구 결과를 많이 남긴 심리학자 토런스는 인지적 측면에서 창의성이 '유창성, 정교성, 독창성, 추상성, 제한에 대한 저항' 등으로 구성되며 정의적 측면에서 '용기, 호기심, 독자적 사고, 판단력, 자신이 하고 싶은 일에 대한 몰두, 사물을 당연한 것으로 받아들이지 않는 자세, 직관적 태도' 등으로 구성돼 있다고 봤다. 이 가운데 몇 가지를 설명하자면 '유창성'은 한 가지 현상에 대해 유의미한 질문이나 해석들을 다채롭게 제시할 수 있는 능력이며 '정교성'은 현상을 설명할 때 관련된 사안들을 잘 끼워 맞추는 능력이다. '제한에 대한 저항'이란 틀에 맞춘 것만 하게 하거나 뭔가를 하지 못하도록 금지할 때 이를 거부하는 심리다.

심리학자인 어반은 또 다른 중요한 구성 요소로 '애매모호함에 대한 참을성'을 꼽기도 했다. 상당히 그럴듯한 설명이다. 이는 주입식 교육의 정답 맞추기에 요구되는 자질과는 정반대인 것이다. 정답 맞추기에서는 바로바로 답이 나와 줘야 한다. 하지만 앞의 실험 등에서도 볼 수 있듯 실험실에서는 실험에 착수하여 결과를 보기까지는 대단히 애매모호한 상태에서 장기간을 견뎌야 한다. 이것을 할 수 있어야 창의적인 사람이라는 것이다.

이처럼 불확실한 상황을 참고 견딜 수 있게 해 주는 원동력은 무엇일까? 결과를 보고 싶은 호기심이다. 무슨 일엔가 몰두하고 집착하는 것은 그 일에 흥미와 호기심을 느끼기 때문이다. 이런 호기심은 어떻게 생겨나는 것일까. 일상생활에서 여러 가지 문제나 상황을 스스로 해결해 나가는 과정을 겪으면서 생겨난다. 자율적으로 문제를 해결해 나가다 보면 또 다른 궁금증이 꼬리를 물고 생겨나기 마련이다. 부모가 아이를 위해 가정에서 해 줄 수 있는 일이 있다면 아이의 호기심이 죽지 않고 뻗어 나가도록 아이에게 다양한 경험의 장을 마련해 주는 일이 아닐까 한다.

이제까지 창의성의 보편적 구성 요소를 알아봤다. 한걸음 더 들어가 보기로 하자. 창의적 사고의 첨단에 서 있는 과학자들에게서는 이들만의 특별한 창의성을 엿볼 수 있다. 미국의 인지과학자 던바는 과학자의 창의적 아이디어가 어디에서 나오는 것인지를 알아보기 위해 뛰어난 연구 성과를 많이 보여 준 미국의 생물학 연구실 연구원들을 관찰했다. 그 결과 그는 일주일에 한 번씩 있는 실험실 회의에서 창의적인 아이디어가 많이 나온다는 사실을 알게 됐다. 그는 이 아이디어들을 분석한 결과 창의적 과학 지식이 터져 나오게끔 해 주는 요소들로 '비유, 분담적 추론, 예상치 않은 결과에 초점 맞추기' 등을 뽑았다.

비유란 알다시피 다른 것에 빗대어 보는 일이다. 예를 들자면 다윈은 교배 과정에서 새로운 품종의 비둘기가 만들어지는 데 인위적인 선택이 중요하듯이, 자연에서도 새롭게 진화된 생물이 나타나기까지 자연의 선택이 작용할 것(자연선택설)이라고 생각하였다. 이런 비유적 사고는 현대의 과학자들에게서도 대단히 많이 나타난다. 비유적 사고를 할 수 있으려면 단순한 암기보다 평소에 여러 분야의 책을 읽어 둬 늘 다방면에 풍부하게 번득이는 영감을 지니고 있어야 한다.

'예상치 않은 결과'를 중요하게 여기는 이유는 뻔히 예상할 수 있는 결과에서 벗어나는 것이 나왔을 때 창의적 지식을 발견할 기회가 더 많아지기 때문이다. 앞서 나온 영재 센터 실험에서도 아이들은 예상과 달리 나온 두 번째 실험 결과에서 더욱 많은 지식을 얻는 기쁨을 누릴 수 있었다. 예상치 않은 결과가 커다란 과학적 발견으로 이어진 경우는 역사적으로 무수히 많다. 플레밍의 페니실린 발견은 우연히 피어오른 푸른곰팡이에서 빚어졌지만 약리학 역사를 새로 쓸 만한 엄청난 발견이었다.

하지만 우연한 발견은 현대에 가까워질수록 드물어지고 있다. 요즘은 과학적 영감을 얻기 위해 실험 과정에 예상치 않은 결과가 나오도록 의도적으로 실험을 설계하는 경우가 많다. 예상치 않은 결과를 설명하는 과정에서 새로운 실험을 위한 아이디어를 얻기 위해서다.

창의성, 유창하고 독창적이며 유연하면서 상황에 맞는 사고

간단한 예를 통해 실제로 창의성을 측정하는 과정을 알아보자. 집에서 자녀들과 함께 해 보기 바란다.

앞의 사진은 북극성을 향해 촬영한 '별의 일주운동'(별들이 북극성을 중심으로 천구를 하루에 한 바퀴씩 도는 현상) 사진이다.

1. 사진에서 관찰할 수 있는 것들을 모두 열거하라.

2. 사진을 관찰한 결과 알아 낼 수 있는 천문학적 사실을 모두 열거하라.

3. 북극성의 적위가 89.264라면 A별의 적위는 대략 얼마인가?

(힌트: 별 자취의 길이 L은 $L = \dfrac{t\,F\cos(\delta)}{13,751}$ 인 관계가 있다. 여기서 t는 노출시간(초)을, F는 카메라의 초점거리, δ는 천체의 적위를 나타낸다.)

서울대학교 과학영재교육 센터에서 과학 영재 선발을 위해 개발한 예시 문항의 일부

1번 문항은 사진 한 장을 놓고 학생들이 얼마나 다양한 생각을 쏟아 낼 수 있는가, 즉 '유창성'을 측정하는 물음이다. 2번은 관찰한 것을 천문학 지식과 연결시키는 능력을 요구한다. 관찰을 얼마나 유연성 있게 다른 지식과 결부시키는가 하는 '유연성'을 묻는 질문이다. 이 두 가지가 하나의 사진으로부터 얼마나 다양한 지식으로 뻗어 나갈 수 있는가를 따지는 '확장적 사고'를 측정한다면 3번은 다양한 정보를 탐색해 답을 찾아 내는 능력, 즉 수렴적 '분석력'을 요구하고 있다. 또 다른 사례를 보자.

경호는 여름 방학에 서해안 근처에 살고 계신 할아버지 댁에 놀러 갔다. 그곳 야산을 산책하다가 줄기가 검은색을 띤 소나무가 많이 자라는 것을 보고 줄기 색이 독특하다는 생각을 했다. 그 소나무 아래 앉아 잠시 쉬다 보니 다른 나무들이 자라는 곳의 아래에는 여러 식물들이 무성하게 자라고 있는데 비해, 이 소나무 아래에는 다른 식물이 거의 자라지 않는다는 것을 관찰할 수 있

었다. 경호는 유독 이 소나무 아래에서만 풀이 잘 자라지 못하는 이유를 알고 싶었다.

❶ 경호의 입장이 되어 이 현상을 설명할 수 있는 과학적 가설들을 가능한 한 다양하게 세워 보자.

❷ ❶번 문항에서 세운 가설 가운데 한 개를 택하여 번호를 쓰고 그 가설을 검증할 수 있는 실험 방법을 구체적이고 과학적으로 설계해 보자.

1번 문항은 얼마나 다양하게 가설을 세우느냐 하는 '유창성', 그리고 소나무 밑에 풀이 자라지 않는다는 현상을 놓고 얼마나 과학적 설명을 조리 있게 끄집어낼 수 있느냐는 '유연성', 마지막으로 뻔한 이야기가 아닌 자신만의 독특한 생각을 표현해 낼 수 있는지의 여부를 따지는 '독창성' 등을 검증한다.

무조건 많은 것을 늘어놓기만 한다고 과학적 창의성이 뛰어난 것은 아니다. 아이의 얘기가 나름대로 독창성을 지니면서도 과학적이어야 한다. 유창성, 유연성, 독창성은 이처럼 함께 판별되어야 하는 경우가 많다.

2번 문항에서는 실제로 실험을 통해 나름대로 세운 가설을 검증하는 능력을 테스트 할 수 있다. 자신의 가설이 제대로 검증되도록 실험을 설계할 줄 알아야 한다. 가설과의 '정합성', '통합성'을 따지는 것이다. 이런 것도 다 창의성을 구성하는 요소 중 하나다. 창의성이란 이처럼 수많은 세부 항목들을 통해 간접적으로 측정되는 것이다.

아이들에게 정말 필요한 자질은 결국 창의력이다. 아이가 단순히 교과서를 달달 외워 단편적인 지식들을 많이 알고 있다고 해서 앞의 질문에 제대로 답할 수 있을까? 아닐 것이다. 창의력 측정에는 평소에 세상에 대해 호기심의 촉각을 곤두세우고 이런저런 상식을 엮어 생산적인 지식을 만드는 습관을 들여 온 아이가 절대적으로 유리할 수밖에 없다.

창의성, 학교와 학부모의 관심을 먹고 자란다

아이들의 창의성을 어떻게 키워 줘야 할까. 학부모들이 사교육에 쏟는 열성의 반만 창의력 개발에 쏟아도 아이들의 창의력을 쑥쑥 키울 수 있을 것이다.

아이가 과학에 흥미를 갖고 자기가 주도하는 학습을 할 수 있게 도와주기 바란다. 누누이 얘기했듯 하나의 단편적 정답만을 찾는 습관은 꼭 버리게 해야 한다.

자녀에게 하나의 주제를 놓고 집중적으로 탐구할 수 있는 기회를 많이 주기 바란다. 영재 센터에 오는 아이들은 대부분 어려서부터 이런 활동을 많이 했다. 쌀벌레를 없애기 위해 쌀 포대 속에 온갖 것들을 다 넣어 보는 아이도 있다.

현상을 설명해야 할 때 아이 스스로 다양한 설명을 제시할 수 있도록 기다려 주고 기회를 주자. 어떤 현상을 보고 설명하기 어려운 점을 찾아보도록 유도하는 것도 좋은 방법이다. 정답만 찾는 데 익숙해진 아이들에게 사물에 대한 호기심을 유발시켜야 한다. 서로 관계가 없어 보이는 개념 사이에 유사성이 없는지 따져 보게 하는 것도 창의력을 높이는 한 방법이 될 수 있다. 이와 관련된 컴퓨터 게임도 시중에서 찾아볼 수 있을 것이다. 스스로 새로운 실험 방법을 고안해 보도록 하는 것도 좋다.

다음으로 아이가 다른 사람과 생산적인 의견 교환을 할 수 있도록 도와주어야 한다. 그러기 위해서는 가정에서부터 부모가 아이의 이야기를 잘 들어주고 다양한 각도에서 사물에 대해 토론할 수 있는 분위기가 마련돼야 한다. 경쟁에서 다른 사람을 이기려는 태도만 북돋울 것이 아니라 함께 성취하는 기쁨을 누릴 수 있도록 기회를 만들어 줘야 한다. 이기는 것만을 최고로 알던 아이들이 협력을 통해 혼자 공부하는 것보다 더 큰 지적 기쁨을 얻을 수 있다는 것을 체험하고 나면 태도가 크게 달라진다.

다양한 분야의 책과 정보를 접하면서 여러 가지 경험을 쌓는 것도 중요하다. 영재 센터의 학생 가운데 한 아이는 자신이 관심 있는 책만 수십 번씩 읽고 다른 분야는 거들떠도 보지 않았다. 다른 한 아이는 여러 분야의 다양한 책을 읽는 아이였다. 확실히 두 번째 아이가 사고의 폭이 훨씬 유연했다. 아이가 어릴수록 다양한 분야에 관심을 갖게 하는 것이 중요하다. 한 분야에만 지나치게 몰입하기보다는 다양한 경험과 책으로 창의력의 백그라운드를 만들어 주기 바란다.

앞에서 창의성의 구성 요소에 대해 언급했는데 이는 아직 미완의 연구이며 아마 영원히 그럴 것이다. 풍요롭고 다양한 인간의 능력을 무 자르듯 몇 개의 요소로 측정해 내려 하는 데는 한계가 있을 수밖에 없기 때문이다. 다만 창의성에 대한 이런 여러 가지 논의들을 지켜 보며 학부모들이 정말 아이에게 가치 있는 것이 무엇인지 진지하게 고민해 보는 기회를 가졌으면 하는 바람이다.

과학 공부 바로 하기 2

- 외지 말고 이해하는 데서 시작하라. 과학 공부는 암기도 필요하지만 내용에 대한 이해를 바탕으로 하지 않으면 의미가 없다.
- 부모는 아이가 호기심을 키울 수 있도록 다양한 경험의 장을 제공하라.
- 현상을 스스로 분석하고 설명하는 과학 공부를 하라.
- 다양한 분야의 책을 읽고 배경 지식을 쌓아 사고의 폭을 유연하게 하라.

2부

제대로 공부하기 위하여

진로와 적성

시험 불안

수행평가

자율적 학습 습관

진로와 적성,
어떻게 알 수 있나?

서울대 교육학과 교수 김계현

부모라면 누구나 자녀가 커서 무엇을 잘할 수 있을지, 어떤 직업을 가지게 될지에 대해 한 번씩은 고민해 봤을 것이다. 아이가 잘할 수 있는 게 있기만 하다면 금세 답을 찾을 수 있을 것 같기도 하다. 하지만 늘 변수가 가득한 인생살이에서는 재능이 있다고 해서 그 재능을 펼치며 사는 게 보장되지 않는다. 자녀들의 진로 결정 문제가 쉽지 않은 것도 이런 이유에서다.

요즘 진로 지도는 흥미로운 주제라기보다는 암담한 주제다. 잊을 만하면 신문에서 대부분의 기업에서 신규 채용 계획이 없다는 등의 헤드라인을 1면으로 뽑곤 하는 불경기에 진로 지도는 배부른 얘기처럼 들릴 수도 있다.

하지만 학교 공부 바로 하기와 관련된 과목별 전략을 짜 보는 이 책에서 '자녀의 진로와 적성'이 중요한 주제로 자리를 잡은 데는 이유가 있다. 학생이 공부하는 이유나 배경에 대해 충분히 이해했을 때 공부하려는 동기가 더욱 샘솟을 것이기 때문이다.

우리나라 현실에서 진로 문제는 자녀의 공부 성적과 떼려야 뗄 수 없다. 그렇다면 이런 질문부터 던져 봐야 할지도 모른다. 공부는 왜 하는가? 왜 부모는 다들 공부 열심히 하라고 아이들을 채찍질하는가?

첫 번째 이유로 공부를 무조건 중시하는 문화와 가치관을 꼽을 수 있다. 유교 전통에서는 예로부터 책과 학문을 소중히 여겼고 학자를 귀하게 생각했다. 그 전통이 현대에까지 영향력을 뻗치고 있는 셈이다.

두 번째로는 공부를 잘해야 부모를 비롯한 가족, 친지나 친구들에게 인정받을 수 있기 때문이다. 즉, 공부는 학생이 현재 생활에서 만족을 극대화할 수

> 공부를 잘하는 것은 학생이 현재의 생활에서 만족을 극대화할 수 있는 가장 손쉽고 강력한 수단일 수 있다. 하지만 학생이 공부를 열심히 해야 하는 이유는 무엇보다도 공부가 미래의 편안한 삶을 위한 투자가 될 것이기 때문이다.

있는 가장 손쉽고도 강력한 수단이 된다는 것이다. 성적이 오르면 부모가 자녀를 대하는 눈초리부터 달라진다. 공부 못하는 자녀를 쳐다보는 부모의 눈초리엔 짜증이 섞여 있지만 공부 잘하는 아이를 향하는 목소리엔 부드러움이 묻어 난다. 우등생 자녀에게는 '너하고 나하고는 동지'라는 듯이 행동하다가도 열등생 자녀는 '원수덩어리'라며 외면한다. 실상 많은 우등생들의 무의식에는 부모의 기쁨과 보람을 위해 공부한다는 심리가 조금씩은 깔려 있을 것이다.

하지만 뭐니 뭐니 해도 학생이 공부를 열심히 하는 가장 중요한

이유는 나중에 좋은 직업을 가지기 위해서이다. 결국 공부는 미래의 편안한 삶을 위한 투자인 것이다.

진로 선택의 첫 단추:
직업을 통해 실현하고픈 가치를 찾아라

열심히 공부만 하면 미래의 행복이 보장되는 것일까? 물론 그렇다고 말할 수는 없다. 공부의 성과를 자신의 직업 인생과 잘 연결시켜야 한다. 이를 위해서는 어떤 직업이 자신에게 좋은 직업인지부터 검토해 봐야 할 것이다.

어떤 직업이 좋은 직업인가에 대해서는 사람마다 생각이 조금씩 다를 것이다. 사람들의 직업에 대한 평가를 '직업 가치관'이라고 한다. 대표적인 여덟 가지를 꼽아 본다면 돈 잘 버는 직업, 존경받는 직업, 본인이 원하는 일을 할 수 있는 직업, 본인의 재능을 잘 발휘할 수 있는 직업, 안정성이 보장되는 직업, 가업을 이을 수 있는 직업, 남들의 이목과 관심의 대상이 되는 직업, 권력을 누릴 수 있는 직업 등이다. 이 가운데 어떤 직업을 선호하느냐는 각자의 직업 가치관에 따라 천차만별일 수 있다. 외환 위기 이후 우리나라에서도 연봉제, 계약제 등이 자리 잡게 되면서 점점 돈 잘 버는 직업이 최고 인기 직업으로 떠오르는 듯하다. 그런가 하면 남의 이목과 관심의 대상이 되는 연예인이란 직업이 아이들 사이에서는 선망의 대상이다.

하지만 어떤 직업도 위에서 예로 든 여덟 가지 조건을 모두 만족시킬 수는 없다. 선택을 해야 한다. 이 가운데 한 가지만을 선택할 수도 있지만 대부분 그보다는 두세 가지 정도의 가치를 교집합으로 충족시킬 수 있는 직업을 선택하곤 한다. 예를 들어 돈을 잘 벌면서 안정성도 있고 가업도 이을 수 있는 직업을 선택하는 식으로 말이다.

여러 가지 가치를 두루 충족시켜 줄 수 있는 직업일수록 많은 이들이 지망하여 경쟁이 치열하기 때문에 그 직업에 진입할 수 있는 문은 좁아진다. 따라서 자신이 가장 중시하는 직업 가치관이 무엇인지를 잘 따져 우선순위를 정해야 한다. 직업을 선택할 때 고려하게 되는 첫 번째 기준이 본인의 직업 가치관이다.

직업 선택의 또 다른 핵심 '적성', 어떻게 판별되나

직업 가치관 못지않게 중요한 또 다른 기준이 적성이다. 적성이란 무엇인가? 적성이란 학술적으로는 한 사람이 가진 재능, 즉 능력을 뜻한다. 하지만 보통 적성이라고 할 때는 재능 외에도 흥미와 관심, 가치관, 성격 따위를 모두 아울러 일컫는 경우가 많다.

사람이란 모름지기 적성에 맞는 직업을 택해야 한다는 얘기를 우리는 무수히 들어 왔다. 대학 진학 시 학과를 선택할 때도 적성을 가장 먼저 고려해야 한다고들 한다. 이는 그야말로 원론적인 조언들이다. 원론이라는 것은 일단 맞는 말이란 얘기다. 하지만 원론 그대로 좇을 수만은 없으며 늘 무수한 예외가 생기기 마련이다. 살다 보면 원론을 빤히 알고 있음에도 그걸 좇지 못하고 다른 방향으로 비껴가야 하는 수많은 경우의 수가 생겨나지 않는가.

그럼 적성은 어떻게 판별되는가? 우리나라 중등 교육 과정은 중간에 한 번씩 대략적으로나마 적성을 판별할 수 있는 경로를 설계해 두고 있다. 일단 아이들은 적성에 따라 공부와 예체능으로 갈린다. 예체능 분야는 상당히 일찍 즉, 아동기에 결정되는 경우가 많다. 늦어도 청소년 초기까지는 결정되어야 그 분야의 기초 기능을 연마할 수가 있다.

아이가 공부에 재능이 있다면 공부를 선택하는 것이 일반적이다. 하지만 공부에 재능이 없어 보이거나 공부를 그럭저럭하지만 다른 데 더 재능이 있어 보인다면 그때 선택할 수 있는 것이 예체능 분야다. 통상 음악적 재능은 취학 전, 아이가 아주 어릴 때 판별된다. 체능의 경우도 초등학교, 아무리 늦어도 중학교에서는 가능성을 보이게 된다. 그래서 전문적인 운동 선수가 되는 이는 대개 초등학교 고학년 때나 중학생 때 운동을 시작한다. 하지만 이처럼 예체능 쪽으로 일찌감치 방향을 잡는 아이는 상대적으로 소수다. 대부분의 경우 공부 쪽을 선택하게 된다.

공부를 선택한 아이들은 또 공부를 얼마나 잘하느냐에 따라 특수 목적 고등학교로 갈 것인지 일반고에 갈 것인지 실업고에 갈 것인지 등으로 나뉘게 된다. 통상 가장 우수한 학생들이 지망하는 것으로 알려진 특목고의 경우, 요즘에는 초등학교 고학년부터 입시 준비를 시작하는 게 희귀한 일은 아니다. 특목고를 보내는 이유는 집집마다 조금씩 다르겠지만 따지고 보면 비슷하다. 대학 진학을 위해서다. 특목고 아이들의 소위 일류 대학 합격률이 더 높을 것이라고 기대하기 때문이다. 요즘에는 아예 초등학생 때부터 서울대 등 국내 명문대뿐만 아니라 외국 명문대를 겨냥하여 특목고 입시 준비를 시키는 부모들도 상당히 많다고 한다. 이런 경향에는 일장일단이 있다고 본다. 초등학교 때부터 '공부 선수'를 만들자는 것인데, 계획대로 성공한다면 만족스러울 수 있겠지만 그렇지 못할 경우 아이에게서 행복한 초등학교 생활을 앗아 가는 결과를 낳을 수도 있기 때문이다. 따라서 특목고를 미리미리 준비하는 데는 위험이 따른다는 점을 알고 시작해야 한다.

문과 적성, 이과 적성이 따로 있을까?

고등학교에 진학한 학생들은 다시 문과와 이과로 나뉜다. 현재 적용되는 7차 교육 과정에서는 고교생들을 문과와 이과로 나누지 않는 것으로 돼 있다. 하지만 지금과 같은 체계에서 계열을 구분하지 않고는 고등학교 운영이 불가능하다. 무엇보다도 대학 입학 수학 능력 시험 자체가 여전히 문·이과의 구분을 두고 있기 때문이다. 따라서 실제로는 아이가 문과 적성이냐, 이과 적성이냐를 판별하지 않을 수 없다. 적성에 대한 판단과 고민은 대학 원서를 쓸 때 가장 첨예하게 이뤄지게 된다. 대체로 우리나라 학생들에게는 이 정도의 적성 판별 경로가 제공되는 것 같다.

그렇다면 과연 문과 적성, 이과 적성이라는 것이 따로 있는 것일까? 이는 정말이지 선택의 기로에 선 많은 고등학생과 학부모가 궁금해하는 점일 것이다.

문과 적성이나 이과 적성이 명백하게 구분되는 아이들이 분명 있다. 물론 모든 아이들이 다 그렇다는 것은 아니다. 특별히 어느 한쪽에 두드러진 적성을 보이지 않는 아이들도 있다.

문과 적성이나 이과 적성을 어떻게 알아볼 수 있을까. 가장 흔하고 일반적인 것이 학과목을 통한 판별이다. 수학 계열 과목을 특별히 좋아하고 잘하는 아이의 경우는 대부분 이과 적성을 가진 것으로 판별된다. 반면 수학은 못하는데 언어를 잘하면 문과 적성이라고 본다.

또 하나의 적성 판별 기준으로 '특정 분야에 특이하게 나타나는 관심'을 들 수 있다. 이것은 누구나 그런 것은 아니다. 대부분의 아이에게는 없는 현상이다. 그런데 가끔 특정 영역에 '광적으로' 관심을 보이는 학생이 있다.

전공이 상담심리학이다 보니 많은 학생과 학부모를 접하게 되는데 한번은 공부를 그야말로 '지지리도' 못하는 아이를 상담한 적이 있다. 그런데 이 아이는 학업 성적은 나빴지만 어릴 때부터 새를 아주 좋아했다. 거의 새에 '미쳐' 살았다. 그 아이는 결국 조류학 박사가 됐다.

또 다른 학생은 명문대 경영학과에 입학해 회계사 시험에도 척 붙었다. 십여 년 전 얘기니까 회계사 자격증 따기가 상당히 어려웠던 시절이다. 그런데 이 학생은 시험에 붙자마자 회계 법인에 들어간 것이 아니라 기다렸다는 듯 지리학과로 편입을 했다. 그리고 현재는 지리학과 교수다. 그가 경영학과에 입학하고 회계사 시험을 치른 것은 모두 아버지의 한을 풀어 드리기 위한 것이었다. 두 가지가 아버지의 평생소원이었던 것이다. 하지만 아버지의 뜻을 이루어 드리자마자 자기의 관심을 좇아 진로를 틀었고 결국 자기 적성 분야에 안착했다.

이런 아이들은 속된 말로 '못 말린다.' 이외에도 특정 분야에 높은 관심을 보이는 아이들이 많다. 돈벌이도 별로 안 되는 기상학이며 역사 공부를 기를 쓰고 하고 싶어하는 아이들이 꼭 있다. 이처럼 죽도록 하고 싶어하는 분야가 있는 아이들은 분명히 그 분야에 적성이 있다고 봐야 한다. 물론 못 말리게 관심을 가지는 분야가 영 엉뚱해서 부모 걱정을 시키는 아이들도 있기는 하다. 이를테면 게임에 중독된 경우, 노래에 재능이 별로 없으면서도 가수가 되겠다며 노래 연습에 열을 올리는 경우 등을 들 수 있는데 부모라면 보통 좋게 보지 않을 것이다.

이공계 기피, 수능 탓도 크다

이런 질문도 던져봄 직하다. 대학의 이공계 학과에 진학하려면 이과 적성이 반드시 필요한 것일까? 이과를 가고 싶어도 수학을 못해서 못 간다는 아이들이 심심찮게 있기는 하다.

하지만 이 질문에 대한 답은 '예스'라고도, '노'라고도 할 수 없다. 일단 이공계 대입을 위해서는 어쨌든 이과 적성이 도움이 되기는 한다. 수능 수리 탐구 '가'형, 즉 수학Ⅱ 시험을 쳐야 하기 때문이다. 하지만 대학을 졸업하고 직장인이 되었을 때는 이공계라고 모두 다 수학을 잘해야 하는 것은 아니다. 물론 이공계 관련 직업에서 수학 실력이 요구되는 분야도 있지만 수학 점수가 업무 수행과 직결되지 않는 분야도 많다. 문·이과의 구분은 학창 시절에는 절대적이지만 직업 세계에서는 희미할 뿐만 아니라 특정 시점에서 업무의 성격이 아예 바뀌기도 한다.

그런데 왜 다들 이공계 가기를 꺼리는가? 이공계 기피 현상에 대해서는 신문 사설 등에서 다양한 원인을 분석하여 의견을 내 왔다. 이를 간단히 요약하면 법대, 상대 등 문과 출신들의 출세가 상대적으로 돋보이기 때문이라는 것이다. 누구라도 공감할 문제점일 것이다. 실상 우리 사회는 출세와 명예를 중시해 왔으며 고위 관료나 소위 '사' 자 붙은 직업으로 진출한 문과 출신에 비해 과학자나 기술자 등을 부각시키는 데 소홀히 해 온 것이 사실이다. 이것이 이공계 기피 현상으로 귀결되고 있다는 것이다.

하지만 학생 입장에서 본다면 그것만이 이공계 기피 원인은 아니다. 실상 수학은 학생들이 가장 어려워하는 과목 가운데 하나다. 많은 아이들이 수학 때문에 이과를 선택하지 못하고 자포자기하곤 한다. 그런데 현행 수능 시험은 문과와 이과 간에 과목이 불균형하게 짜여 있다. 이과가 불리하게끔 과목이 배정돼 있다는 것이다. 언어 영역은 문과, 이과 공통인데 수학은 그렇지 않다. 문과 학생들은 수학I만 시험 보면 되지만 이과는 수학I뿐 아니라 수학II 및 선택 과목(확률, 통계, 미적분, 이산수학)까지도 시험 쳐야 한다. 이런 상황에서 이과를 선택하는 학생들이 적다는 것을 문제 삼는 것은 어불성설이다. 현행 체제에서 수학에 자신 없는 학생들이 이과를 선택하기는 어렵다.

문·이과 간 수능 불균형을 해소할 수 있는 방법은 두 가지다. 이과 시험 과목 가운데 수학Ⅱ를 없애거나 이과의 언어 영역을 절반으로 줄여 주는 것이다. 그런데 이과 시험에서 수학을 줄인다는 것은 국가 경쟁력에 지장을 초래할 것이므로 좋은 방법이 아니다. 그러나 언어 영역을 반으로 줄이는 방법은 간단하다. 이과 시험에서 고전 문학 부분만 빼 주면 확실히 부담이 줄어든다. 만약 이렇게만 된다면 이과를 지망하는 고교생의 숫자는 지금과는 비할 바 없이 늘어날 것이다.

의대 선호 열기, 십 년 후에도 여전할까?

이과 지망생 수가 절대적으로 적은 가운데 이과 학생들이 선호하는 분야가 의사, 치과 의사, 한의사 등을 양성하는 의대 계열에 집중되다 보니 학과 불균형이 더욱 심화되고 있다. 이과 학생들의 의대 편중 지망은 언제까지 계속될까? 물론 그것은 바람직하지 않으며 십 년 후에도 의대가 지금처럼 폭발적인 인기를 누릴지는 장담하기 어렵다. 그러나 의대 선호가 당분간 이어지리라는 것만은 분명한 것 같다. "서울대 공대보다 다른 대학 의대에 가는 게 낫다."라는 얘기가 이제는 더 이상 빈말이 아닌 시대다. 하지만 이 같은 지나친 의대 선호가 과연 자녀가 사회에 나갈 무렵에도 여전히 올바른 선택일 것인지는 장담할 수 없다. 개인적으로 판단해 봐야 할 문제다.

의대와 한의대로 몰리는 현상

> 진로를 택할 때는 먼저 시대에 적합한 것인지 확인하고 전망을 봐야 한다. 예를 들자면, 지금은 의대 선호 열기가 대단하지만 십 년 후에도 그것이 올바른 선택일지는 장담할 수 없다.

에 대한 원인 분석이나 문제점 지적 등은 그간에도 무수히 많았기 때문에 또다시 세세하게 얘기할 필요는 없을 것이다. 가장 큰 이유는 역시 직업의 불안정성이 커져 가는 사회 분위기 때문이다. '삼팔선, 사오정'(이른바 38세나 45세 정년) 등의 유행어가 더 이상 남의 집 이야기가 아닌 상황에서 남의 눈치 보지 않고 오랫동안 일할 수 있는 의사, 한의사의 메리트가 두드러져 보이는 게 사실이다. 그러나 앞서도 말했듯 현재와 같은 직업의 불안정성은 외환 위기 이후 연봉제 등 서구 자본주의 시장 문화가 급속도로 밀려들어 오면서 빚어진 과도기적 측면도 있다. 노동 시장이 어떤 형태로든 탄력을 회복하게 되면 의대에 대한 지나친 선호도 약화될 수 있다는 얘기다.

국민 소득 100불 시대의 직업, 2만 불 시대의 직업

현재 중·고등학교 학생들의 부모가 자녀의 나이였을 때 또래 인구는 100만 명이 넘었다. 인구가 너무 많아 자녀 안 낳기 운동을 전개하던 시절이었다. 그렇다면 자녀 세대의 경우, 또래 아이들의 숫자가 얼마나 될까. 자료에 따르면 2003년에 17세가 된 아이는 63만 명 정도, 15세가 된 아이는 59만 명 정도라고 한다. 1년에 2만여 명가량씩 줄어들고 있는 셈이다.

한편 30년 전 100불에 불과하던 우리나라 연간 국민 소득은 현재 1만 불 내외다. 30년 동안 꼭 100배가 뛰었다. 이 기간 동안 우리 수출 물량 역시 100배 이상 증가했다. 지금의 부모 세대가 학생이었을 당시 남대문 앞 무역진흥공사(KOTRA) 건물에는 '1억 불 수출' 네

온사인이 번득였다. 수출의 날은 1억 불 수출 달성을 기념하기 위한 날이다. 지금은 어지간한 중소 기업도 1억 불 이상씩 수출을 한다. 온 나라 온 국민이 젖 먹던 힘까지 짜 내 1억 불 수출을 달성하자던 것은 부모 세대가 학교 다닐 때 얘기다.

이런 고도성장은 앞으로는 두 번 다시 일어나지 않는다. 국민 소득을 1만 불에서 2만 불로 두 배 키우는 것도 만만치 않은 상황이 됐다. 성장의 파이가 일정 규모 이상으로 커졌기 때문에 그 속도는 둔화될 수밖에 없는 것이다.

이런 얘기를 꺼낸 것은 100불 시대와 1만 불 시대의 차이, 1만 불 시대와 2만 불 시대의 차이에 대해 곱씹어 봐야 한다는 뜻에서다. 부모 세대의 경험과 지식을 가지고 자녀들을 판단하는 데는 한계가 있다는 얘기다.

현재 학부모 세대만 해도 학창 시절에 벼락치기 공부의 효험이 상당했다. 펑펑 놀다가도 몇 달 맘 잡고 공부하면 시험 성적이 치솟는 경험, 부모 세대에선 누구든 경험했을 것이다. 하지만 그때 생각만 하고 "네가 공부를 안 해서 그렇지 노력만 하면 1등 할 수 있다."라고 말해 봤자 아이들 코웃음만 사기 십상이다. 옛날만 해도 워낙 먹고사는 데 바빴기 때문에 공부에만 매달릴 수 있을 정도로 여유 있는 아이는 찾아보기 힘들었다. 하지만 요즘은 모든 아이들이 날마다 밤낮없이 열심히 책만 파고드는 시대다. 17세가 된 아이들 63만 명 전원이 필사적으로 공부에 매달린다. 벼락치기로 성적을 확 올릴 기대 따위는 품을 수 없다. 100불 소득 시대의 지나간 이야기로 자녀에게 감명을 주기는 어려운 시대인 것이다.

직업도 마찬가지다. 100불 시대의 인기 직업 기준으로 1만 불 시대의 직업을 잴 수 없듯이 아이들이 성인이 되는 2만 불 시대의 직업에 대한 선호는 지금과는 또 달라져 있을 게 분명하다. 따라

> 인터넷, 교육 방송 등을 통해 직업 관련 정보를 미리 탐색하라. 또한 적성 검사 결과, 학과 성적 등을 검토해 흥미와 적성이 무엇인지 판단하라.

서 아이들 진로를 고민할 때는 옛날에 좋았던 것에 대한 집착은 과감히 떨치고 2만 불 시대에 걸맞게 앞서 가는 사고를 해야 할 필요가 있다.

아마 십 년 이상은 IT 산업의 호황이 이어질 것이다. 현재는 IT 분야보다 뒤떨어지지만 생명 과학, 바이오 분야도 주목해야 한다. 생명 과학 분야가 발전하지 않고서는 선진국 대열에 올라서는 데 한계가 있다. 또한 IT 분야는 이미 후발 주자들이 대거 따라잡기에 나서고 있으므로 이를 대체할 돌파구가 필요하며 지금으로서는 가장 유력한 대안이 생명 과학 분야다. 이밖에도 요즘 십 대들 사이에서 지망생이 봇물을 이루고 있는 엔터테인먼트 분야도 호황을 누릴 수 있는 직업군으로 꼽힌다.

2만 불 시대의 직업 청사진은 학부모 세대의 경험만 가지고는 절대로 그릴 수 없다는 점을 잊지 말아야 한다.

아이의 진로 찾기:
흥미 · 적성 · 정보의 매트릭스를 꼼꼼하게 검토하라

이제 정리하는 의미에서 진로 선택에 고려해야 할 여러 가지 사안들을 하나하나 짚어 보도록 하자.

첫 단계로 흥미 · 관심 분야가 있는지, 그리고 이것이 부모의 희망과도 일치하는지를 점검해 볼 필요가 있다. 여기서 제1유형은 본인의 흥미 · 관심 분야가 분명하고 부모도 이에 동의하는 경우로 지극히 다행스러운 상황이다. 제2유형은 본인의 흥미 · 관심 분야는 분명한데 부모가 동의하지 못하는 경우로 불행의 씨앗이 되기 십상이다. 나의 큰아이가 그런 예다. 이 아이는 노래를 잘해서 고교 시절 공연도 여러 차례 했고, 본인 말로는 대학 가요제에 나가면 금상 정도는 너끈히 받을 수 있다고 주장하곤 했다. 아이는 노래하는 직업을 갖고 싶어했지만 나의 반대로 꿈을 접어야 했다. 아이의 꿈을 지원해 줄 재력 등 여력이 부족했기 때문이다.

제3유형은 본인이나 부모나 흥미 · 관심 분야가 분명하지 않은 경우다. 제2유형에서 부모가 확실히 반대를 할 경우 제3유형으로 빠져버리기 쉽다. 전망이 잘 보이지 않는 경우다. 제2유형이 불행의 씨앗이라는 것은 제3유형으로 빠질 가능성이 높기 때문이다. 따라서 제2유형에서 부모가 반대하는 분야를 고집하려면 나름대로 배포가 있어야 한다. 그러기 전에 미리 계산기를 두드려 제3유형으로 갈 수 있는 가능성을 잘 판단해 보아야 한다. 마지막 제4유형은 부모의 희망 분야는 분명하나 자녀 본인의 관심 분야가 없는 경우로 부모와 자녀의 의견이 엇갈릴 경우 조율이 쉽지 않다. 우리 집은 어느 유형에 속하는지 진단해 둘 필요가 있다.

두 번째 단계가 자신의 적성을 진단하는 것이다. 여기서 제1유형은 적성 검사 결과 특정 분야에 재능이 집중돼 있는 경우로 이럴 때는 머리 아플 일이 없다. 제2유형은 재능이 골고루 분산되어 있고 대부분의 영역에서 점수가 다 높아서 행복한 고민을 하게 되는 경우다. 제3유형은 적성 검사 결과 재능이 아무것도 발견되지 않은 경우로 가장 골치 아픈 유형이다.

적성 검사 결과가 나오고 나면 그에 따라 과도한 욕심은 접는 게 좋다. 욕심을 부리려면 재능이 뒷받침되어야 한다. 재능이 발견되지 않는데도 욕심을 부리면 불행한 인생을 살 수도 있다. 인생에서 행복은 대단히 중요한 것이다. 직업적인 성공보다 더 귀중한 것인지도 모른다.

세 번째 단계는 본인의 흥미 · 관심을 정보가 얼마나 뒷받침해 주는지 점검해 보는 단계다. 여기서 제1유형은 직업 관련 정보는 많지만 자신의 흥미와 관심이 무엇인지 모르는 경우다. 이런 유형은 요즘 같은 정보의 홍수 시대에 특히 출현 빈도가 높을 수 있다. 하루가 다르게 인터넷, 교육 방송 등 각종 매체에서 직업 관련 정보를 쏟아 내고 있다. 노동부 사이트에서도 다양한 직업 소개는 물론 적성 검사 등도 무료로 제공한다. 제2유형은 직업 관련 정보가 부족한 경우로 제2유형이라면 다양한 매체를 통해 정보를 수집하는 데 노력을 기울여야 한다.

제3유형은 정보도 없이 설익은 흥미와 관심만 있는 경우로 교육 심리학에서는 이를 '미성숙된 정체성' 이라고 얘기한다. 친구 따라 강남 가는 스타일은 대부분 이 경우에 속한다. 남이 하는 게 좋아 보여서 나도 한번 해 보자는 것일 뿐 자신의 흥미 분야를 진지하게 검토해 본 적이 없는 경우다. 흥미와 관심을 탐색하기 위해서는 일단 정보를 많이 입수하는 게 중요하다. 정보가 있어야 그 가운데 어떤 것이 구미를 당기는지 알 수 있을 것이다.

이런 식으로 검토하여 흥미 있는 분야와 적성에 맞는 분야가 다르다면 이를 해소할 방안을 찾아야 한다. 이를테면 재능은 별로 없어 보이지만 하고 싶은 일인 경우 어느 쪽을 선택해야 하는가의 문제다. 노래는 못하면서 가수가 되고 싶어하는 경우를 예로 들 수 있다.

이 경우 우선 흥미와 관심의 기반을 검토해 봐야 한다. 자신이 정말로 흥미를 느끼는 것인지 아니면 부화뇌동하고 있는지를 제대로 파악해야 한다는 것이다. 중학생의 경우 남이 좋아하는 것은 자신도 좋아하는 것처럼 생각하는 경향이 특히 심하다. 자신을 검토한 게 아니라 남 때문에 이끌려 가는 경우다.

검토가 끝났으면 다음 단계로 적성 검사, 학과 성적 등 다양한 방법으로 적성을 확인하는 절차가 필요하다. 최종적으로 나온 결과를 가지고 불일치를 해소하는 방안을 생각해 봐야 한다. 불일치를 해소할 대안을 선택하는 것은 누구도 대신해 줄 수 없는 각자의 몫이다.

진로 진단 빠를수록 아이의 일생이 행복해진다

결국은 흥미와 적성 중 한 가지를 선택하는 경우가 대부분이다. 앞에서 얘기한 나의 큰아이의 경우 이 문제로 인해 힘든 사춘기를 보냈다. 노래에 소질이 있다는 걸 발견하기 전 아이에겐 또 다른 재능이 있었는데 바로 운동이었다. 세상에서 가장 존경하는 사람이 마이클 조든이었고 조든 시리즈 운동화만도 여러 켤레 사 모을 정도였다. 아이는 겉으로만 마이클 조든을 존경한 게 아니라 농구 선수가 되려는 꿈을 가지고 있었다. 하지만 선수가 되기엔 결정적으로 부족한 게 있었는데 바로 키가 작다는 사실이었다. 운동의 경우엔 신체 조건이 중요한 적성 조건이다. 키가 2미터가 훌쩍 넘는 아이가 농구 선수로 성공할 가능성과 키 작은 아이가 성공할 가능성은 하늘과 땅 차이다. 아이는 농구에 흥미와 관심이 대단히 많았고 소질도 꽤 보였지만 상당히 결정적인 적성이 하나 부족한 바람에 결국 농구에 대한 꿈을 접어야 했다.

진로 진단에 나선 학생과 학부모들은 위와 같은 가능성을 미리 검토해 둬야 된다. 본인의 적성과 흥미에 관한 여러 가지 사실을 중학교나 늦어도 고등학교 초반에 알게 됐을 때 대학 생활이 대단히 행복해질 수 있다.

무수히 많은 학생들이 학과 선택을 잘못해서 불행을 느낀다. 서울대에 가기 위해 지망해 왔던 학과를 포기하는 아이들도 있다. 물론 가고 싶은 과를 가기 위해 학교를 낮추는 경우도 많다. 우리나라의 대입은 선택의 패턴이 기껏해야 '학과냐 학교냐' 그 정도다. 정답은 없다. 무엇을 택해야 후회하지 않겠는가를 미리 점검해 봐야 한다. 학교를 먼저 보든 학과를 먼저 보든 분명 장단이 있다. 원론적으로는 학과와 적성을 따라가라고 하겠지만 앞서 얘기했듯 원론은 원론일 뿐이다. 학교와 학과 사이에서 헤매는 아이들, 결국 선택은 그들의 몫이다.

다시 한번 강조하지만 진로에 대한 고민은 가급적이면 시간이 있을 때 미리미리 해 두기 바란다. 대입 원서를 쓰면서, 수능 성적표

> 일찍부터 부모와 자녀가 함께 진로 진단에 나서라. 중·고등학교 시절까지 흥미와 관심, 적성을 미리 파악하여 대학과 학과를 적절히 선택한다면 대학 생활은 물론 그 후의 미래에 더욱 행복해질 수 있을 것이다.

와 대성학원이나 종로학원 '배치표'를 앞에 두고 고민을 시작하면 너무 늦다. 일생의 행복이 달린 문제일 수도 있으니 말이다.

진로와 적성 찾기

- 진로 고민, 어릴 때 시작하라.
- 흥미와 적성이 무엇인지 파악하고 정보를 얻어라. 적성 검사를 해 보는 것도 좋다.
- 자신이 가장 중시하는 직업 가치관이 무엇인지 따져 보라.
- 인터넷, 교육 방송 등 각종 매체를 통해 직업 관련 정보를 미리 탐색하라.

'암기 천재' 의 시대는 끝났다

서울대 교육학과 교수 백순근

'수행평가' 라는 새로운 교육 평가 제도가 확산되면서 학부모 노릇하기가 갈수록 어려워진다고 푸념하는 부모들이 많다. 우리 시대의 '학부모 되기' 가 어려울 수밖에 없는 이유를 짚어 나가면서 수행평가의 실체에 접근해 보도록 하자.

시대가 많이 달라졌다. 서울대학교에서 대입 수험생과 학부모들을 상대로 공부하는 방법에 대한 강의를 기획한 것도 달라진 시대의 면모를 보여 주는 예가 될 수 있겠다. 시대가 달라지면 그에 따라 영웅이 되는 이와 거지가 되는 이도 바뀐다. 여기서 거지라는 용어가 다소 부적절해 보일지 모르지만 영웅과 대비해 강조하기 위해 사용했음을 이해해 주시기 바란다. 대부분의 학부모는 자녀가 영웅이 되길 바랄 것이다. 하지만 같은 능력이나 소질이 있다고 해도 시대를 잘 만나면 영웅이 되고, 잘못 만나면 거지로 전락하는 게 세상사다.

시대에 따른 영웅의 조건 변화

원시 시대에는 사냥을 잘하거나 싸움을 잘하는 사람이 영웅이었다. 힘이 세고 건강한 영웅도 늙거나 병이 들면 순식간에 찬밥 신세가 되었다. 전쟁에서 이겨도 크게 다쳐서 불구가 되어 돌아오면 그때부터는 거지 신세를 면하기 어려웠다. 이런 원시 시대를 거쳐 새로운 시대라 할 수 있는 신분 시대가 열렸다.

신분 시대에는 영웅이 되려면 잘 태어나고 볼 일이었다. 영웅의 출생이 남다르다는 것을 보여 주기 위해 탄생 설화가 출현하기 시작하였다. 난생(卵生), 처녀 수태, 천손강지(天孫降地) 등 신화는 어머니 배 속에서 태어나는 보통 사람과 영웅을 구별지어 주는 기능을 했다. 이때는 부모를 잘 만나면 영웅이 되고 부모를 잘못 만나면 거지가 되었다. 용비어천가에는 이성계가 조선을 건국, 왕이 되기까지 '해동 육룡', 즉 여섯 대의 선조가 보살펴 주었다는 얘기가 나온다. 이는 신분을 결정하는 데 조상이 결정적인 역할을 한다는 당대 사람들의 믿음을 반영한다. 육대조에 걸쳐 제사를 지내는 풍습도 이처럼 신분이 계승되던 시대의 산물이라 할 수 있다.

태어날 때부터 영웅, 거지로 한번 정해지면 거의 바뀌지 않는 신분 시대에도 제한적이긴 했지만 신분 상승의 길은 열려 있었다. 예컨데 전쟁에서 적군을 물리치는 등 사회에 큰 공을 세운 이들에게는 신분을 상승시켜 주었다. 신분 시대에는 신분이 최대의 가치였다고 할 수 있으며 신분 상승을 위한 필사적인 노력이 전개되었다. 조선 초기 전체의 10%에도 못 미치던 양반 숫자가 임진왜란과 병자호란을 거치며 70~80%까지 급증한 것은 그 때문이다.

이렇게 되고 보니 열의 일고여덟이 태어나면 양반이었다. 양반이 너무 많아 신분이 거의 의미가 없어졌을 때 새로운 시대, 즉 산업화 시대가 열렸다.

산업화 시대로 넘어 오면서 새롭게 대두된 영웅의 조건이 학력이다. 흥부네처럼 자식이 줄줄이 딸린 지지리 가난한 집안에서 태어나 몇십 리 길을 걸어 학교를 다니고, 점심은 찬물로 때우면서도 한결같이 학업에 매진, 대학 입시에 성공하는 아이들의 이야기가 영웅 모델로 제시되기 시작했다. 혈통이 아닌 학력이 모든 것을 결정하는 시대가 도래했던 것이다.

산업화 시대엔 공부 못하는 사람이 거지가 되었다. 육교를 건너던 아이가 다리 위에 앉아 구걸하는 거지를 가리키며, "엄마, 저 아저씨는 왜 거지가 됐어?" 하고 물어보면 99%의 부모가 "너만 할 때 공부를 안 해서 그렇게 된 거야."라고 대답했다. 학부모와 자녀 간의 대화는 어디를 가나, 무엇을 보나 공부로 기착되었다. 부모들이 "공부 좀 해라."라는 말을 입에 달고 사는 시대가 되었던 것이다.

지식 정보화 시대의 영웅: 학력에서 능력으로

해방 이후 1950년대 초반까지만 해도 대졸자를 구경하기란 하늘의 별 따기였다. 참고로 일제 치하에서는 서울대 전신이었던 경성제

국대학의 한 해 입학생이 150여 명이었고 그나마 100여 명의 정원을 일본인이 차지했다. 학력의 정점은 '박사'라고 할 수 있다. 해방이후 이승만 대통령은 아랫사람들이 '각하'라고 부르는 것보다 '박사님'이라고 부르는 것을 더 좋아했다고 한다. 내가 학생이던 시절 교수들 역시 '교수님'보다 '박사님' 호칭을 더 좋아했다. 당시에는 박사가 귀했기 때문에, 교수는 아무나 할 수 있어도 박사는 아무나 되는 것이 아니라는 생각이 강했기 때문이었을 것이다. 하지만 요즘은 박사님보다 교수님 호칭을 더 좋아하는 사람이 많다. 박사라고 다 교수가 될 수 없는 시대가 된 것이다. 산업화 시대가 지식 정보화 시대로 바뀌면서 다시 한번 영웅의 조건에 지각 변동이 일고 있다.

대학 안 나오면 사람 구실을 제대로 하지 못한다고 생각하게 된 산업화 시대에는 너 나 할 것 없이 대학 졸업장을 얻는 데 열을 올리다 보니 대학 학위의 공급도 크게 늘었다. 2003년에는 전문대를 포함한 우리나라 대학의 정원이 70여만 명까지 불어났다. 그런데 고교생들 가운데 대학 진학 희망자는 50여만 명에 불과하다. 대학을 가고 싶은 이는 모두 대학을 가고도 남을 정도로 학위가 남발되고 있다. 어느새 대학을 나왔는가의 여부가 살아가는 데 큰 문제가 되지 않고 있다.

21세기 지식 정보화 시대에 영웅의 조건은 더 이상 학위가 아니다. 지식 정보화 시대에는 실제로 뭔가 할 줄 아는 사람이 영웅이 되고 있다. 수행평가는 그 할 줄 아는 '능력'을 측정하기 위한 평가 방법이다.

우리나라 사람, 즉 한민족으로 세계에서 가장 널리 알려진 이는 누굴까? 일단 책을 가장 많이 쓴 것으로 잘못 알려진 북한의 김일성 전 주석을 꼽을 수 있다. 그도 그럴 것이 분단 이후 사십여 년간 북한에서 외국으로 나간 모든 책의 저자가 김일성으로 표기되었기 때문이다. 노벨평화상을 수상한 김대중 전 대통령도 세계적인 유

> 지식 정보화 시대의 키워드는 '학력 파괴', '실력 위주'라고도 볼 수 있다. 새 시대의 영웅의 조건은 학위가 아니다. 특정 분야에서 실제로 실력을 발휘할 수 있는 이가 영웅이 된다.

명 인사임에는 분명하나 국외에서는 일반인에게 많이 알려져 있지 않을 가능성이 크다. 입장을 바꿔 생각해 보면, 우리 역시 남아프리카공화국 옆에 붙은 소국이나 그 나라의 대통령 이름 등을 제대로 기억하는 일반인이 많지 않기 때문이다.

아마 세계에서 가장 유명한 한국인은 야구 선수 박찬호일 것이라고 생각한다. 하지만 최근 그의 유명세를 무섭게 따라잡고, 오히려 능가하고 있는 골프 선수 박세리가 있다. 그녀의 학력은 아직 고졸에 불과하다. 그녀가 유명해지고 난 뒤 어느 대학에서 "우리 대학에 적만 두면 그냥 졸업시켜 주겠다."라며 그녀를 학생으로 유치하기 위해 열심히 러브콜을 보냈다고 한다. 하지만 그녀는 "내가 대학에 가게 된다면 그것은 무엇을 배우기 위한 것이지 단순히 학위를 받기 위한 것은 아니다."라고 얘기하며 그 제안을 거절했다고 한다. 이는 21세기 지식 정보화 시대를 상징하는 '학력 파괴', '실력 위주'를 대변하는 명언으로 길이 남을 가능성이 있다고 생각한다.

수행평가는 암기 천재를 좋아하지 않는다

수행평가는 이런 시대에 선택형(객관식) 시험 하나로 학생을 평가하는 데 한계가 있다고 보고 교사가 직접 학생을 관찰하고 판단

해 학생에 대한 평가를 다양화, 전문화, 특성화하려는 시도다. 답안지에 나타난 정답의 개수만이 아니라 학생이 과제를 수행하는 과정이나 결과를 총체적으로 평가하는 것으로 매우 폭넓은 개념인 셈이다. 예컨대 조선 시대 과거 시험장에서 직접 시문을 지어 보게 하거나 말타기, 활쏘기 시범을 보이게 한 것 등은 다 광의의 수행평가에 속한다.

요즘 각 회사들이 신입 사원을 뽑을 때 '열린 면접'이라 하여 술집에도 데리고 다녀 보고, 등산도 시키고, 1박 2일간 여행도 같이 하면서 종합적으로 응시자들을 관찰하는 경우가 늘고 있다. 이것도 수행평가의 일종이다. 또 미술을 전공하는 학생이나 시인, 소설가 등 예술가 지망생들이 활용하는 작품집, 즉 포트폴리오도 수행평가의 자료가 될 수 있다. 그러니까 수행평가란 선택형 시험에서 벗어난 대안적 평가 방식 대부분을 지칭하는 광범위한 개념으로 쓰이는 셈이다.

전문적인 용어로 정의해 보자면 수행평가란 '교사가 학생의 학습 과제 수행 과정이나 결과를 보고, 학생의 지식이나 기능, 태도 등을 전문적으로 판단하는 평가 방식'이라고 할 수 있다. 학생의 입장에서는 '스스로 자신의 지식, 기능, 태도를 가장 잘 드러낼 수 있도록 답을 서술하여 발표하거나 작품을 만들거나 행동으로 나타내야 하는 평가 방식'인 셈이다. 여기서의 행동이란 말하기, 듣기, 읽기, 쓰기, 그리기, 만들기 등 활동은 물론이고 이를 계획하고 준비하는 과정까지를 모두 포괄하는 개념이다.

선택형 시험이 학생을 평가하는 잣대로 오랜 기간 막강한 영향력을 휘둘러 온 것은 부인할 수 없다. 학력고사 및 수능 세대는 대부분 선택형 시험을 통과해야 했다. 선택형 시험이 많은 학생들을 한 꺼번에 평가하는 데 효율적이기는 하지만, 여기서 측정되는 것은 주로 학생의 암기력, 즉 얼마나 많은 것을 달달 외우고 있는가 하는 점이다.

그러나 지식 정보화 시대에는 암기력이 더 이상 중요한 능력으로 간주되지 않는다. 인간보다 저장 용량이 훨씬 큰 컴퓨터가 모든 것을 대신 외워 주기 때문이다.

나는 가끔 전산실에서 강의를 하는데 이때 내가 제시하는 화면을 기계적으로 쳐다보고 있는 학생들은 거의 없다. 그 대신 이메일을 체크하거나 검색창에 보고

> 수행평가는 선택형 시험에서 벗어난 대안적 평가 방식을 말한다. 선택형 시험이 학생의 암기력 측정을 위주로 하는 시험이었다면 수행평가는 학습 과제 수행 과정과 실제로 할 줄 아는 능력을 중시한다.

싶은 사이트 주소를 쳐 넣는 등 인터넷 서핑을 즐기는 아이들이 태반이다. 어떤 아이들은 선생님 말이 진짜인지 가짜인지 확인하고 있는 경우도 있다. 이순신이 1545년에 태어났다고 말하면 잽싸게 검색창에다 이순신을 쳐 넣어 본다. 때론 "선생님, 그럼 몇 월 며칠에 태어났는지는 아세요?"라고 물어보기까지 한다.

과거에는 남의 말이 맞는지 틀린지 알아보려면 교과서나 사전을 찾아보는 수고를 감수해야 했지만 요새는 그저 인터넷 검색창에다 단어 하나 쳐 넣으면 모든 궁금증이 해결된다. 인터넷을 무기로 학생들이 오히려 선생님의 암기력을 테스트하려 드는 시대다.

칠팔 년 전만 해도 학부모들 주머니 속에는 너 나 할 것 없이 '삐삐', 즉 호출기가 들어 있었다. 어느 날 새로운 아이디어 상품이 이를 대체하며 들불처럼 번져 나갔다. 중간에 '시티폰'이라 하여 받을

수는 없고 걸 수만 있는 전화기가 있기도 했다. 하지만 일 년도 안 돼 소리 소문 없이 사라졌다. 호출기 자리를 지금은 핸드폰이 차지하고 있다. 그 답답해 뵈던 냉장고형 핸드폰은 최첨단 컴퓨터 시스템으로 갈수록 업그레이드되고 있다. 자고 나면 또 뭐가 어떻게 달라질지 모를 정도로 세상이 급변하고 있다. 이런 때에 삐삐며 시티폰 따위에 대해 교과서에 씌어진 그대로 달달 외운다는 것이 무슨 의미가 있을 것인가.

지식 정보화 시대엔 암기 천재의 '몸값'은 급격히 떨어질 수밖에 없다. 대신 무엇인가를 제대로 해 내는 사람, 할 줄 아는 능력을 갖춘 이가 높은 평가를 받게 된다. 할 줄 아는 것의 종류는 무궁무진하다. 말 잘하는 것, 글 잘 쓰는 것, 얘기를 잘 꾸며 내는 것, 운동 잘하는 것, 연주를 잘하는 것 등등이 모두 '능력'이다. 지식 정보화 시대엔 이처럼 '지식'보다 '능력'을 갖춘 이가 영웅이 될 수밖에 없다. 수행평가는 이런 능력을 측정해 내고자 하는 평가 방식이다.

> 지식 정보화 시대에는 아무리 뛰어나 봤자 컴퓨터의 발끝도 따라잡지 못할 기억력보다는 새로운 상황에 대처할 수 있는 능력을 더 가치 있게 여긴다. 단편적인 지식보다는 무언가 할 수 있는 '능력'을 갖춰라.

수행평가의 특징:
학생 스스로 구성하고, 교사가 직접 평가한다

수행평가는 선택형 시험과 구체적으로 어떤 점에서 다를까?

첫째, 컴퓨터보다 교사의 전문적 판단을 신뢰하는 평가다. 선택형 시험은 사람의 판단을 불신한다. 객관성 확보를 위해 채점조차 컴퓨터에 맡긴다. 하지만 수행평가는 학교 공간에서 함께 생활하면서 학생을 가장 잘 아는 교사가 평가에 전문적으로 관여해야 한다고 주장하는 평가 방식이다.

둘째, 학생은 정답을 고르기만 하면 되는 게 아니라, 스스로 답을 서술하거나 만들어야 한다. 선택형 시험에서는 답을 맞췄느냐 아니냐만 판별하기 때문에 학생이 결론에 이르게 된 과정을 알 수 없고 속된 말로 '찍어서' 맞췄을 경우에도 맞춘 걸로 인정된다. 하지만 수행평가를 하면 학생의 문제 해결 '과정'까지 파악된다. 선택형 시험에서는 도저히 측정할 수 없는 창의성, 문제 해결력, 비판력, 판단력, 정보 수집력 및 분석력, 통합력 등 고등 사고 기능을 측정할 수 있다. 학생들은 대부분 실제와 유사한 상황에서 평가를 받게 된다. 작문 실력을 파악하겠다고 사지선다형 문제를 내놓고 잘 쓴 글이냐 못 쓴 글이냐를 가려내게 하는 대신 직접 글을 써 보게 하는 것이다. 자연히 학생의 과제 수행의 결과뿐 아니라 과정까지 눈에 들어온다. 얼마나 아느냐에서 그치는 게 아니라 아는 것을 실제 상황에 얼마나 적용할 수 있는지 파악할 수 있는 것이다.

아울러, 수행평가는 학생을 선발, 분류, 배치하는 것 못지않게 학생이 지금 어느 수준에 와 있는지 진단, 개개인의 학습 능력을 키우는 것을 중요한 목표로 여긴다. 다른 아이들과 비교하는 상대 평가라기보다는 객관적 기준을 정해 놓고 여기에 얼마나 도달했는지를 따지는 절대 평가인 셈이다. 이런 평가 방식 아래서는 학생들은 지나치게 경쟁하지 않고도 협력하는 법, 사회성 등을 배울 수 있다. 수행평가가 개인 평가뿐 아니라 팀 프로젝트 등 집단 평가에 유용하게 활용될 수 있는 것도 이 때문이다.

　수행평가는 단편적인 지식을 어쩌다 한번 치르는 시험으로 측정하고 마는 것이 아니다. 학생 개개인의 변화, 발달 과정을 누적적으로, 꾸준히 기록하는 것이 목적이다. 때문에 기말 고사나 수능 같은 형식보다는 꾸준한 관찰 일지 또는 주기적인 면담 기록 등의 형태가 평가 방법으로 더 알맞다. 학생의 인지 능력뿐 아니라 흥미나 관심 등 정서적인 영역, 운동 기능을 비롯한 체력까지 측정하는 종합적이고 전인적인 평가를 지향한다.

축구를 안다는 것과 축구를 할 줄 안다는 것

　그런데 '지행합일'이라는 말도 있듯 암기를 통해 많은 것을 알고 있는 사람이 실생활에서 행할 때도 보다 잘하게 되는 게 아닐까? 그렇지 않다. 인지적으로 아는 것, 즉 학문적인 지능과 이를 실생활에 적용하는 실천적인 지능은 판이하게 다른 경우가 많다. 많이 아는 사람이라고 해도 실제로 해 보라고 하면 손가락도 까딱하지 못하는 경우가 주변에 허다하다.

　예를 들어 광적인 축구팬이 있다고 해 보자. 그는 축구를 너무 좋아해 축구공의 무게가 얼마인지, 골대부터 하프라인까지가 몇 미터인지, 월드컵이 언제 어디서 시작됐으며 이번 대회 우승국은 어디인지, 어느 선수가 어느 팀 소속인지, 팀들의 승률이나 전적은 어떤지 등을 주르르 꿰고 있다. 하지만 이 사람은 불행하게도 100미터를 20초 밖으로 뛰는 '운동치'다. 이럴 경우 그가 아무리 이론에 밝아도

‘잘 볼 수 있는’ 관객은 될지언정 ‘잘할 수 있는’ 선수는 될 수 없다.

거듭 말하지만 지식 정보화 사회에서는 ‘잘 보는’ 사람보다는 ‘잘하는’ 사람의 가치가 더 높다. 대부분의 프로 스포츠에서 감독보다 선수가 연봉을 더 많이 받으며 더 유명하다. 십 대 이전에 이미 세계적 명성을 쌓은 천재 바이올리니스트 사라 장(장영주)이나 이십 대 골프 천재 박세리와 타이거 우즈, 미국 프로 야구에서 활약 중인 박찬호, 세계 최고 갑부인 마이크로소프트 사 회장 빌 게이츠, 농구 천재 마이클 조든 등이 모두 자기 분야에서 ‘잘할 줄 아는’ 사람들이다.

수행평가는 학생들이 알고 있는 지식을 실제 상황에 적용해 활용할 수 있는가를 파악하는 것은 물론, 궁극적으로는 이처럼 ‘잘할 줄 아는’ 능력을 키워 주려는 평가 방식이다.

지식 정보화 시대의 영웅은 이렇게 할 줄 아는 능력을 가진 자들이다. 그러면 이런 시대에 거지가 되는 이들은 어떤 부류일까. 우리 사회의 경우 아직 뚜렷이 나타나고 있진 않지만 정보화가 좀 더 빨리 진행된 선진국의 사례를 보면 학력만 높은 단순한 암기 천재들이 거지가 되는 속도가 가장 빠른 축에 속한다고 한다.

우리도 갈수록 고학력 실업자 문제가 심각해지고 있다. 회사에 취직하려면 박사 학위가 없는 것이 유리한 시대가 올지도 모른다. 회사에 이미 자리 잡고 있는 이들은 신입 사원으로 고졸 출신을 가장 선호한다고 한다. 반면 자기 밑으로 가장 받기 싫은 이가 박사라고 한다. 신입 사원들은 일이 년 정도 복사도 해야 되는데 박사들은 복사를 잘 못한다. 스테이플러도 못 찍고 편집도 못하여 데려다 놔도 쓸 데가 없다.

들어올 때는 뽑아만 주면 뭐든 다 하겠다고 하지만, 막상 들어와 자기보다 나이가 어리거나 박사 학위가 없는 고참 직원들을 접하게 되면 "나는 나이도 있고 박산데……." 하며 신입 사원이 해야 할 일을 거부하기 일쑤다. 또 일정 수준 이상의 봉급을 요구하다 거부당하면 단체를 만들어 매일 데모를 하는 경우도 많다. 이러니 회사에서 박사를 선호할 리가 없다. 이래서 연구소에서는 우스갯소리로 앞으로는 복사 능력 실기 시험을 치러 분당 복사를 몇 장이나 하는지, 토너는 갈 수 있는지 등을 평가해야 한다는 말까지 나온다.

실직을 당한 뒤에도 학력이 높을수록 재취업하기 어려워진다. 할 줄 아는 것은 없으면서 눈만 높은 경우가 많아서다. 우리 주변에도 "돈은 벌어야겠는데 뭘 해야 할지 모르겠다."라면서 집에서 빈둥거리는 고학력자들을 심심찮게 볼 수 있다. 대부분 할 줄 아는 게 없는 이들이다.

현재의 중·고등학생들이 사회에 나가 자기 역할을 하게 될 때쯤인 10~20년 후를 상상해 보자. 지금의 변화 속도로 미뤄 본다면 그때 사회가 어떻게 변해 있을지는 아무도 짐작할 수 없다. 지식을 잔뜩 외워 머릿속에 쌓아 놓아 봤자 무용지물이 되어 있기 십상이다. 어떤 상황, 어떤 환경에 던져져도 살아남을 수 있으려면 아무리 뛰어나 봤자 컴퓨터의 발끝도 따라가지 못할 기억력보다는 새로운 상황에 대처하는 문제 해결 능력, 어려움을 슬기롭게 풀어 가는 창의력 등을 갖춰야 한다. 이런 미래 지향적 능력을 측정하는 것이 바로 수행평가다.

"나처럼 살지 마라."

지금 학부모들의 부모들, 그러니까 아이들의 조부모가 학부모였을 때 그들이 자식들에게 늘상 해 온 한마디가 있었다. 바로 "나처럼 살지 마라."란 말이다.

조부모 세대만 해도 A, B, C, D가 뭔지 모르는 이들이 태반이었다. 성적표에 D, F를 잔뜩 받아온 자식이 D는 'distinguished(뛰어난)'의 약자요, F는 'fine(좋은)'의 약자라며 '아주 뛰어나고 좋은' 성적이라고 거짓말을 해도 곧이곧대로 믿었다. 영어사전 사야 한다고 돈을 타 내고, 잉글리시 딕셔너리 사야 한다고 용돈 받고, 영한사전 사야 한다고 다시 책값을 달라고 하여도 당시 부모들은 같은 책인 줄도 모르고 돈을 주며 자식이 공부한다는데 집에 돈만 있으면 다 대 줘야 한다고 생각했다.

못 배우고 못살았던 그들에겐 공부만이 영웅이 되는 길이었고, "나처럼 살지 마라."라는 한마디가 자녀에 대한 모든 바람을 대신했다. 그 말 때문에 지금의 학부모들은 영웅이 됐다. 그 못 먹고 못살던 우리가 이만큼 살게 된 것, 다 공부와 학위 덕이라는 것을 누구도 부인할 수 없다.

하지만 그것은 산업화 시대의 얘기다. 지식 정보화 시대에서는 더 이상 학위가 만병 치료약이 될 수 없다. 물론 부자가 망해도 삼대는 간다고 하니 당분간은 학위의 약발이 들을 수 있을 것이다. 적어도 부모 세대에서는 학위가 아직은 괜찮은 가치일 수 있다. 하지만 삼대를 가기는 어렵다. 자녀 세대에도 여전히 암기 위주의 공부가 최고일 거라고 믿는다면 크나큰 오해다.

시대가 급변하고 컴퓨터 통신이 날마다 새로운 것을 선보이는 현대 사회에서 자녀들이 그들 세계의 진정한 영웅이 되길 바란다면 학부모들이 생각하는 공부 방식이나 내용, 학위나 명문 대학 졸업장 등을 강요해선 안 된다. 아이들이 성인이 될 때쯤엔 벌써 단순히 구구단을 외우는 것보다는 현실적 상황에 계산 능력을 어떻게 접목시켜 나가느냐가 더 중요해질 것이다. 새로운 상황에 능동적으로 대처해 나가는 힘, 다시 말해 '할 줄 아는 능력'이 새로운 영웅의 조건이 될 것이기 때문이다.

아이의 말과 글, 행동 등을 지켜보면서 수행을 잘할 수 있도록 깨우쳐 주고 아이를 도와주는 게 수행평가의 목적이다.

학부모가 그 위 세대의 "나처럼 살지 마라."라는 한마디에 영웅이 되었듯, 자녀를 그들 시대의 영웅으로 만드는 한마디는 지금도 여전히 똑같을지 모른다. "너는 나처럼 살지 마라. 네 세대를 준비하며 네 세대에 맞게 살았으면 좋겠다."라는 한마디 말이다.

새로운 시대의 영웅이 되려면

- 암기 천재가 되기보다는 뭔가 제대로 해내는 능력을 갖춰라.
- 학력만 높고 할 줄 아는 게 없다면 배운 게 다 무용지물이다. 실제 상황에 적용해 활용할 수 있는 '참지식'을 배워라.
- 새로운 상황에 대처할 문제 해결 능력을 키워라.

시험 불안 해결하는 법

서울대 교육학과 교수 신종호

　최근 한 연구 보고서에 따르면 시험 불안을 심하게 느끼는 학생들은 수능에서 평균 9점가량 손해를 입는 것으로 나타났다. 시험 불안이 수능에 막대한 부정적 영향을 미친다는 사실이 입증된 셈이다. 또 다른 연구에 따르면 시험 불안은 수능처럼 중요하고 결정적인 시험뿐만 아니라 학교의 중간고사, 기말고사 등 일상적인 시험에서도 좋지 않은 결과를 가져다준다고 한다. 이처럼 수험생들의 적이 되어 버린 시험 불안의 실체는 무엇이며 이를 어떻게 극복해야 할지 생각해 보자.

　최근 중·고등학생들을 대상으로 한 한 조사에 따르면 학생들이 이 세상에서 가장 없어졌으면 하는 것이 시험이었다. 대부분의 아이들이 시험이라면 알레르기 반응을 보인다. 청소년기에는 더하다.

이때는 자신이 누군지 심리적으로 탐색하며 자아 정체감을 형성하는 시기인데 시험은 자신을 남들과 비교하게 되는 아주 불편한 상황이기 때문이다. 대부분의 학생들이 상당한 마음의 부담을 느끼며 학교생활을 하고 있는 셈이다.

끊임없는 경쟁이 시험 불안의 원천

1994년, 청소년을 대상으로 한 조사에서 "왜 시험 불안을 느끼는가?"라는 질문에 대해 아이들이 꼽은 가장 큰 이유는 다른 친구들과의 경쟁에서 자신이 이겨야 하기 때문이라는 것이었다. 좋은 상급 학교에 진학하거나 사회 진출에 유리한 기회를 확보해야 한다는 부담 때문이라는 응답도 있었다. 부모로부터 꾸중을 듣지 않아야 한다는, 또는 부모의 기대를 만족시켜야 한다는 부담감

> '시험 불안'은 시험을 보지도 않았는데 시험을 망칠 것이라고 예견하는 불안 심리가 공부 과정과 시험에 부정적 영향을 미치는 심리적 현상이다.

등도 시험 불안을 일으키는 요인으로 나타났다. 하지만 시험 불안을 야기하는 압도적인 요인은 바로 다른 사람과의 경쟁이었다. 초등학교에서부터 고등학교까지 줄곧 남들과 경쟁해 오면서 점차 쌓여 온 불안이 실제 시험장에 들어가서도 제 실력을 발휘하지 못하게 한다는 것이다.

시험 불안, 고학년으로 갈수록 더 위험하다

시험 불안에 대한 교육심리학적 정의를 살펴보자. '시험 결과에 대한 부정적 예견으로 인해 공부 과정과 시험 과정에 부정적 영향을 미치는 심리적 현상'이라고 한다. 시험도 보지 않았는데 시험을 망칠 것이라고, 또는 망칠 수밖에 없다고 지레짐작하는 불안 심리가 정말 나쁜 시험 결과로 이어지는 현상이라는 말이다.

시험 불안이 심한 아이들에게서는 몇 가지 기질적 특성이 나타난다.

첫째는 사고(思考)와 관련된 것이다. 시험 불안이 심한 아이는 시험 결과를 지나치게 걱정하거나 남과의 비교 의식이 너무 강하거나 자신에 대한 타인의 평가에 과도하게 예민하다는 특징이 있다. 시험을 보기도 전에 결과가 나쁠 것이라고 지레 풀이 죽는 아이, 경쟁심이 지나친 아이, 남이 자신에 대해 어떻게 생각할까 늘 눈치 보는 아이 등은 시험 불안에 사로잡히기 쉽다.

둘째, 정서적인 면에서 열등감, 무기력증, 우울증이 심한 아이는 시험 불안 역시 크게 느낀다. 열등감이란 내 능력이 경쟁자보다 못할 것이라고 생각해 버리는 것이다. 무기력증은 바꿔 말해 '통제감의 상실'이다. 목표가 이뤄질 때까지 스스로를 통제할 자신이 없는 것이다. 우울증이 심한 아이들은 시험 불안에서 그치는 게 아니라 심한 경우 자살을 택하기도 한다. 따라서 아이가 극심한 우울증을 보이면 반드시 전문가와 상담하도록 해야 한다.

셋째, 시험 불안에 빠진 아이에게는 신체적 변화가 일어난다. 심장 박동의 변화, 소화 장애, 어지럼증 등이 실제로 확인되고 있다.

어지럼증의 경우는 특히 공부할 때, 시험 칠 때 할 것 없이 극히 부정적인 영향을 미치는 것으로 나타나고 있다.

시험 불안의 심리적 특성은 연령에 따라 원인, 현상, 그 결과가 조금씩 다르다. 초등학생의 경우에는 주로 지나친 경쟁 심리, 부모님 기대를 만족시키고 싶다는 마음 등이 시험 불안을 일으킨다. 이런 아이들은 시험에 대해 특별히 나쁜 감정을 품고 있지는 않다. 시험과 관련된 이들의 생각은 주로 '시험 볼 때 누구보다 잘하고 싶다.' 혹은 '나를 위해 애쓰시는 부모님을 실망시키지 않도록 좋은 성적을 받고 싶다.'는 등 시험을 더 잘 봐야겠다는 다짐에 가깝다.

반면 연령대가 올라갈수록 문제가 심각해진다. 중·고등학생의 경우, 시험 불안은 좌절, 우울감 등 부정적 심리와 관련된다. 이 연령대의 아이들은 시험을 생각할 때 몹시 기분이 상한다. '시험을 안 보고도 살 수 있는 세상이 왔으면 좋겠다.'라거나 '시험 때문에 더 이상 괴로움을 당하지 않았으면 좋겠다.'는 등 극단적인 사고를 하게 된다. 이런 심리가 자연히 시험장에까지 이어져 제 실력을 발휘할 수 없게 만드는 것이다.

아이들을 자살로 내모는 시험 불안

심한 시험 불안은 아이들에게 심각한 부정적 영향을 끼친다. 시험 성적을 떨어뜨릴 뿐만 아니라 공부하는 과정도 좀먹는다. 시험 불안이 심해지면 시험장에서는 알고 있는 내용도 기억이 나지 않는다. 이를 '불안 병목 현상'이라 한다. 차로가 좁아지거나 차선이 줄

어드는 곳에서 교통이 갑자기 막히면서 차들이 정체되는 현상을 병목 현상이라고 한다. 마찬가지로 시험 불안이 심할 때도 머릿속에 든 내용을 인출해 내는 데 병목 현상을 겪게 되며, 이런 경우 결국 시험을 망치게 된다.

시험 불안은 공부하는 과정에서도 아이들의 주의 집중을 방해한다. 시험 불안이 심한 학생은 그렇지 않은 학생들보다 주의 집중력이 상당히 떨어지는 것으로 조사되었다. 한자리에 진득하게 붙어 앉아 공부하지 못하고 끊임없이 이곳저곳에 한눈을 파는 것이다.

시험 불안은 공부 문제에서 그치지 않는다. 사회성 발달에도 부정적인 영향을 미친다. 시험 불안 때문에 시험을 망친 학생들 가운데는 우울증에서 벗어나지 못하다 자살하는 경우가 종종 나온다. 최근에는 수능 시험일 전후로 자살하는 학생들이 꼭 나오고 있다. 이런 일을 겪을 때마다 학생들의 시험 불안을 해소시켜 줄 상담 기관 등 체계적인 시스템이 빨리 마련되어야 한다는 생각이 든다. 시험 불안은 이 밖에도 자기 자신에 대한 긍정적 평가(자기 효능감), 공부하려는 욕구(학습 동기), 스스로 공부하려는 학습 태도(자기 주도성) 등을 모두 떨어뜨린다. 자기 자신의 능력을 얕잡아 보니 스스로 공부하려는 의지가 생길 리 없다. 이래저래 시험 성적은 점점 떨어지고 악순환은 계속된다.

경쟁적 사회, 공부밖에 모르는 부모가 시험 불안의 공범

시험 불안의 내적 요인(학생 측면)으로는 우선 신경생물학적인 것이 있다. 아이가 남들보다 불안을 더 많이 느끼게끔 타고난 경우다. 행동 억제 기능을 담당하는 뇌의 변연계에서 신경 전달 물질인 세로토닌이 보통 사람들보다 더 많이 분비되는 것이다. 이런 아이들은 심리적, 사회적 요인을 다 제거해도 여전히 불안에 시달리기 때문에 전문가와의 상담을 거쳐 약물 치료를 받을 필요가 있다. 세로토닌 과다 분비 환자들을 위해 '프로잭'이라는 약물이 개발돼 있다.

또 다른 요인은 앞에서도 짚었던 아이의 기질(성격)이다. 감정과 행동을 발산하는 아이보다는 억제하는 아이가 시험 불안에 더 쉽게 노출된다. 외향적인 아이보다 내성적인 아이가 시험 불안에 사로잡히기 쉽다는 얘기다.

성격적으로 남을 심하게 의식하는 아이는 시험 불안에 시달리기 쉽다. 남의 평가에 얽매이지 않고 비판적으로 생각하는 아이는 시험도 대담하게 치른다. 부모의 한마디에 전전긍긍하는 순응적 아이가 시험으로 인한 스트레스를 더 많이 받는다.

또 하나 중요한 요인이 '비합리적인 사고'다. 예를 들어 복잡한 현대 사회에서 무조건 남보다 앞서 가는 것만이 가치 있는 것이라고 생각하는 아이는 매사를 경쟁으로만 바라보기 때문에 조금만 실패하거나 뒤처져도 불안에 사로잡히게 된다. 이럴 때는 세상을 합리적으로 바라보도록 도와줘야 한다. 현대 사회에는 공부가 아니라도 적성과 노력에 따라 다양한 성공의 길이 열려 있고 자신의 장점을 살려 꾸준히 자기 계발을 하면 누구나 자신의 꿈을 실현할 수 있다는 것을 이해시켜야 한다.

앞서도 말했지만 아이들의 시험 불안에는 사회도 책임이 있다. 시험 불안을 일으키는 사회적 요인으로는 우선 경쟁적 사회 분위기가 첫손으로 꼽힌다. 1970년대 이후 고도 경제 성장을 이어가기 위해 우리나라 교육은 누가 더 똑똑한가를 따지는, 즉 인재를 가려내는 역할을 주로 해 왔다. 가르치고 배우는 교육 활동 자체보다 교육의 선발 기능이 강조되다 보니 학교 문화가 경쟁적일 수밖에 없었다. 시험 불안이 준동할 토양이 갖춰진 셈이다. '세계 1등'을 따지는 등위 중심의 사고, '빨리빨리'를 외치는 속도 중심의 사고, '새치기'를 부끄러워하지 않는 자기 중심의 사고 등은 모두 이런 지나친 경쟁 심리에서 뻗어 나온 것이다.

부모의 자기 중심적 기대도 아이를 압박하는 외적 요인이다. 아이를 자신이 못 이룬 꿈을 대신 이뤄 줄 매개체로 생각하면 안 된다. 자식에게 꿈의 대리 실현을 기대하는 부모의 마음이 전달될 때 아이는 심한 부담감을 느낄 수밖에 없다. 물론 자식에게 부모가 기대를 품는다는 데 뭐라고 할 수는 없다. 다만 그 기대가 왜곡되거나 지나칠 때 아이의 자아 찾기를 방해하고 인생의 의미를 찾으려는 아이의 성장 의지를 꺾을 수 있다.

다른 형제나 친구와 비교하는 부모, 시험 결과에만 관심을 기울이는 부모도 시험 불안의 공범이다. 특히 공부밖에 모르는 부모는 절대 금물이다. 이상하게도 우리나라의 부모들은 자녀가 어릴 때는 여러 가지 주제로 대화를 하다가도 중·고등학교만 들어가고 나면 입만 떼면 공부, 시험 얘기만 한다. 오히려 사춘기 때 공부 외에 아이의 관심 영역과 꿈, 생활 등에 더 관심을 기울여 줘야 한다. 공부,

공부 하다가는 시험 불안만 일으켜 아이의 성적을 더 떨어뜨릴 수
도 있다.

시험 불안의 특효약:
체계적으로 공부하되 의미를 따져 공부하라

시험 불안을 잡으려면 장기적, 단기적 처방을 적절히 나눠 써야 한
다. 시험 불안을 극복할 수 있는 장기적 방안으로는 체계적 학습 관
리, 합리적 사고의 회복, 주위 사람들의 합리적 기대 등을 들 수 있다.

불안이란 미래를 막연히 두려
워하는 심리다. 미래의 먼 시점
에 한 번 치르게 될 시험을 두고
날마다 걱정하느라 공부도 제대

> 체계적인 공부 습관이 시험 불안을 잡을 수 있다. 목표를 정하
> 고 계획에 따라 규칙적으로 공부하면 자기 생활에 대한 통제
> 감을 갖게 되어 자신감이 생겨 불안을 덜 느끼게 된다.

로 못하고 시험장에서도 제 실력을 발휘하지 못하는 것은 불안 때
문이다. 불안을 차단하기 위해 체계적 학습 관리가 필요하다. 지금
체계적으로 공부를 해 두면 훗날의 시험에 대한 막연한 불안이 상
당 부분 씻겨져 나간다.

체계적 학습 관리를 위해서는 두 가지가 요구된다. 우선 계획을
잘 세우고 그대로 따라가는 공부 습관을 들이는 것이다. 아이 스스
로 목표를 정하고 계획에 따라 차근차근 공부를 마스터해 갈 수 있
도록 부모들이 도와줄 것을 당부한다. 공부를 규칙적으로 하면 자
기 생활에 대한 '통제감'을 느낄 수 있게 된다. 통제감이 느껴지면
스스로 할 수 있다는 자신감이 생기고 문제를 푸는 순간에서도 불

안을 훨씬 덜 느끼게 된다.

또 하나는 단순 암기보다 내용의 의미를 생각하면서 이해하는 공부를 해야 한다는 것이다. 이를 '유의미 학습'이라고 한다. 이렇게 뜻을 생각하면서 공부하면 시험 볼 때 불안 병목 현상이 한결 줄어든다. 내용을 확실히 이해하고 있는 아이들은 시험 불안을 겪더라도 성적에 영향을 받지 않는다는 연구 결과가 나와 있다. 의미를 새겨 가며 공부했기에 무작정 외운 것과는 달리 머릿속에 남게 돼 마음은 초조해도 답을 쓸 수 있기 때문이다.

미신에서 벗어나 합리적 사고를 하라

자신의 경험을 비합리적인 방향으로 해석하는 아이도 시험 불안을 겪기 쉽다. 따라서 이를 바로 잡으려면 사고를 합리적으로 바꿔야 한다. 예전에 겪은 일 하나를 가지고 자신의 생활 전반이 그런 식으로 돌아갈 것이라고 확대 해석하는 지나친 일반화, 극단적으로 부정적 결과만 생각하는 재앙화, 1등이 아니면 안 된다는 식의 이분법적 사고, 언제나 부모의 기대를 만족시켜야 한다는 당위적 사고, 나는 해도 안 된다는 자기 비하적 사고 등이 이런 비합리적 사고의 대표적인 예다.

비합리적 사고는 상급 학교로 진학한 초반기에 시험 성적이 잇달아 나쁘게 나올 때 일어나기 쉽다. 공부를 잘하던 아이가 초등학교에서 중학교, 중학교에서 고등학교로 올라가는 시기에 시험을 잘못 보는 경우가 종종 있다. 학습 방식이나 내용이 달라지기 때문이다.

이럴 때는 시험을 망친 원인이 학습 방식의 차이에 있다는 점을 빨리 파악하여 공부 방법을 바꾸는 '자기 적응적 사고'를 하면 된다. 하지만 비합리적 사고에 사로잡히면 떨어진 성적을 자꾸 자신의 탓으로만 돌리다가 학습 불안이 생기고 더 나아가 죄의식까지 느끼게 된다. 자신이 남보다 능력도 없고 부모에게도 무가치한 존재라는 생각에 사로잡히게 되는 것이다. 이렇게 되면 상급 학교에서도 전처럼 공부를 잘할 수 있으리라는 기대는 접어야 한다. 비합리적 사고는 학교 생활과 학습에 지속적으로 부정적 영향을 미치게 된다.

　이럴 때 처방은 간단하다. 합리적으로 사고할 수 있도록 부모가 아이를 도와주는 것이다. 전문가에게 상담을 받아 보는 것도 좋다. 합리적인 사고란 학술적으로 현실적, 성장 지향적, 실용적인 사고를 말한다. 상급 학교에 진학해 성적이 떨어진 아이가 환경이 달라졌으니 이제는 교과서 외의 참고 자료도 많이 봐야겠다고 생각하거나 공부가 어려워졌으니 더 열심히 해야겠다고 생각하는 것은 합리적 사고를 하기 때문이다. 합리적으로 생각할 줄 아는 아이들은 몇 번 시험을 망쳤다 해도 시험 불안을 겪지 않는다. 다음 번 시험에서 만회할 가능성도 훨씬 높다.

　합리적이어야 하는 것은 수험생만이 아니다. 부모 역시 자녀에 대해 합리적이고 현실적인 기대를 품어야 한다. 부모가 이루지 못한 꿈을 대신 실현해 줄 대상으로 아이를 바라보고 기대에 부응할 것을 강요한다면 아이들은 시험 불안의 구렁텅이에서 벗어나기 어렵다. 무엇보다 나쁜 것은 남과 사사건건 비교하면서 부모가 기대하는 것을 제시하는 것이다. 이렇게 되면 아이는 단지 학습 영역에서만 주눅이 드는 게 아니라 사회성 발달에도 악영향을 받게 된다.

아이에게 뭔가 기대를 할 때는 자기 아이만을 놓고 해야 한다. 다른 아이와의 비교는 아이의 인격에 악영향을 미칠 수 있다.

청소년기는 독립된 인격체로 인정받고 싶다는 심리가 특히 강한 시기다. 심리학자 매슬로는 '욕구 위계론'이란 이론을 통해 스스로 공부하려는 욕구, 꿈을 실현하고자 하는 욕구는 자신에게 의미 있는 다른 사람, 즉 부모 등으로부터 인정받고 존중받을 때만 생겨 날 수 있다고 주장했다. 부모 자식 간에 서로 인정하고 존중하는 관계가 형성되지 않을 때는 아이가 꿈을 실현하기 위해 열심히 공부해야겠다는 포부를 갖기 어렵다.

아이를 독립된 인격체로 인정하는 바람직한 부모와 자식 간의 관계를 이루기 위해선 어떻게 해야 할까. 다시 한번 강조하지만 아이와 대화할 때 공부하라고만 하지 말고 아이의 생활 전반에 대해 살피는 것이 중요하다. 남을 인정한다는 것은 그의 생활을 알고 관심을 갖는다는 것이다. 아이의 꿈과 계획을 들어주고 그것을 인정해 주는 부모가 아이의 시험 불안을 크게 줄여 줄 수 있다.

시험 불안의 단기적 처방: 시험에 친숙해질 수 있게 하라

수능을 앞둔 학생과 학부모들에겐 당장 실전에서 써먹을 수 있는 단기적 처방이 더욱 절실할 것이다. 시험 치러 가기 전에는 이렇게 해 보자.

일단 진짜 시험을 대리 경험할 수 있는 모의 시험을 많이 쳐봐야 한다. 우리는 무엇이든 친숙한 것보다 낯선 것에서 더 많은 불안을 느낀다. 시험도 마찬가지다. 시험이 친숙해지면 불안도 줄어든다.

시험을 앞두고는 새로운 내용을 공부하는 것보다 이미 공부한 내용을 종합적으로 정리하는 것이 불안을 줄이는 데 훨씬 효과적이다. 많은 교육 전문가들이 누차 강조하는 얘기이기도 하다. 시험 직전에 새 교재나 자료 등을 꺼내 들고 모르는 부분을 새롭게 정복하려 했다가는 오히려 정리했던 내용마저 뒤죽박죽이 되고 만다. 이미 알고 있는 내용을 체계적으로 정리하는 게 효과적이라는 사실은 학생들도 경험을 통해 잘 알고 있을 것이다. 때문에 한번 전체적으로 총정리를 하고 나면 심리적인 안도감이 생겨 시험 불안을 많이 완화시켜 줄 수 있다.

심리적 안정을 회복하기 위해서는 부모나 교사에게 불안한 마음을 자꾸 털어놓는 것도 좋은 방법이 된다. 중요한 일을 앞두고 마음이 불안할 때 다른 사람에게 그런 사실을 자꾸 얘기하다 보면 불안이 줄어드는 경험을 누구나 해 봤을 것이다.

몸이 피곤하면 불안감도 커진다. 때문에 수능을 앞두고는 충분한 휴식을 취해야 한다. 특히 충분한 수면으로 피로를 회복해야 자신감도 생기고 머리 회전도 빨라진다. 수능 전에는 충분히 쉬라는 매스컴에서 나오는 조언들이 괜한 얘기는 아니다.

시험장에 들어가니 갑자기 시험 불안이 엄습하는 경우도 있다. 시험장에서 불안을 극복하려면 '적절한 시간 안배', '쉬는 시간 절대 휴식' 등의 원칙을 지켜야 한다.

수능처럼 중요한 시험을 치르고 나오면서 많은 아이들이 "시간 배분을 잘못해 아는 것도 못 썼다."라며 울상을 짓는다. 문제를 풀기 전에 시험지를 어떻게 요리할지 미리 계획을 세워야 한다. 이 계획에 따라 주어진 시간을 안배해야 아는 문제를 놓치고 나오는 우를 범하지 않는다.

계획에 따라 시험 시간을 안배하는 예를 들어 보자. 100분짜리 시험 한 과목을 친다고 하자. 이때 다음과 같이 시간을 쪼개 놓고 이에 따라 답안을 작성해 가는 것이 바람직하다.

● 시험 시간 배분하기
· 전체 문항 구성에 대한 검토(10분)
· 1차 시험 문항에 대한 답 확인: 아는 문항 중심으로(50분)
· 2차 시험 문항에 대한 답 확인: 애매한 문항 중심으로(20분)
· 전체 시험 답안 최종 검토(15분)
· 실제 답안지에 답안 옮겨 적기(5분)

시험장에 들어갈 때 미리 시간 계획을 세워 둔 뒤 체계적으로 풀어 나가면 아는 문제를 놓칠 위험이 크게 줄어든다. 당연히 시험 불안도 감소된다.

또 하나 당부하고 싶은 것은 한 영역 시험이 끝나고 나면 쉬는 시간 동안 철저한 심리적 휴식을 취하라는 것이다. 시험 중간의 쉬는 시간에 친구들끼리 모여 앉아 애매한 문제의 답을 서로 맞춰 보거나 시험의 난이도를 놓고 갑론을박하는 아이들이 있다. 그것은 다음 시험 과목에 부정적 영향을 미칠 가능성만 높아지는 것이다. 화장실에 가는 시간을 빼고는 절대적으로 휴식을 취하라. 친구와 떠들 시간이 있으면 차라리 잠시 누워서 쉬는 게 낫다. 심리적 안정을 취하는 게 훨씬 효과적이다.

마찬가지 맥락에서 앞서 치른 시험이 어려웠다고 걱정하지 말아야 한다. 1교시 시험을 망치면 시험 자체가 수포로 돌아갔다고 자포자기하여 다른 과목 시험까지 줄줄이 실패하는 아이들이 있다. 이는 나만 이 시험을 못 봤으리라는 비합리적 사고로 인해 시험 불안이 높아지기 때문이다. 내가 어려웠으니 남도 당연히 어려웠으리라고 생각하며 합리적으로 마음을 다잡아야 한다. 그래야 다음 교시 시험에 부정적인 영향을 끼치지 않게 된다.

자녀를 돕는 지름길: 아이와의 관계를 회복하라

초등학교 저학년 때와 그 이후에는 부모와 자녀의 관계가 판이하게 달라진다. 어릴 때는 아이들의 행동이나 생활이 관심의 대상이 됐다면 고학년으로 갈수록 학교 공부가 관심의 전부가 된다. 그러나 공부 얘기밖에 할 말이 없는 관계는 아이의 시험 불안을 가중시킬 뿐이다.

청소년기는 부모와 자녀 사이의 관계 회복이 어느 때보다 절실한 때다. 시험을 매개로 한 관계에서 벗어나 '현재의 생활', '앞으로의 계획과 꿈', '삶의 가치' 등을 공유하고 이를 중심에 놓는 관계로 나아가야 한다. 관계만 잘 맺어 두면 아이의 심리적 안정에도 도움

이 될 뿐만 아니라 궁극적으로 부모의 요구를 자녀에게 부드럽게
전달할 수도 있으니 일석이조가 아닐 수 없다.

시험 불안 바로 잡기

- 부모는 자녀에게 '합리적인' 기대를 하라.

- 시험에 친숙해져라.

- 꿈과 계획에 늘 관심을 가져라.

- 우울증이 심하다면 반드시 전문가와 상담하라.

- 규칙적인 공부 습관이 시험 불안을 줄일 수 있다.

- 시험장에서는 쉬는 시간에 절대 휴식하라.

자율적 학습으로
학습 부진 해결하기

서울대 교육학과 교수 김동일

많은 부모가 성적 문제로 자녀와 갈등을 빚고 있다. 자녀가 자율적으로 공부해 좋은 성적을 얻게 하기 위해서 부모는 어떤 역할을 해야 할까. 자율적 학습 습관을 주제로 한 이 글은 사실 나의 '참회록'이기도 하다. 나 역시 중학생인 큰아이와 초등학교에 다니는 둘째, 그리고 유치원에 다니는 막내까지 세 아이와 '학습 태도와의 전쟁'을 치르고 있다. 예를 들면, 분명히 시험 공부를 하겠다고 약속했으며 성적이 오르면 MP3 플레이어를 사 주겠다는 '당근'까지 내걸었는데도 나중에 아이를 은근히 떠보면 계획대로 공부를 못했다는 대답이 나온다. 그렇다고 아이를 한 대 쥐어박을 수도 없고 그저 다음에 잘해 보라며 꾹 참고 넘어간다. 이런 상황이 벌써 몇 번째 되풀이되고 있다.

이 글을 읽는 학부모들도 학업 문제로 인해 한 번씩은 자녀와 갈등을 겪어 봤을 것이다. 이번 장에서는 이런 고민을 덜 수 있는 몇 가지 해법들을 모색해 보고자 한다.

많은 학부모들이 자녀가 잘못된 행동을 할 때 야단을 치거나 달랜 경험 혹은 칭찬으로 바람직한 행동을 유도해 본 기억이 있을 것이다. 또한 학업 문제 등을 이유로 아이와 지속적으로 부딪쳐 본 적도 있을 것이다. 쉽사리 해결되지 않는 매우 심각한 갈등 상황일 수도 있다. 이 글을 통해 학업 문제를 비롯해 자녀와의 학업 갈등을 해결하는 실마리를 찾을 수 있었으면 하는 바람이다.

학습 부진은 '부적응'의 문제

자녀의 학습 부진이나 이로 인한 학업 갈등이 왜 심각한 문제가 될까. 공부를 잘해야 좋은 대학을 가고 사회에서도 출세하기 때문일까? 그렇지만은 않다. 학업이나 성적이 문제가 되는 것은, 그것이 일종의 부적응이기 때문이다. 공부를 못한다는 것은 아이가 학교라는 상당히 중요한 생활환경에서 적응하지 못하고 있다는 증거다. 실상 가정의 울타리 안에서만 보면 아이의 학습 부진이 크게 문제되지 않을 수도 있다. 공부를 좀 못해도 밝고 건강하게만 자라 주면 만족하는 부모도 있을 수 있다.

하지만 학교에서는 사정이 다르다. 학교는 학생들이 대부분의 시간을 보내는 중요한 생활 터전

> 공부를 못한다는 것은 학교라는 중요한 생활환경에서 적응하지 못하고 있다는 증거다. 부적응을 극복해야 좋은 성적을 낼 수 있다.

이다. 학교에서는 학생들이 지켜야 할 규율이 있기 마련이다. 상대적으로 자유로운 교육을 표방하는 대안학교라도 마찬가지다. 정시에 등교해야 하며 수업 시간에는 집중해야 한다. 시험은 잘 봐야 하고 공부 외에도 생활 습관과 관련된 요구 사항들도 무수히 많다. 이런 요구에 일일이 맞춘다는 것은 결코 쉬운 일이 아니다. 그러나 이런 것들을 지키며 학교생활에 적응해 가야 한다. 학업 태도가 좋지 않다거나 성적이 나쁘다는 것은 부적응을 가장 단적으로 드러내는 현상이다.

학부모들이 걱정하는 것은 자녀들의 학습 부적응이 단지 학교 울타리 안의 문제로만 머물지 않고 상급 학교로 진학하거나 사회인이 되고 나서까지, 더 심각하게는 아이를 건사해 줄 부모가 세상을 떠나고 나서까지 이어지지 않을까 하는 점이다. 아이의 학습 부진을 걱정하는 것은 아이의 미래를 염려하기 때문이다.

그렇다면 학습 부진은 왜 생겨나는 것일까. 학생들에게 학업은 아이가 갖고 있는 내적인 힘, 즉 할 수 있다는 의욕과 외부의 다양한 요구 사이의 접점에 놓여 있는 것이라고 보면 된다. 학습 부진은 팽팽하게 균형을 이뤄야 할 이 두 가지 힘 가운데 하나가 깨질 때 나타난다. 공부를 잘하던 아이가 상대적으로 우수한 학생들이 모이는 특수 목적고에 진학하고 난 뒤 방황하게 되는 것은 외부적 압력이 갑자기 높아졌기 때문이다. 전학을 간다거나 오랜 기간 결석하게 되면 적응하는 데 시간이 걸리는데 이 역시 외부적 상황이 변화했기 때문이다. 모두들 열심히 공부하는데도 의욕을 잃고 있는 아이는 내적인 힘이 쇠약해진 상태라고 볼 수 있다. 이처럼 힘의 균형이 깨지면 그 결과가 바로 학습 부진으로 나타난다.

문제 행동은 아이가 부모에게 보내는 '신호'

학교 생활 부적응의 정점에는 바로 이런 학습 부진 문제가 놓여 있다. 부모들은 자녀가 빨리 부적응을 극복해 내고 좋은 성적을 내도록 도와야 한다. 공부 문제가 순탄하게 풀려야만 부모도 아이도 행복해진다.

하지만 부적응 상태의 자녀를 적응 상태로 돌려놓는 일은 결코 쉬운 일이 아니다. 그 첫 단추를 채우기 위해서는 이 점을 알아야 한다. 아이들이 어떤 문제 행동을 지속적으로 되풀이할 때 그 행동 자체가 대단히 중요한 의미를 지닌다는 점이다.

모든 인간은 유목적(有目的)적인 존재다. 오스트리아의 심리학자 아들러는 인간을 이해하려면 인간 행동의 목적에 관심을 기울여야 한다고 생각했다. 어떤 행동이든 그 속에는 목적과 이를 달성하려는 의지가 깃들어 있기 때문이다. 어린 자녀들도 마찬가지다.

심리학자 드라이커스는 아이의 문제 행동이 다음의 네 가지 목적을 달성하기 위해 적극적으로 '선택'한 수단이라고 봤다. 첫째는 '관심의 획득'이다. 아이가 문제 행동을 보이면 부모는 아무래도 평상시보다는 훨씬 더 강도 높은 관심을 보이게 된다. 아이는 바로 그런 관심을 노린다는 것이다. 두 번째는 '힘의 획득'이다. 어머니가 한참 야단을 치고 있는데 컵을 깬 아이는 자신이 그런 행동을 하면 어머니가 컵의 파편을 줍기 위해 꾸중을 멈춘다는 것을 알고 있다. 그 상황에서는 어머니

> 학습 부진, 문제 행동은 스스로의 '선택'이다. 반복되는 문제 상황의 이면에는 관심의 획득이나 복수와 같은 목적이 숨어 있다. 부모가 자녀의 속마음을 확인하지 않으면 갈등 상황은 절대 뿌리 뽑히지 않는다.

에게 가장 중요한 것이 컵이라고 생각하기 때문이다. 이렇게 되면 아이는 어머니의 꾸중을 회피할 수 있는 '힘'을 갖게 되는 셈이다.

'복수'를 위한 문제 행동도 있다. 어머니가 자신을 부당하게 다룬 경험을 떠올리며 문제를 일으킴으로써 이에 복수하는 것이다. 또 '부적절함의 선언'을 위한 문제 행동도 있는데 이는 자신이 처한 상황이 공정하지 못하다는 것을 문제 행동으로 호소하는 것이다. 예를 들어 심부름을 잘하면 용돈을 주기로 해 놓고 부모가 이를 모른 척할 때 아이에겐 부당함을 표현할 수 있는 길이 문제를 일으키는 것밖에 없다.

번번이 되풀이되는 문제 상황의 이면에는 의식적이건 무의식적이건 아이의 목적이 숨어 있다. 아이의 속마음을 확인하지 않으면 이런 갈등 상황은 절대로 뿌리 뽑히지 않는다.

만약 자녀의 문제 행동이 '관심의 획득'을 위한 것으로 보이면 관심을 얻기 위해선 그런 삐뚤어진 방법이 아니라 바람직한 행동을 해야 한다는 점을 알려야 한다. 어떻게 하면 그럴 수 있을까. 그러나 유감스럽게도 이를 위해 부모가 할 수 있는 일은 거의 없다. 문제 행동을 중단하고 모범생이 되어야겠다는 결심은 자녀 스스로만 내릴 수 있는 것이기 때문이다. 부모는 단지 무의식적 문제 행동이 실은 관심을 끌기 위한 몸부림이란 것을 자녀가 스스로 알 수 있도록 도와주는 역할 정도를 할 수 있을 뿐이다.

앞에서 대부분의 부모가 아이의 바람직하지 못한 행동을 어떤 수단을 동원했건 간에 고쳐 본 경험이 있을 것이라고 말한 바 있다. 아이에게 스스로의 문제 행동에 대한 자각을 심어 줄 적임자는 아이를 가장 잘 알고 실제로 아이와의 갈등 해결에 성공해 본 경험이 있는 부모이므로 자녀의 문제 행동을 깨우칠 최선책은 각 부모에게 있다. 여기서는 부모와 자녀 간 관계에 대해 여러 학자들이 수백 년간 치열하게 연구해 온 '차선책'을 알려 줄 수 있을 뿐이다. 그 차선책이란 아이가 얼마나 자율적이고 목적 있는 존재인가 하는 점을 부모가 깨닫는 것은 물론, 아이에게도 깨닫게 해야 한다는 것이다.

'저성취 증후군' : 학습 부진을 '선택' 하는 아이들

학습과 관련된 대표적인 부적응 현상의 하나인 '저성취 증후군' 에 대해 살펴보자. 주변을 둘러보면 학교 공부에 아주 부진한 성취도를 보이면서도 성취욕도 그리 높지 않은 아이들을 곳곳에서 만날 수 있다. 전반적으로는 성적이 상당히 우수하지만 일부 과목에서 절름발이 신세를 면치 못하는 아이가 있다. 서울대 학생생활연구소에서 학생들을 상담하다 보면 최고 성적으로 입학한 아이들 가운데 몇몇 과목에서 펑크가 났다며 분을 못 이겨 찾아오는 아이들이 종종 있다. 이 아이들은 공부를 못해서 낙제점을 받는 것이 아니다. 학점 관리를 하는 과정에서 일부 과목은 C 정도만 맞으면 된다고 포기했다가 목표치에서 삐끗 빗나가 버리는 바람에 낭패를 당한 것이다. 이 아이들은 포기를 '선택'한 셈이 된다. 이제 저성취 증후군이 학습 부진을 '선택'하는 데서 오는 결과라는 말의 의미를 이해할 수 있을 것이다. 다시 말해 의식적이건 무의식적이건 낮은 학업 성적은 아이 스스로 선택한 것이라는 것이다.

"왜 시험을 못 쳤느냐?" 하고 부모가 물어보면 저성취 증후군을 지닌 아이들은 "좀 더 노력했으면 잘했을 텐데……"라고 말한다. 그러나 이후로도 성적이 오를 만큼 꾸준히 시험 준비를 하는 경우는 거의 없다. 이 아이들은 부모나 선생님이 물어오기 전까지는 시험 난이도나 성적 등에 대해 스스로 말도 꺼내지 않는다. 부모가 물어보면 그제서야 변명을 늘어놓거나 자신의 상황을 합리화한다.

이들의 터무니없는 자기 합리화는 끝도 없다. 책을 잃어버렸다거나, 엉뚱한 참고서로 시험 준비를 했다거나, 까다롭거나 이상한 선생님을 만났다거나, 원래 수학을 못했다거나, 게으르다거나, 어떤 과목에 싫증이 났다거나, 집중을 못하겠다거나, 노트 필기를 잘 못하겠다거나, 시험에서 말도 안 되는 실수를 저질렀다거나 하는 식이다. 물론 아이들은 모두 시험에 대해 변명을 늘어놓곤 하지만 저성취 증후군이 있는 아이들은 끊임없이 이런 식으로 말한다는 점에서 차이가 난다.

저성취 증후군이 있는 아이들을 관찰해 보면 대체로 게으르고 동기가 낮으며 끝까지 '미루는' 특징이 있다. 항상 '다음번'에는 더 잘하겠다고 약속하지만 다음번에도 절대로 나아지지 않는다. 어려움이 닥치면 금방 포기하며 끝까지 물고 늘어지는 법이 없다.

하지만 본인 스스로는 학교나 일상생활에서 그저 평범한 수준에 머무는 것에 대해 큰 불만이 없다. 이들을 괴롭히거나 걱정하게 만들 수 있는 것은 거의 없다. 성격적으로 느긋하고 친절하여 심한 불안이나 우울 또는 정신적 장애에 시달리는 법이 거의 없다.

● **저성취 증후군의 증상**

1. 상대적으로 만족하고 좋아하는 과목 외에는 일관되게 부진한 패턴을 보인다.

2. 집과 학교에서 자신이 해야 할 일을 계속 미룬다.

3. 숙제나 집안일 등을 비롯해 자신의 책임을 제대로 수행하지 못한다.

4. 장기적으로 하는 공부나 책임에 대해 점진적으로 또는 급격하게 관심이 감소한다.(교과목 공부, 음악 레슨, 매일 해야 하는 활동 등)

5. 과제를 수행할 때 조금만 어렵거나 좌절이 와도 쉽게 포기하려는 경향을 보인다.

6. 선택적 기억을 한다. 예를 들어 책임져야 할 것(집안일, 숙제, 교과서, 시험 자료) 등은 잊지만 노는 일은 기억한다.

7. 앞으로 공부를 열심히 하고 숙제를 제대로 하겠다는 약속을 남발한다.

8. 주의가 산만하다. 특히 숙제나 일을 할 때 산만하다.

9. 나쁜 성적 등에 대한 변명과 합리화가 많다.

10. 부모, 교사, 친구, 심지어는 자기 자신도 느낄 수 있을 만큼 게으름을 피우며 동기 결핍이다.

11. 정신 장애라는 진단은 거의 받지 않는다.(불안, 우울, 망상, 환각, 공포, 감정의 기복, 사고 장애 등이 거의 없다.)

12. 시험과 성적표 받을 때만 빼곤 학업 부진 등에 대해 천하태평이다.

13. 부모님, 형제, 친구, 교사 등과의 관계가 대체로 좋은 편이다.

14. 자아와 미래에 관한 성찰이 부족하다.

15. 늘 편안하고 만족한 상태이다. 인생을 순항하는 것으로 묘사한다.

16. 자신보다는 타인에 대해 좀 더 많은 책임감을 느낀다.(자기 숙제는 잊어버려도 선생님이나 친구의 부탁은 기억한다.)

17. 심각한 문제 행동, 반사회적 행동이나 비행 행동은 거의 하지 않는다.

18. 학습 장애나 주의력 결핍 장애로 진단되지는 않는다.

19. 학업 수행에 관해 과대 평가하는 경향이 있다.(학교 공부가 어떠냐고
    물어보면 늘 잘되어 간다고 대답한다.)

20. 상당한 보상이나 처벌에도 학업 성취에 별 변화가 없다.

부모가 먼저 공부에 대한 태도를 바꿔라

학생들 사이에 이런 저성취 증후군은 상당히 폭넓게 퍼져 있다. 학습 장애, 감각 결손, 주의력 결핍 등 선천적, 기질적으로 문제가 있거나 유달리 자아 정체성에 대한 종교적 의문('나는 무엇인가?' 등)이 많은 아이인 경우를 제외하곤 학습 부진은 대부분 저성취 증후군과 알게 모르게 연관돼 있다.

주위의 지나친 기대는 학생에게 큰 부담이 될 수 있다. 기대치가 버거우면 스스로 학습 부진과 저성취를 선택하게 될 수도 있다.

왜 아이들은 학습 부진과 저성취를 선택하는가. 저성취가 안전하기 때문이다. 일단 높은 성적을 올리고 나면 이때부터 주위의 기대치에 맞추기가 너무나도 버거워진다. 특히 여학생 중에는 공부를 잘하는 것을 두려워하는 아이가 있다. 높은 성적을 올리고 나면 주위의 모든 친구들이 자신을 공부 잘하는 아이로 바라보는 데다 교사와 부모의 기대치 또한 이만저만 높아져 버리는 게 아니기 때문이다. 이는 아이에게 무거운 짐이 된다. 영리한 아이들 중에는 100점 맞을 수 있는 것도 무의식적으로 98점이나 97점 정도에 맞추고 마는 경우가 있다.

학습 부진을 보이는 아이를 대하는 부모의 태도는 크게 두 가지로 나눠 볼 수 있다. 첫째는 자녀의 공부를 부모가 다 책임지려 하는 것이다. 아이를 불러다 놓고 "네가 공부를 못하는 것은 안 해서 그런 것이다."라면서 시험 열흘 전, 닷새 전, 사흘 전의 공부 계획을 모조리 짜 줘 버리는 부모가 있다. 이처럼 부모가 문제 해결 방법을 직접 알려 주면 아이는 일단 고개를 끄덕이며 수긍할지 모른다. 하지만 막상 공부해야 할 때가 오면 계획표는 '작심삼일' 용이 되어 버리기 십상이다. 아이의 공부에 대해 부모가 모든 책임을 지려고 해서는 결코 성공할 수 없다. 무의식 속에서 잠자고 있을지언정 아이는 실은 대단한 자율성을 지닌 존재이기 때문이다.

두 번째 유형은 아이가 자신의 방식대로 따라 주지 않을 때 잘못 대응하는 경우다. 어떤 부모들은 지레 포기해 버린다. "그래, 너 같은 딸 셋 낳아 한번 겪어 봐라."라면서 지금까지의 과도한 관심을 한순간 탁 끊어 버린다. 더 피곤한 경우는 자녀의 내면적인 모습을 직접적으로 까발려 마구 공격하는 것이다. "너는 공부하기 싫었기 때문에 잊어버린 것이다." 혹은 "엄마처럼 너를 잘 아는 사람이 없다."라면서 아이에게 온갖 잔소리를 퍼붓는 부모가 있다. 공부 때문에 시작됐지만 공부 얘기에만 그치는 게 아니라 생활 습관, 과거의 비행 등 묻혀 있던 일까지 죄다 끄집어낸다.

이렇게 하고 나면 부모의 속은 후련할지 모른다. 또 아이에게 '진정한' 문제를 확실히 찍어 알려 준 듯하여 어느 정도 안도감도 생길 수 있다. 하지만 이런 방법은 한 번은 쓸 수 있을지 몰라도

> 아이는 자율성을 지닌 존재다. 문제 행동을 무조건 금하거나 자녀의 책임을 부모가 대신 떠맡지 마라. 스스로 공부해야겠다는 생각이 들도록 타일러야 한다.

문제가 반복되어 일어날 때는 속수무책이다.

실지로 이렇게 해서는 절대 아이의 학습 부진 문제가 해결되지 않는다. 저성취 증후군을 보이는 학생은 부모의 잔소리 등으로부터 자신의 내면 세계를 '효과적으로' 방어할 수 있는 인지 구조를 진작부터 갖추고 있기 때문이다. 이미 화내는 부모를 여러 차례 보아 온 아이들은 엄마의 꾸중을 '또 잔소리한다.' 혹은 '엄마도 못하면서 나한테만 시킨다.' 정도로 생각하면서 한 귀로 듣고 한 귀로 흘릴 가능성이 높다.

내 아이, 자율적 학습자로 기르자

자녀의 문제 행동을 무조건 금하거나, 자녀의 책임을 부모가 대신 떠맡거나, 아이의 속내를 콕 집어 내 비판하는 것 모두 적절한 효과를 기대할 수 없다. 아이가 학습 부진이라는 부적응 현상을 떨치고 학교생활에 적응하여 만족할 만한 성적을 올리는 길로 들어서게 하기 위해서는 한 가지 방법밖에 없다. 아이 스스로 공부해야겠다는 생각이 들도록 깨우쳐 주는 것이다. 저성취 증후군이 아이의 무의식적 선택이었다는 점, 하지만 그렇게 해서는 절대로 진심으로 원하는 것을 얻을 수 없다는 점을 스스로 인식하게 해야 한다. 그것이 출발점이다.

자신의 말이 모두 변명이고 자기 합리화라는 것을 스스로 인식하게 하기 위해서는 아이의 변명과 그가 실제로 하고 있는 일 사이에 얼마나 큰 간극이 있는지를 알려 줘야 한다. 그러기 위해서는 자녀와 늘 대화해야 한다. 대화를 통해 아이를 알고 있어야 아이를 깨우쳐 줄 수 있다. 갈등의 합리적 조정자로는 대화만 한 것이 없다.

'자율적 학습자'란 자신이 어느 정도의 분량을 공부해야 시험 등에 자신감 있게 임할 수 있을지를 미리 알고 스스로 준비하는 이를 일컫는 말이다. 시험에서 좋은 성적을 얻으려면 학생 스스로 시험을 얼마나 잘 준비했느냐가 가장 중요하다.

이때 공부 방법이나 공부 시간 등은 모두 부차적 문제에 불과하다. 공부를 어떻게 해야 하는지 가장 잘 아는 이는 학습자 자신이다. 자율적 학습자는 자신 있는 답안 작성을 위해 얼마나 준비해야 하는지, 어떻게 하면 효율적으로 준비할 수 있을지를 스스로 알아내어 실천하는 똑똑한 학습자다. 자녀를 '자율적 학습자'로 기르기 위해서는 무엇보다 아이가 늘어놓는 변명을 제거해 줘야 한다. 아래는 이를 위한 9단계 접근법이다.

● **자율적 학습자로 기르기 위한 9단계 접근법**

1. 부모와 자녀가 함께 동의하여 목표를 세운다.
2. 학업 과정에 대한 세부 정보(각 과목의 숙제의 빈도, 강도, 요구 사항, 자녀가 각 과목을 어느 정도 공부하고 있으며 언제 어디서 공부하는지에 대한 세부적인 사항)를 정리한다.
3. 특별한 영역이나 과목을 정하여 그 과목에서의 실질적 문제와 자녀가 자주 대는 '변명'을 분리한다.
4. 아이가 늘어놓는 변명이 어떤 결과를 초래하는지 알아보고, 필요하다면 자연스럽게 부정적 체험을 하도록 만든다.
5. 학업을 방해하는 실질적인 걸림돌과 장애물을 없앨 구체적인 해결책

을 마련해 본다.

6. 문제 해결 행동을 정한다.

7. 정해진 행동을 따라한다.

8. 이후 또 다른 '변명' 에 대해서는 3단계에서 7단계를 반복해 본다.

9. 자녀가 자율적으로 문제를 해결하도록 격려한다.

이런 식으로 접근하면 문제 행동을 보인다고, 또는 공부하려는 의욕이 없다고 자녀를 비난하지 않고도 자녀에게 학습 부진이 자신의 책임이며 공부는 결국 자율적으로 해결할 수밖에 없는 문제라는 것을 깨우쳐 줄 수 있다. 거듭 말하지만 '저성취', 즉 학습 부진은 아이의 동기가 낮기 때문에 나타나는 일이 아니다. 오히려 이는 무의식 속에서 더 높은 동기를 지닌 자녀의 '선택'이다.

자율적 학습 습관을 길러 주기 위한 부모의 역할

첫째, 집안 분위기는 편안하고 '적당히' 허용적이어야 자녀들의 자발성을 촉진할 수 있다. 부모가 너무 강압적이거나 너무 허용적이면 자녀들은 시키는 일만 하거나, 일이나 공부를 규칙적으로 할 수 없는 사람이 되고 만다. 자율적 습관을 기르는 첫걸음은 자녀들이 자발적으로 무엇인가를 해 냈을 때 격려해 줘 이를 촉진하는 것이다.

둘째, 자녀가 어릴 때는 다소 관대하되 일관성 있게 규칙을 적용해야 한다. 시간과 활동의 양을 제한해 다 못한 것은 다음 날로 넘기면서 욕구 충족을 미루는 법을 가르쳐야 한다. 이런 체험을 통해 자녀들은 장기간에 걸쳐 욕구를 지속적으로 만족시킬 수 있다는 점을 알게 된다.

셋째, 자녀가 커 갈수록 대화만 한 보약이 없다. 대화를 하다 보면 자녀의 성장 수준을 알게 되고 그러면 그 단계에 맞춰 규칙을 융통성 있게 조절할 수 있다. 특히 자녀가 초등학교 고학년 정도 되면 이때부터는 부모가 자녀의 욕구에 눈높이를 맞추는 법을 배워야 한다. 이를 위해 대화가 꼭 필요하다. 부모가 눈높이를 맞춰 주면 자녀들은 이해받는다는 생각에 더욱 자신감을 갖고 자발적으로 욕구를 조절하려 한다.

넷째, 자녀와 대화를 할 때는 자녀들의 생각이나 기분을 존중해야 한다. 말보다는 행동으로 지속적인 모범을 보여야 하며 자녀가 하고 싶은 일이 부모에게 지나친 부담을 주거나 크게 위험해 보이지 않는 한 해 볼 수 있는 기회를 주는 것이 좋다. 또한 좋은 습관을 너무 기계적으로 인정하기보다 부드럽고 긍정적인 언급 정도만 해 주는 것이 바람직하다.

다섯째, 반대로 자녀들의 요구를 다 들어주거나 지시를 반복하거나 불안이나 공포를 조장하는 것은 삼가해야 한다. 지나치게 감독하고 잔소리하는 일, 무시하거나 맹목적인 복종을 강요하는 일, 지나친 기대로 자녀에게 좌절과 부담을 주는 일 등도 피해야 한다.

여섯째, 자녀의 나쁜 습관 밑에는 욕구 충족을 미룰 수 있는 능력의 결여, 충동적 경향 등이 숨어 있다. 나쁜 습관을 초래한 불안의 진짜 원인을 찾아야 한다. 컴퓨터 오락에 빠진 자녀들은 공부에서 실패했거나 부모의 기대를 충족시키지 못하리라는 불안, 교우 관계에서의 소외로 인한 좌절 등을 오락으로 대리 해소하는 경우가 많다. 자녀가 자기의 어려움이나 욕구를 표현할 수 있는 분위기를 만들고, 자녀들이 일단 말을 하기 시작하면 끝까지 들어주는 것이 좋다. 또한 자녀 스스로 나쁜 습관을 고칠 대안을 제시할 기회를 주고, 그 대안들을 함께 검토하여 현실적이고도 실현 가능한 것을 선택하도록 도와주며 대안을 실현했을 때는 노력에 대해 칭찬해 줘야 한다.

부모가 대안을 제시하는 경우에는 자녀의 어려움을 인정한다는 것을 자녀들이 충분히 느낄 수 있게 하고, 자녀들이 그 대안을 자기 입장에서 검토해 볼 기회를 줘야 한다. 대안을 실현하지 못했을 때는 더 잘할 수 있을 것이라고 격려해 주고, 필요할 때는 다른 대안을 자녀와 함께 찾아봐야 한다.

학습 습관 바로 잡기

- 문제 행동을 자녀 스스로 깨닫게 하라. 나쁜 습관이 있다면 그 원인을 스스로 찾게 하라.
- 공부를 어떻게 해야 하는지 가장 잘 아는 이는 학습자 자신이다. 공부는 결국 자율적으로 해결할 수밖에 없음을 기억하라.
- 부모는 자녀에게 너무 강압적이거나 허용적이여서는 안 된다.
- 아이가 얼마나 자율적이고 목적 있는 존재인지를 부모가 깨닫는 것은 물론, 아이에게도 깨닫게 해야 한다.

학생과 학부모 중심의 공교육 기반 정립을 위하여

『학교 공부 바로 하기』의 기획 의도와 추진 과정

서울대 영어교육과 교수 · 사범대 기획실장 양현권
서울대 체육교육과 교수 · 사범대 학생부학장 나영일

공교육 정상화 및 학교 교육 내실화의 과제는 국가 사회 전체의 지대한 관심사가 되고 있고, 사교육 비용의 증대와 이로 인한 사회경제적 폐해와 부작용은 심각한 사회 문제로 대두되고 있다. 한편, 공교육과 학교 교육을 위한 그동안의 대부분의 논의와 실천 방안은 흔히 교육 공급자 또는 교육 외부 환경의 차원에 초점을 두어 전개되어 온 것이 사실이다. 교육 문제 상황 및 교육 현실 문제의 해결에 있어서 교육 수요자의 관점과 입장이 다른 어떤 요인보다도 우선적으로 고려되어야 한다는 시각에서 볼 때 이러한 편향적 시각은 마땅히 재고되어야 할 필요가 있다.

서울대학교 사범대학에서는 공교육 정상화 및 학교 교육 내실화를 교육 수요자, 즉 학생과 학부모의 입장에서 추진하고 도모하고자 공교육 기반 정립을 위한 초 · 중 · 고등학생 학부모 초청 특별 기획을 마련했다. 이 기획에서는 학교 교육의 수요자로서의 학생들이 어떻게 하면 학교 공부를 '스스로' 성공적으로 수행할 수 있는지에 주된 초점을 두었다. 또한 학부모들과 학교 교육에 직간접적으로 관여하는 모든 사람들이 '교육 수요자의 시각'에서 학생들의 학교생활과 학교 공부를 보다 구체적이고도 심층적으로 이해하고, 이를 바탕으로 학생들의 '능동적인 학교생활, 자율적인 학습 활동, 효과적인 성적 관리, 성공적인 입시 준비'를 보다 체계적으로 지도하고 도와줄 방안을 마련하고자 했다.

이 책은 서울대학교 사범대학에서 주관하여 마련한 기획 행사의 강연 내용에 바탕을 둔 것이며, 기획 행사는 서울대학교와 서울대학교 교육종합연구원 그리고 서울대학교 교육연구소 및 서울대학교 스포츠과학연구소에서 후원하였다. 기획 행사의 실행 방안은 서울대학교 사범대학의 학장단에 의해 발의되었으며 학과장 회의 및 교수회의에서 추인되었고, 그 기획 체제를 위한 준비는 2003학년도 1학기에 시작되어 여러 차례의 집중적인 논의 과정을 거쳐 2003년 9월에 세부 추진 방안이 성안되었다.

『학교 공부 바로 하기』의 구성이 기획 행사를 기본 바탕으로 하고 있는 만큼, 이 책의 기획 의도와 추진 과정에 대한 이해를 돕기 위해 기획 행사 자체의 세부 내용을 개관하고자 한다. 학부모 초청 기획 행사는 총 4회의 특강 형식으로 마련되었으며, 각 회의 행사는 제1부와 제2부로 구성되었다. 제1부는 서울대학교 사범대 학장의 대주제 발표와 '학교생활과 가정 학습'에 대한 서울대학교 교육학과 교수들의 특강으로 구성되었다. 제2부는 언어, 영어, 과학, 수학의 각 학습 영역에 대한 특강으로 서울대학교 사범대학의 각 학과의 해당 교수와 서울대학교 사범대학을 졸업한 중견 교사가 직접 강의했다.

기획 행사는 2003학년도 2학기에 네 차례로 나뉘어 10월 6일, 10월 22일, 10월 27일 및 11월 10일에 서울대학교 문화관 중강당에서 개최되었다. 각 회의 행사는 오후 1시 30분부터 오후 4시 30분까지 세 시간여에 걸쳐 열렸으며, 그 개괄적 구성은 다음과 같다.

1. 개회 및 행사 안내
2. 주제 발표: 바른 교육
3. 학교생활과 가정 학습
4. 학교 공부 바로 하기 특강 I
5. 학교 공부 바로 하기 특강 II
6. 마무리 및 폐회

이 기획 행사의 홍보를 위하여 서울대학교 홈페이지와 서울대학교 사범대학 홈페이지를 통해 행사 내용을 공지하였으며, 서울특별시 소재의 초 · 중 · 고등학교와 각 시도 교육위원회에 행사의 구체적 내용과 접수 방법을 우편으로 안내했다. 각 회의 행사의 원활한 준비와 진행을 위하여 인터넷을 통해 사전 접수를 받았으며, 학부모들의 성원에 힘입어 각 행사는 접수를 시작한 지 하루 또는 이틀 만에 마감되었다. 이 기획 행사에 참가한 학부모의 연인원은 2,000명을 상회하였으며, 네 차례의 행사 모두 만석으로 성료되었다.

기획 행사의 마지막 회인 제4회의 행사에서는 우리나라 공교육에 대한 초 · 중 · 고등학생 학부모의 여러 관점을 알아보기 위한 설문 조사가 실시되었으며, 이 설문 조사의 결과는 서울대학교 사범대학에서 향후 추진하고자 하는 '공교육 기반 정립을 위한 기획'에 의미 있는 기반을 제공할 것으로 기대된다. 서울대학교 사범대학에서는 이번 특별 기획의 성과에 기초하여 일련의 추후 기획을 예정하고 있는 바, 학부모 초청 기획 행사를 보다 발전적이고 확충된 형식으로 마련하는 일과 더불어 '학교 교육의 문제 해결을 위한 공교육 클리닉'의 개설 및 '초 · 중등학생 및 학부모를 위한 학교 생활 · 교실 공부 클리닉'의 운영을 위한 실체적 논의를 진행하고 있다.

부록

우리 자녀의 '학교 공부 바로 하기' 기획 행사 세부 구성

제1회 2003년 10월 6일 (월)

I. 주제 발표—학교 공부 바로 하기 (서울대학교 사범대 학장 조창섭)　　주제: 바른 교육

II. 학교 생활과 가정 학습—적성과 진로 (서울대학교 교육학과 교수 김계현)　　주제: 자녀의 진로 지도—우리 자녀, 커서 무엇이 될 수 있을까?

III. 학교 공부 바로 하기—언어, 독서, 논술 I (서울대학교 국어교육과 교수 김종철)　　주제: 자녀의 국어 공부를 위한 학부모의 역할

IV. 학교 공부 바로 하기—언어, 독서, 논술 II (서초고등학교 교사 장원석)　　주제: 논술, 어떻게 공부할 것인가?

제2회 2003년 10월 22일 (수)

I. 주제 발표—학교 공부 바로 하기 (서울대학교 사범대 학장 조창섭)　　주제: 바른 교육

II. 학교 생활과 가정 학습—수행평가 (서울대학교 교육학과 교수 백순근)　　주제: 21세기 지식 정보화 시대와 수행평가

III. 학교 공부 바로 하기—영어 I (서울대학교 영어교육과 교수 권오량)　　주제: 영어 공부하기 vs. 영어 배우기

IV. 학교 공부 바로 하기—영어 II (백영고등학교 교사 남조우)　　주제: 영어 공부 어떻게 할 것인가?

제3회 2003년 10월 27일 (월)

I. 주제 발표—학교 공부 바로 하기 (서울대학교 사범대 학장 조창섭)　　주제: 바른 교육

II. 학교 생활과 가정 학습—학교 시험 (서울대학교 교육학과 교수 신종호)　　주제: 시험: 불안과 대책

III. 학교 공부 바로 하기—과학 I (서울대학교 물리교육과 교수 송진웅)　　주제: 과학 탐구

IV. 학교 공부 바로 하기—과학 II (서울대학교 생물교육과 교수 김희백)　　주제: 창의적 사고와 과학 교육

제4회 200년 11월 10일 (월)

I. 주제 발표—학교 공부 바로 하기 (서울대학교 사범대 학장 조창섭)　　주제: 바른 교육

II. 학교 생활과 가정 학습—자율 학습 (서울대학교 교육학과 교수 김동일)　　주제: 우리 자녀의 자율적인 학습과 부모의 역할

III. 학교 공부 바로 하기—수학 알파 (서울대학교 수학교육과 교수 조한혁)　　주제: 창의력 수학, 사고력 수학, 그리고 수학 실험—발견

IV. 학교 공부 바로 하기—수학 오메가 (용산고등학교 교사 최수일)　　주제: 우리 아이 수학 공부 어떻게 지도할 것인가?

참고 문헌

서울대학교 사범대학, 「우리 자녀의 '학교 공부 바로 하기' —초·중·고등학생 학부모 초청 특별 기획 (제1회)」, 서울대학교 사범대학, 2003.
서울대학교 사범대학, 「우리 자녀의 '학교 공부 바로 하기' —초·중·고등학생 학부모 초청 특별 기획 (제2회)」, 서울대학교 사범대학, 2003.
서울대학교 사범대학, 「우리 자녀의 '학교 공부 바로 하기' —초·중·고등학생 학부모 초청 특별 기획 (제3회)」, 서울대학교 사범대학, 2003.
서울대학교 사범대학, 「우리 자녀의 '학교 공부 바로 하기' —초·중·고등학생 학부모 초청 특별 기획 (제4회)」, 서울대학교 사범대학, 2003.

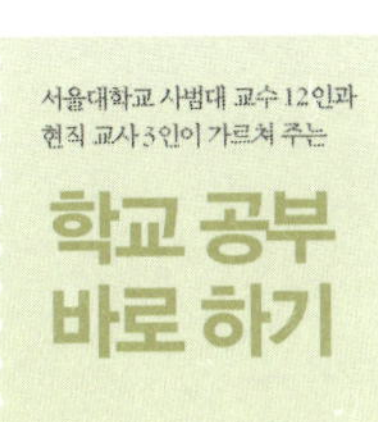

1판 1쇄 펴냄 2004년 2월 5일
1판 5쇄 펴냄 2004년 2월 23일

지은이 | 조창섭 외
펴낸이 | 박근섭
펴낸곳 | (주)황금가지

출판등록 | 1996. 5. 3. (제16-1305호)
주소 | 135-887 서울 강남구 신사동 506 강남출판문화센터 6층
전화 | 영업부 515-2000(211)   편집부 3446-8773   팩시밀리 515-2007
홈페이지 | www.goldenbough.co.kr

값 12,000원

ISBN 89-8273-495-3 03370